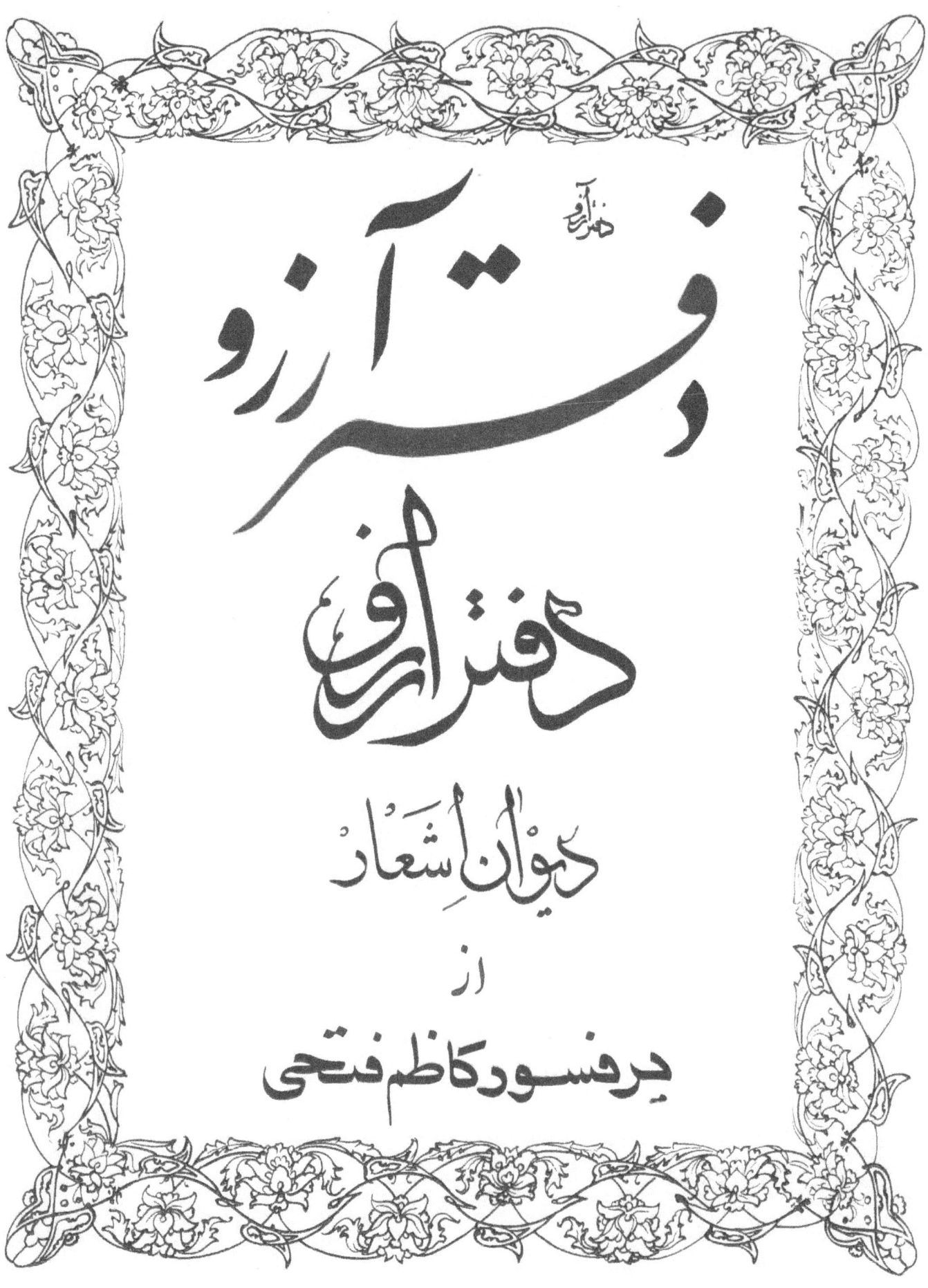

دفتر آرزو

دفتر آرزو

دیوان اشعار

از

پرفسور کاظم فتحی

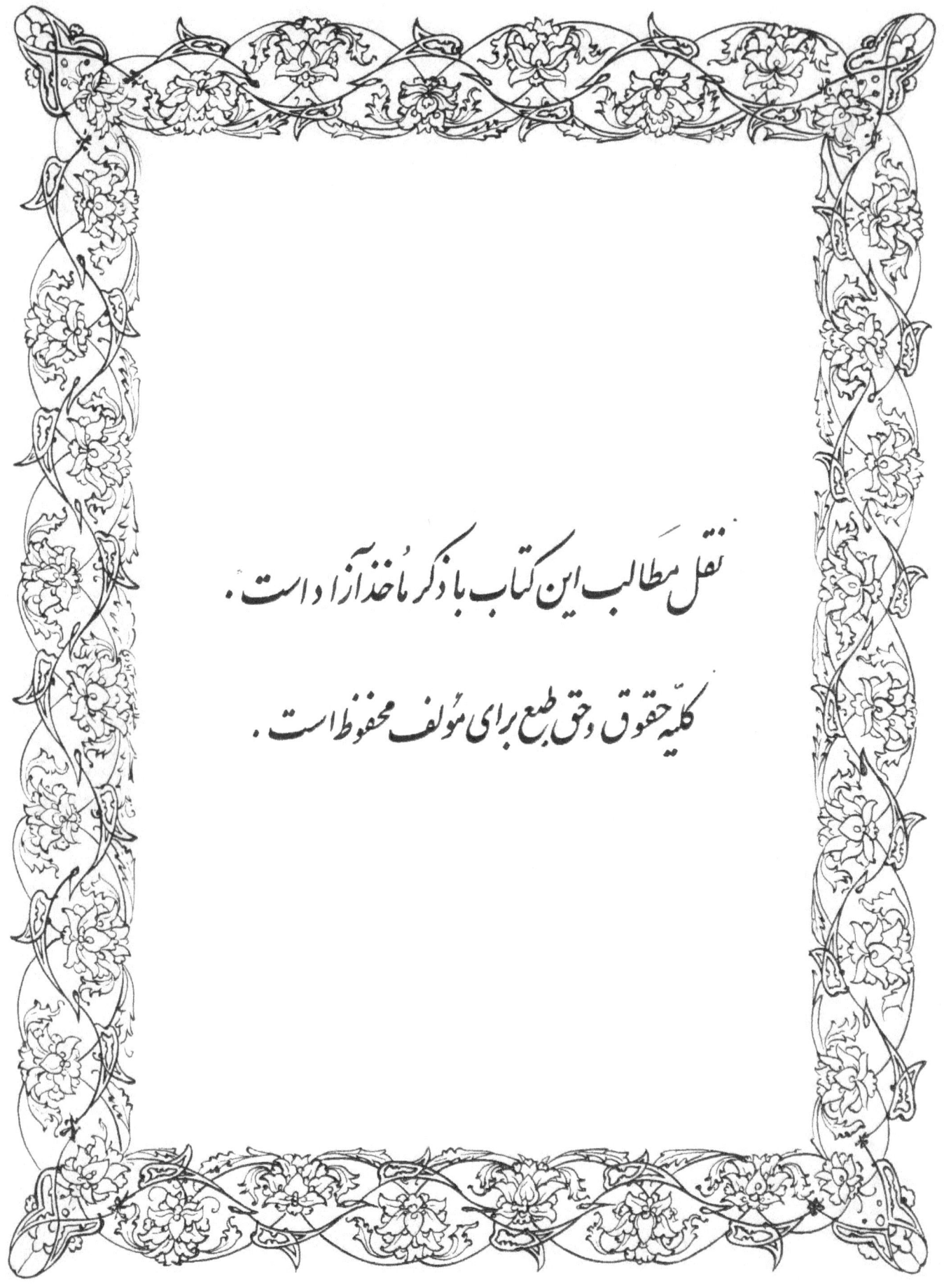

نقلِ مطالب این کتاب با ذکر مأخذ آزاد است.

کلّیه حقوق و حق طبع برای مؤلف محفوظ است.

دفتر آرزو

دیوان اشعار

از

پرفسور دکتر کاظم فتحی

(بفارسی و انگلیسی)

فهرست

فهرست	صفحه
مقدمه	9
بیوگرافی	14
مدارج تحصیلی	15
عضویتهای افتخاری	19
تألیفات	21
پیشگفتار از سید محمدعلی جمال‌زاده	24
سوگند به دختر ایرانی	37
راز	39
سه‌تار	41
جهان مادر	52
انجمن موسیقی	53
نیش و نوش	72
هذیان عاشق	78
بیمارستان	89
مادر بیچاره	97
تضمین غزل اعتصامی	105
امواج و غریق	109
شام درویش	118
آرزوی کور	126
داغ فرزند	133
سیل	139
یتیم رنجور	148
بنّا	158
مرگ یک پرنده	164
سردرد	171
مکالمه	174
وبال	176

2

صیاد	179	صدف	256
مبهوت	182	حسن فروش	262
پائیز	187	تشبیه من	264
طعنهٔ بیگانگان	192	باور	266
پرچم	196	اشتباه	268
خاکستر	200	حسرت	272
مطرود	202	نیمهٔ شب	276
پیری	208	مستمند	282
شب زمستان	211	بنی آدم	285
این نیز بگذرد	218	مقیاس	287
بد نمی شد	223	کشتی آرزو	291
خاطره	225	بخشایش مادر	299
نیرنگ	231	فقر و دیو	303
فداکار	234	ورود در محشر	305
اشک وداع	236	بهار	311
شکور و ماشکر	248	بیگانه	314

368	یاد	316	جام گلگون
375	ناامید	318	بی جان
378	مهرایران	319	بوسهٔ مرگ
381	وطن	323	به چه خوب
384	طُره	324	سودا
386	زلف پیچان	326	چراغ خموش
387	دام عوام	328	دیروز و امروز
389	شکوه	336	افسوس
390	چمن	338	کارگر
391	شاهین	345	گل بنفشه
396	غوغا	349	باد و باران
399	لافتی الاعلی	352	فرشته
402	مقصد زندگی	356	نازدانه
404	مُعَرِّف	359	نازنین
405	آذربایجان	362	آشیان
408	نابهنگام	364	نامه

410	دلوار
412	رحم
414	دور ا دور
417	عرش
418	سهراب
421	نرم
425	رویا
428	زندگانی
431	مرگ سلیمان
435	حضرهٔ بزرگ
439	دفتر عشق
442	گلایه
444	عشق
445	دیدار مادر
447	فرجام
449	جابر
452	در عروسی آرمان
453	اندرز پدر
455	خنگ
459	نفت
461	مهرورزی
463	بزم نهان
465	چرا
467	سکوت
469	فراموش
471	در هوایت
473	سوگند

خاکیان	475	سرباز فراموش شده	506
پیمان	477	مجسمه عیسی در باغ	507
رباعی	479	خوش اندام	508
کفاره	483	زانی زاده	510
زنگ نابینایی	484	ضایعه	512
گفتگوی رامه و خیام	488	در مرگ شهریار	513
نوروز	493	آوار و مهر مادر	515
نوروز نخسته	496	معبد	516
ای خدا نوروز	497	موج	518
روز بعد از نوروز	499	نغمه	519
سال نو	500	یاغی	520
سیزده بدر و خنک	501	مرد مدبر	522
صلح	504	امواج	523
ایمان	505	خنده سوران	524
		عمل قلب	526

528	دام		
530	داری	540	غرب
532	دارو	541	حجره
534	داریم	542	سپیده
535	دارید	543	مرجان
537	دارند	544	آشنا
539	آشفته	545	فرجام

آنکس که با غم دل ما آشناست کیست اندر زمانه لعبت مشکل‌گشاست کیست

آنکس که بشنود سخنم را از راه دور گوید که این سخن سخن آشناست کیست

مقدمه

این اشعار حاصل حدود سی سال تجربه من در شعر فارسی است و بعلت مشغله فراوان

و اشتغال بکار طبابت و رسیدگی به بیماران و درمانشان فراغتی حاصل نیامد که

دست به تنظیم و انتشار آن بزنم.

تا اینکه با همدلی و تشویق دوستان از تنظیم این کتاب برای چاپ آماده گشت

بطور یقین در این مجموعه کاستیها و نارسائیهای فراوانی یافت میشود.

چه از نظرگاه شیوه و شیوائی بیان و قوانین شعر و چه از دیدگاه لغت

لغت شناسی و کتابت.

چرا که شروع سرودن این اشعار از سن چهارده سالگی است و

بطور متناوب و گاهگیر هر گاه که حال و هوایش بود و فرصت و فراغت

بصورت قطعاتی از آن تحریر می‌شد.

و در نهایت امر در سنین پنجاه سالگی و پس از سی سال مداومت و ممارست و

کسب تجربه به گذشته زنگار بسته را صیقلی زدم.

و پنداشتم واقعیت است هر قطعه در مقطع زمانی خاص و با شرایط و

برداشت آن سن و سال سروده شده و تصحیح و ویرایش آن به احساس

و حالت زمان سرودن لطمه خواهد زد. با این داوری بهمان سبک و

سپس مبادرت بچاپ آن نمودم تا چه قبول افتد و چه در نظر آید

در پیدایش این مجموعه از یاری و یاوری گروه زیادی از هنرمندان و دوستان

عالیقدر ایرانی بهره‌مند شده‌ام و ذکر نام تعدادی از آنها نشانه

سپاسگزاری و قدرشناسی من است

این کتاب را تقدیم به پدر بزرگوارم مرحوم حسین فتحی و مادر گرامم خانم

عشرت فتحی و برادرانم مهندس اکبر فتحی و مهدی فتحی و خواهر عزیزم فاطمه فتحی

و همچنین همسرم خانم نرگس و پسر اولم آرمان حسین و آزادی عزیز و

پسر دومم سامین و کلیه هنرمندان و نقاشان و دوستان جانی و خطاط محترم و حبیبه

بملت عزیز ایران می‌نمایم . با امید بهروزی

رفیعه کاظم فتحی ۱۹۸۳

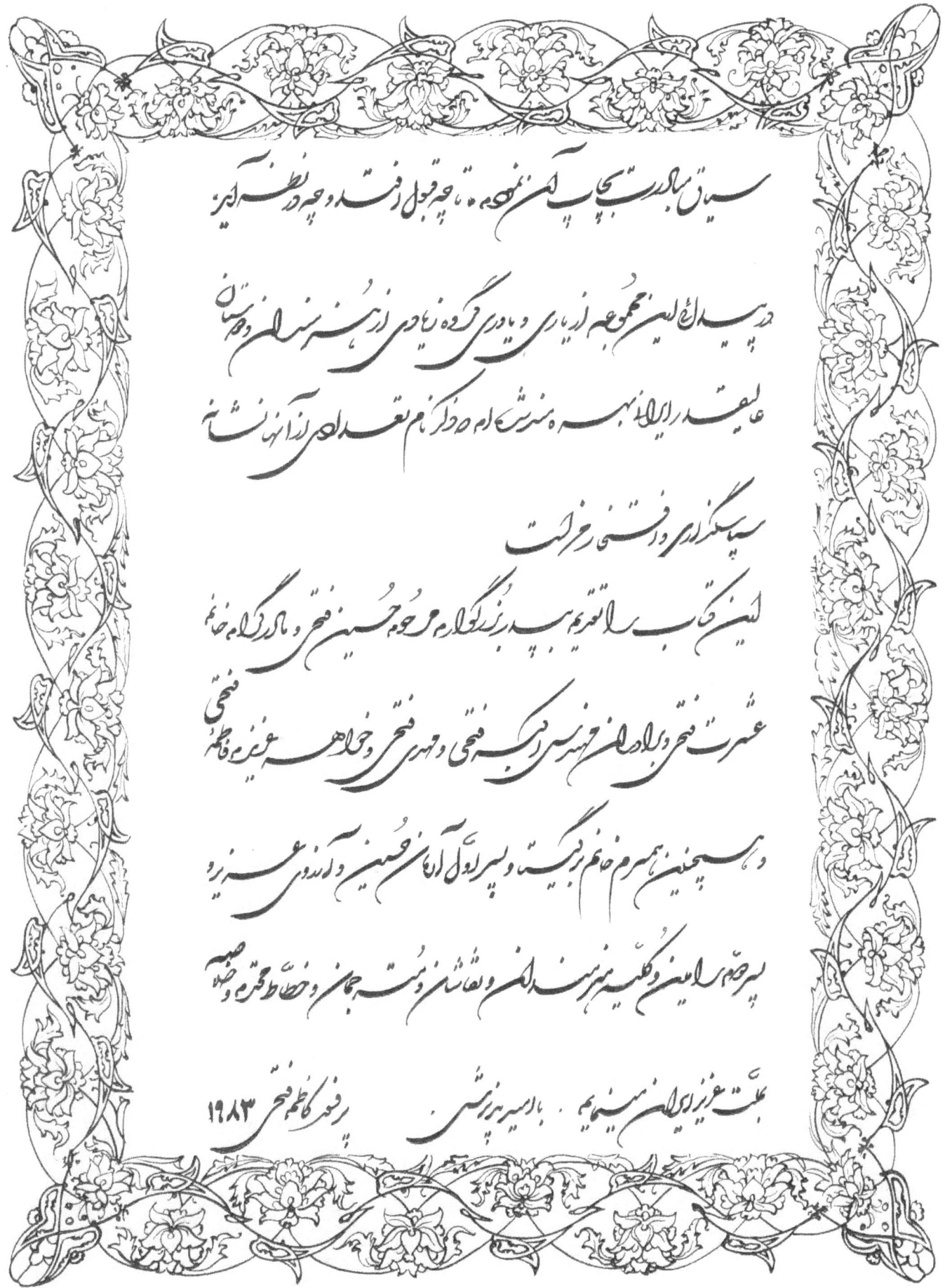

از روزگار آشنایی صاحب این قلم با دکتر کاظم فتحی سراینده دفتر آرزو، دیرزمانی می‌گذرد. با این حال گمان دارم که با دیدن چون دوران با خبر با همدیگر نزدیک بوده‌ایم. از این روی است که امروز گویا سالیان دراز از دوستی و همدلی ما می‌گذرد.

روزی که رشته ارادت این گوینده را در گردن جان خویش احساس کردم، وی نه تنها شعرهای دفتر خود را سروده، بلکه کارهای مقدماتی چاپ و نشر آن را نیز به پایان آورده و امیدوار بود که در اندک مدتی آن را انتشار دهد و نسخه‌ای از آن را برای بنده به پاریس بفرستد. و اکنون از آن قول و قرار بیش از سالی می‌گذرد و هنوز این دفتر منتشر نشده و منهم از فرانسه به آمریکا آمده و این یادداشت کوتاه را به عنوان واپسین سطری که به دفتر آرزو افزوده خواهد شد به دست خوشنویس می‌سپرد.

اگر بنده دست‌کم از روزی که دکتر فتحی به فکر طبع و انتشار آثار خویش افتاده بود، با او حشر و نشر و دوستی و ارادت داشتم، آن نکته شمس قیس رازی در المعجم را به گوش هوش وی می‌کشیدم که به گویندگان هشدار می‌دهد که زنهار تا شعر خود را بر ناقدان بصیر و «خاطبان متمیز» عرضه ندارند آن را «بر منصهٔ عرض عامه» ننشانند و پیش از انتشار گفته خویش با مشورت صاحبان فن و شعرشناسان کارآزموده، درست آن را از نادرست باز بشناسند و صحیح آن را از سقیم و سره آن را از ناسره جدا کنند و عروس شعر خویش را با هیچ شائبه کسر و نقصان در بازار هنر جلوه‌گر نسازند.

آیا امروز برای چنین توصیه‌ای بسیار دیر است؟ و سراینده خود با من در این نکته همرای که از این پس اگر به سودای انتشار اثری افتاد، این اندرز را در نظر گیرد. از سوی دیگر باید به یاد داشته باشیم که گوینده

این سراینده عمر پربرکت خویش را صرف کاری سخت دقیق و دشوار و جانکاه کرده و پیشهٔ ظریف جراحی مغز و اعصاب را برگزیده است و عمری دراز را باید در راه احراز تخصص و تجربه آموختن در آن فن صرف کرد.

وی چون ایرانی است و به ایرانی بودن، به ایرانی برگزیده و مایهٔ افتخار هم میهنان خویش بودن سخت می‌بالد، با وجود بسر بردن دو ثلث عمر خویش در بیرون از مرزهای ایران نگذاشته است که پیوندش با میهن ایران، با شعر و سرود و ساز و آواز ایرانی منقطع شود و ساعات بسیار محدودی را که پس از فراغت از کار و پرداختن به کارهای خانواده و همسر و فرزندان برای او، برای شخص او باقی می‌ماند به این کار اختصاص داده و آرام جان و صفای دل خویش و تازه کردن پیوند با وطن و هم وطنان را در آن یافته است.

اگر شعر دکتر فهیمی با موازین دقیق و سخت‌گیر هنر شاعران بزرگ صد در صد موافق نیست چه غم؟ او خود نیز چنین دعوی نداشته است و ندارد. فقط خواسته است هم زبانان و هم میهنان خویش را در سخت و سُست و پست و بلند نوسان‌های روح حساس خویش شریک سازد و چون گفته‌های او از ریا و تصنع خالی است در این راه به توفیق نیز رسیده است.

محمد جعفر محجوب ۲۴ مرداد ۶۹

بیوگرافی مختصر پرفسور دکتر کاظم فتحی

پرفسور دکتر فتحی سال ۱۳۰۷ در تهران متولد شدند، تحصیلات ابتدائی خود را در دبستان نشاط و دوره دبیرستان را در دبیرستان [illegible] در [illegible] به پایان رسانیدند. سپس وارد دانشکده پزشکی دانشگاه تهران شده و دوره دکترای پزشکی را با درجه ممتاز گذرانیدند.

سپس دوره تخصصی را در خون شناسی و مالاریا شناسی گذرانیدند. ضمناً دوران تحصیلات دانشگاهی در بیمارستان سازمان برنامه و بیمارستان کارگران سازمان بیمه های اجتماعی کار اشتغال داشته اند

مراحل تحصیلی ایشان در آمریکا

ابتدا با سمت انترن در بیمارستان مونت سینای شیکاگو به مدت یکسال
کار کرده و موفق به اخذ کلید طلا و دیپلم ممتاز در بین کلیه انترنهای این بیمارستان
شدند. سپس دوره جراحی عمومی را در بیمارستان لوتران Lutheran در
شیکاگو گذراندند و بعد به شهر دیترویت Detroit عزیمت نمودند
و مدت یکسال دوره جراحی عالی را با سمت رزیدنت بیمارستان هارپر
Harper دیدند. بعد از این دانشگاه ویرجینیا در شهر ریچموند ایشان را به سمت
معاون رزیدنت جراحی اعصاب پذیرا شد و مدت سه سال رشته

جراحی مغز و اعصاب را گذراندم و در سال آخر سمت ریاست رزیدنتهای

بیمارستان انتخاب شدم.

در این سال تا آنجا که می‌توانستم اقدام به افتتاح مطب خصوصی نمودم و به

جراحی مغز و اعصاب اشتغال ورزیدم و برای تکمیل تخصص خود عازم کشور

سوئیس شدم و با استاد جراحی اعصاب پرفسور یورلین که در حال حاضر ریاست

کنگره جراحان جهان را دارد مدت یکسال همکاری ایشان برگزیده شدم.

پس از پایان این دوره به آمریکا بازگشتم و ریاست بخش جراحی اعصاب دانشگاه

امروی (Emory) در شهر آتلانتا در جورجیا منصوب شدم و مسئولیت

بخش جراحی اعصاب آمریکا در بیمارستان گریدی Grady

به ایشان واگذار شد. سپس به محل اقامت خود (ایران) مراجعت نموده

هیجده سال در آنجا سکونت گزیده و به سمت ریاست بخش جراحی اعصاب

در بیمارستان بکار اشتغال ورزید. و در سال ۱۹۷۸

به لاس وگاس عزیمت و استادیاری جراحی اعصاب دانشکده پزشکی

در دانشگاه رینو به ایشان داده شد.

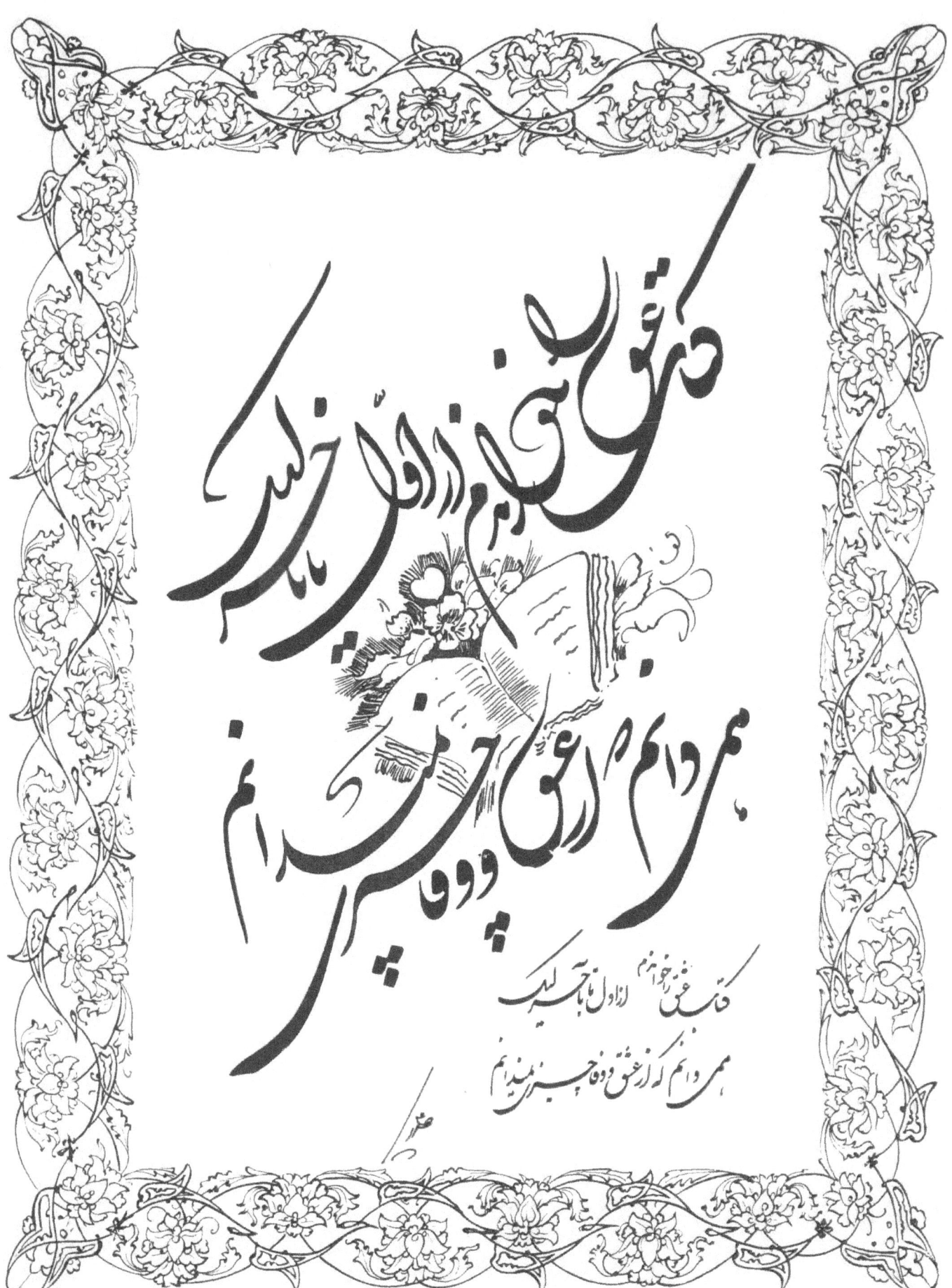

کی شوم از قرار خسته‌ام یارب

همدم راعی وفا پیر مه کدام

کتاب عشق خوانم از اول تا به آخر لیک
همی دانم که از عشق و وفا چیزی نمی دانم

عضویت‌های افتخاری

دکتر فستی عضو برجسته جمعیتهای علمی زیر پیوسته

۱- جمعیت کالج جراحان آمریکا — *American College of Surgeon*

۲- کنگره جراحان اعصاب آمریکا — *Congress of Nuero Surgeon*

۳- کنگره جراحان اعصاب بین‌المللی — *Int'l C.N.S.*

۴- جمعیت کالج بین‌المللی جراحان آمریکا — *International College of Surgeon*

به بال پروانه‌ای نامه نوشتیم بیا
لیک شرار سخن بال پروانه سوخت

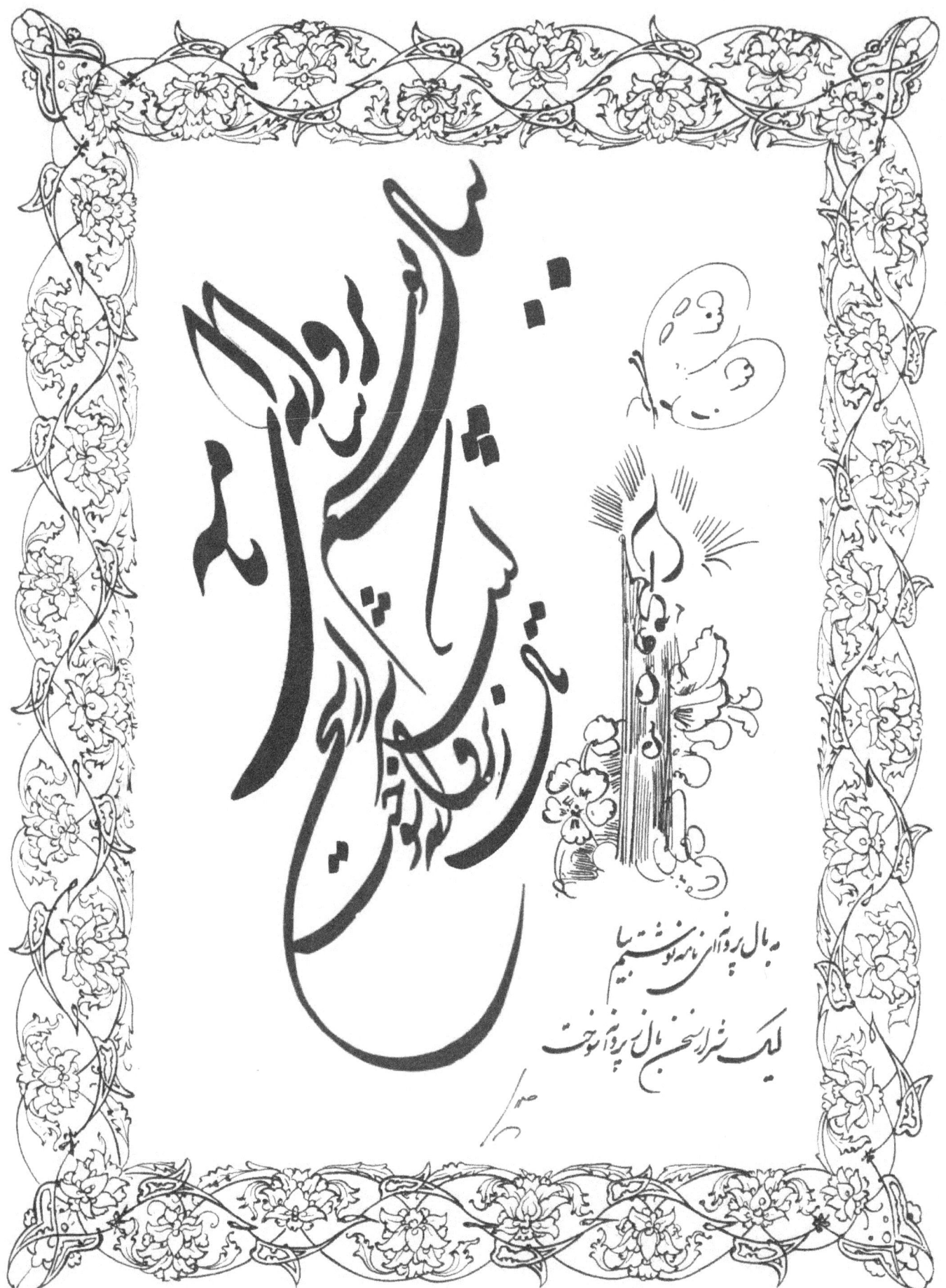

تألیفات ایشان

تألیفات ایشان به چند زبان فارسی، انگلیسی و سوئدیست که پاره‌ای از آنها عبارتند از

۱- شوک و درمان آنها (فارسی)

۲- تومورهای مغزی (غدد مغزی) در اثر بیماری ایدز

۳- مقاله در آنوریسم مغزی (انگلیسی)

۴- مقاله در غدد غیر سرطانی ستون فقرات و نخاع (انگلیسی)

۵- مقاله چگونگی از سختی عضلات و بیماریهای وابسته به آن

۶- مقاله سختی در ۲۰۰ بیمار مبتلا به باریکی گردن و پشت

۷- سرطان کهن

۸- شست فتحی؛ در آخرین اختراع ایشان است و به ثبت رسیده و با

آن دستگاه، ایشان سکته های مغزی را معالجه کرده اند.

اصلاً نکویم از کردم
از اول نیکویم از آخر میرائم

جهان را فتح پایانی نیتر نیست در ما
من از اول نیکویم من از آخر نمایم

پیشگفتاری از سال‌های بسیار دور

راقم این سطور مؤلف محترم کتاب را سال‌ها که در جلو دیدگان دارم از هر هنری بهره‌ور

و از این موهبت محروم است و سال‌ها از زمان نخستین سال‌های تحصیل از دبستان ابتدا

با ذوق سرشار قطعات منظومی از نشریه دیده، طبع رسای او را سال‌ها از آمریکا به ایران فرستاده‌ایم

و کم کم اندک با طبع و سبک اندیشه او آشنایی حاصل کرده، تعجب کردم که در گوشه‌ای

از دنیای ما این‌ها را آن‌قدر زیستگی دنیا، یعنی دنیای ما که و ما هم معلوم نخواهیم و هزارها کیلومتر از

ما به دور افتاده است ناگهان نام یک تن از هم‌وطنان ما که بی‌سر و صدا حتی در جهان به

پیکره مجهول بود و اینک ناگهان و بدون هیچ سابقه‌ای می‌بینیم سخنوری توانا و در عین حال

بینا و جهان پهناور و کشور و از آنجائی که خورشید در آنجا غروب می‌کند و مغرب زمین و آمریکا نام دارد. برای کسانیکه در این سوی جهان آدمیان چشم به دنیا و زندگی گشوده‌ایم و در خاور زمین و سرزمین خورشید طالع زیست می‌کنیم ارمغانی شگفت سپرده نظیر این سرزمین بهشت نصیبمان شده است و آن ناب‌های بهشتی است که روزی نصیب هر کس شود روزگاران درازی خاطره‌اش را فراموش نخواهد کرد.

وقتی با اوج تعجب و تحسین می‌رسیم به آگاهی رسیدیم که این سخن سخنوران والا مقام کارش طبابت است و از جراحان شهیر و پزشکان نامدار سرزمین بشمار می‌رود است در آنجا مراتب تحصیلی علم و معرفت و صداقت را آموخته و قدم به قدم مراتب

ترقی و ترفیع و شهرت سزا پیموده است و دولت نیز با نهایت تمکن همه از

عمل جراحی در مغز او لاادله میان بربست زیر دست او به

آسانی است و شهرتش در آن صفحات تنها چنین از شکسته خامه ما توان

من از عهده بیان برآید

چنانکه ملاحظه فرمودید این مرد شریف و والا مقام دکتر کاظم فهمی نام دارد و ساکن

لاس وگاس شهر معروف ایالات متحده آمریکا است و در حدود نیم قرن است که

ساکن آن سرزمین است و با وجود آن همه کارهای مشکلی که لابد هر روز و بلکه

هر ساعت با امر وظیفه وجدانی مشکل آرای باید انجام دهد هر سوزی و عطشی از ایران و هموطنانش را

از فکر و نظر دور ننشسته است و به یادگار آنها از همهٔ سخنان بلند و البرز از عود طلب انسانی

و عرفان و محبت دل و جان به وطن و هموطنانش عرضه میدارد.

من هیچ زمان از استاد معظم انگلیسی پرفسور ادوارد براون که او را دانشمندی بسیار

بزرگ و ایرانشناسی کم مانند و ایران دوستی بسیار صدیق و خیرخواه میشمارم

و در طی نگارش این ناچیز که سرگرم تهیهٔ آن هستم چون با یاران هموطن شیفتهٔ

گاهم فرصتی با جهانی شور و حرارت یاد آوردم که در همین اواخر به قلم همین ایرانشناس

بزرگ در کتاب عالیقدر تاریخ ادبیات ایران که شصت هفتاد سال پیش از این

قسمتی از آن به زبان فارسی ترجمه و طبع رسید و در چهار جلد ضخیم است، و بین

چندی پیش در ترجمهٔ فارسی بسیار ممتاز جلد نخستین آن چنین خواندم و مرا

ساعتها غرقهٔ دریای تفکّر ساخت

در صفحه ۵۸۷ (از ترجمهٔ فارسی جلد اوّل) «تمدّن» (ابن سینا) در سال

۱۳۳۵ به حلیهٔ طبع آراسته گردیده است چنین (چاپ دوم) میخوانیم :

حقیقت آن است که در بارهٔ مفهوم دین اختلاف عمیقی بین ایرانیان و مردم

مغرب زمین وجود دارد . در مغرب زمین مراد از دین، ایمان و درستکاری

و حق پرستی است «و البته این امر نسبی است»

امّا در ایران مراد از دین، دانش و اسرار غیب است .... در ایران کلید اسرار عالم

روحانی و مادی بنیاد دین است ... با سکون و آرامش و حکمت و خرد ...

در اینجا مترجم کتاب یعنی جناب بسیار عالیقدر و دانا و صاحب فکر مرحوم علی پاشا صالح در حاشیه از جانب شخص خود این شرح را افزوده است که الحق سخنی از انصاف و حقیقتگو است و ما هم وظیفه وجدان خود میدانیم که آن را عیناً در اینجا نقل نمائیم.

نوشته است (در حاشیه صفحه ۵۵۸): «در قرآن و اخبار و روایات احادیث بسیار است که مسلمین را بکار و کوشش و سعی و عمل و خدمات مبرات امر می‌کند از قبیل:

لیس للانسان الا ما سعی و فضل الله المجاهدین علی القاعدین و لا تنس نصیبک من الدنیا ... »

و بنا بر آیات و احادیث عالی و معتبر دیگر در همین معنا و پیش درآمد گفتار

خواه از شیخ سعدی خواه هم شعرای ابیات نغزی آمده است که ما در زیر فقط زبده

آنها را از نظر خوانندگان گرامی بگذرانیم و اصلاً جا دارد که تمام ایرانیان از پیر و جوان

این سخنان نغز و پر معنی را از حفظ داشته باشند.

برو شیر درنده باش ای دغل — مینداز خود را چو روباه شل

چو مردان ببر رنج و راحت رسان — مخنث خورد دسترنج کسان

بگیر ای جوان دست درویش پیر — نه خود را بیفکن که دستم بگیر

و البته این سخن شیخ بزرگوار شیراز هم است که این حق در نهایت نظم

اخلاقی و مرتبط با آداب دینی نیست، با شیوایی تمام به ابیات فوق افزوده:

عبادت بجز خدمت خلق نیست — به تسبیح و سجاده و دلق نیست

در سخنان منظوم شخص شخیص دیگر کاملاً قطعی از اثرات عشق عرفان و تصوف عیان است

و جای تعجب نیست که او همه گفته‌ها و تعلیمات گروه عظیم صوفیان بزرگ و عرفای نامدار

و پیرو آن حال تغییر در دید یک نفر ایرانی از دنیای دانش و فضل و تعقل به نگرش‌ها و کاوش

معنوی است، بلا اثر نماند.

ما نیز اسم همین پرفسور براون را در ذکر خیرش گذشت در همان چند سخن نخستین کتاب

مستطاب از تاریخ ادبیات ایران، و یکی از عرفا و بزرگان بینش و اندیشه ایرانی

سخن سیدالدین چنین نوشته است :

صوفی سالار صوفیان مشرب و مسلک چنان است که از همه فرقه‌ها و دین‌ها پسند آید

توشه‌ها گزینند و از هر جنبش خجسته‌ای برگیرد و در اسلام و دین به آزادی از قیود

و حدود ظاهری و نسبت به صورت ظاهری عبادات و شرایع سهل‌انگاری رود...

از کلمات قصار صوفیه که مورد علاقه و توجه آنان است یکی هم این جمله است :

الطُّرُقُ اِلَی اللهِ بِعَدَدِ اَنْفُسِ الْخَلَائِقِ یعنی راه‌هایی که به سوی خداوند است

به شمار نفوس مردم است . و حدیث دیگر : اُطْلُبُوا الْعِلْمَ وَلَوْ بِالصِّین

همواره ورد زبان اهل عرفان و تصوف .

با نظری دقیق به سخنان دکتر عمید زنجانی آنگاه که نظم فتحی جا برای کمی نشسته‌اند

نکته‌ها و نمونه‌های برشمرده این گفتار شناسنامه ایران است و همه بر فرهنگ و دینی گواه دگرگونیها

و در راه افکار ضدها فرهنگ از وطن مألوف تمام خصائل و خصوص ایرانیان مانده است

و هر آنچه دینی و دلنشین است و دستگیرش شده و شیره و چکیده وجودش

گردیده است همه عظمت و حسن و جلوه ایرانیان را دارد و با بینش هر کجا و در هر حال

و در هر فرهنگی هستیم از دل و جان دعا کنیم این صفت بارز و گرانبها همیشه با وجود

تمام پیش‌آمدها و حوادث و قضایا و انقلابها و دگرگونیهای ضد ذات‌ها و ضد ذات

وجود مافیه در این ایران باقی مانده در دسترس ما و تنها سرمایه نجات و آزادی و رستگاری

ما باشد و باقی مانده و سرمایه بر این ایمان و یقین نسیم بفزاید بعون الملک الوهاب.

اکنون مطلبی دارم که خارج از موضوع است ولی دلم نمی‌خواهد ناگفته بگذارم و بگذرم. در

ایام جوانی که در بیروت در یک مدرسه شبانه روزی مذهبی مسیحی تحصیل می‌کردم

معلم سالخورده‌ای داشتم فرانسوی که به علم تاریخ علاقه بسیاری داشت و معتقد

شده بود که قسمتی از ایرانیانی که زرتشتی بودند در هجوم عربهای مسلمان به خاک ایران

خواستند به دین و آئین خود باقی بمانند و با کشتیهای بادی از جانب خلیج فارس

عازم خاک هندوستان شوند تا بعدها با کشتی آنها را از اطراف جنوب و شرق سازند

به سواحل غربی آمریکای جنوبی رسیده و پایگاه شده و در آنجا سکنی گزیده و بنا بر شرح باستان‌شناسان

آنان نیز مانند خورشیدپرستی و آشنایی با اصول نجومی که یکی از معتقدات آیین زرتشت پیامبر

است را به آنها آموختند، و در این اعتقاد خود راسخ بوده و نسلهای بعد هم داشته و

از آنجمله می‌گفت که شرح نوشته آفتاب‌پرستی را از آن ایرانیان آفتاب‌پرست

آموختند و سالهای بسیاری پس از آن در موقعی که انجمن ادبی کشور پرو بار دیگر جشن

بنای معابد را گرامی داشت و برای مجله ادبی خویش مقاله‌ای از من درخواست کرد

من همین مطلب را موضوع مقاله خود قرار دادم و در ضمن مطالعه بر روی

با تعجب درباره دین و زبان قدیم مکزیک آن زمانهای بعید دیده شد که

آنها هم به تبعیت همین رساله، با اوّل مکتوب سید ارشته‌اند و در هر صورت

مقاله را به پایان بزبان فرانسوی فرستادم و در آنجا بزبان اسپانیولی در مجلهٔ

ادبی خودشان چاپ کردند و بعدها در ایران هم در هر رساله که موجود دارم نقل شده است

از آنجا که دنیا حرفه غرایب و عجایب دارد، از کجا که عاقبت آن کشیش

فرانسوی سبز رحمتی می‌باشد و در آن زمان جزو دستهٔ ایران در امریکا هم

سرایت نکرده باشد، و هو العلیم

ژنو

بتاریخ ۹ اسفند ۱۳۶۴

سید محمد علی جمالزاده

سوگند بدختر ایرانی

بقلب صاف و گودال گلویت — بآن مینا که پیچیدی بمویت

بآن چشمت که چون فیروزه زیباست — بآن مژگان که چون زوبین بدلهاست

بآن انگشتر الماس دستت — بآن شهلای می نوشیده مستت

بآن عهدی که بستی با دل ما — ولی آن را شکستی بی محابا

به گلهای ملوس روی دامن — بآن نرگس که روزی داد بر من

بآن جام شراب لاله رنگت — بآن قلب سراپا همچو سنگت

به لبخندی که آتش بر دلم زد — ولی بر شعله ها آبی نپاشید

بآن مکتب که درس عشق خواندی — ولی در عشق پا بر جا نماندی

بآن سیمرغ و پروازش بافلاک — بابر و باد و آب و بستر خاک

با آن افسانه‌ها کز یاد بردی — سرم را روی پستانت فشردی

با این غربت که چون گرداب دریاست — حباب از اشک‌ها بر گونهٔ ماست

با آن آه سحرگاه زمستان — بعطر گل به نیرنگ گلستان

قسم بر آن کتاب آسمانی — که آن را می‌پرستی و ندانی

که در آن صحبت از مهر و وفا هست — شهاب شوق و دیدار خدا هست

قسم با این که در دستت اسیرم

تو را من می‌پرستم، تا بمیرم

راز

دلم جز یاد آن گلرخ رهی دیگر نمی‌گیرد
شب و روز و مه و سالم ازین تب بر نمی‌گیرد

عذار آتشین او بخاطر میرسد هر دم
دو چشمش اخگری از دامنم آذر نمی‌گیرد

چه خوش صید دل ما شد ولی دل شد از او خونین
ز خون دل بدو گفتم چرا ساغر نمی‌گیرد

چو بارانی ز چشمم ریخت بر پایش غمم اما
باشک دیده پیغامی که از داور نمی‌گیرد

شدم دور از قفس سالی درون محبس عمرم
خریدم بو وطن جائیکه در باور نمی‌گیرد

ندارم محرم رازی که اندیشد بحال من
کسی جسم ضعیفم را دمی در بر نمی‌گیرد

بزرگی گفتم ای سرکش دل ما را نگین کرد
بگفتا چون تو سنگی را کسی در زر نمی‌گیرد

می مینا بریز ای دل بجام نازک قلبم
که مقیاس فراغ ما بیک دفتر نمی‌گیرد

از اینجا رانده و مانده از آنجا خسته و حیران
باختر تا قسم پایم ره خاور نمی‌گیرد

به غیر از راستی هرگز نگفتم با کسی رازی		ولی در نقش هستی راستی باور نمی‌گیرد

رقیب آورده گلدانی پر از گلهای رنگین پر		رفیق از دست ما دیگر گل پرپر نمی‌گیرد

سه تار

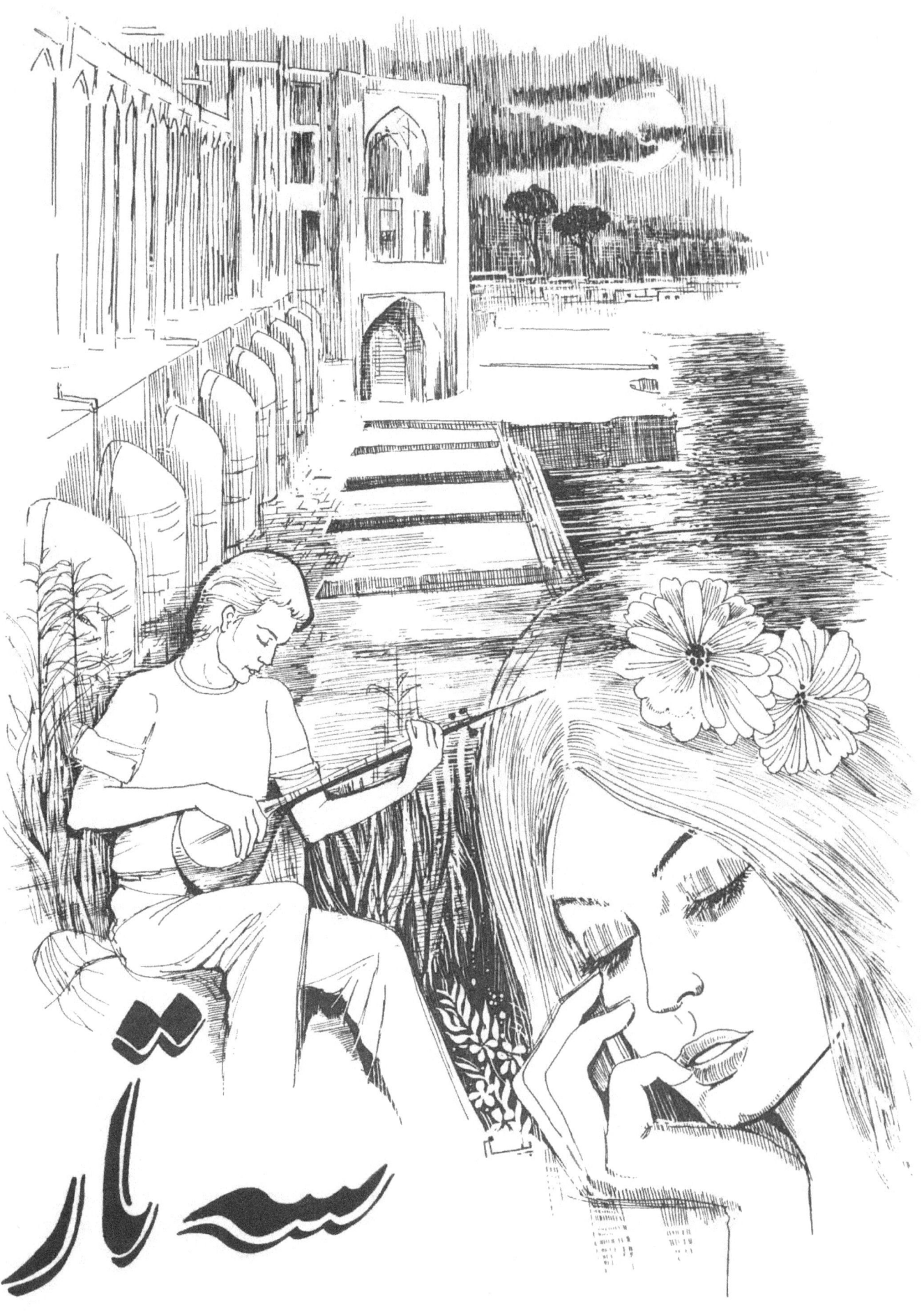

سه‌تار

داستان سه‌تار مخلوق افکار من، که داستانی است در اصفهان روی پسری نوازنده رخ داده، سرگذشتش در آن داستان علاوه بر اینکه نشان می‌دهد هر کس برای علاقه به کسی دیگر محبت میورزد و عشق و علاقه‌اش سه‌تار هست و بعضی وقت از بین رفتن عشق و علاقه هم خاموش نمی‌شود، گفتگوهای من با ماه و آسمان، به حقیقت اشاره می‌کند.

کلماتی از من گفته شده برای رسالت شعر است، نه تشویق به آشامیدن مسکر

نشستم دوش با یاری کنار آبشاری خوش — سری پرشور و قلبی پر محبت غمگساری خوش

دلی آشفته و لرزان گلم اندر کناری خوش — امیدی بی سبب در پیچش چشم خماری خوش

ز شهلای نگاری پنجه‌ئی اندر سه تاری خوش

پلی بسته ست سنگین بر سر زاینده رود امّا — دلی چون پایه های پل همه لرزان همه پیدا

شب مهتاب و مه در آب دارد جلوه‌ئی زیبا — چو من بالای پل هر کس صدایش گشته اندر وا

چو یکچشمم بماه و چشم دیگر دست یاری خوش

نسیمی خوشتر از آهی که اندر سینه بیمار زد — نسیمی خوشتر از عطری که بویش جعبه عطار زد

شعاعی ز آسمان پیدا چو تیر انداز سیتار زد — تمام جلوه از ماه و بشر بیهوده مینار زد

اگر نازد بنازد لیک با سوز و شراری خوش

نوای جارگاه و ناله ماه بکف گوهر — صدای ریزش آب و غزالی مست در بستر

دو چشم بسته از دنیا و بینا خیره در اختر — شماری با کواکب داشتم هر لحظه افزون‌تر

سرم در بستر دامان زن شهلای خماری خوش

شب اردیبهشت و لادن من سرخ پیراهن من — صدای مرغ شب پیچید در پهنای مسکن

نوای مرغ شب بیگرد شیونهای آبستن — من بیحال بغروق و فروافتاده در دامن

عجب طبیعت بگزیدم عجب بگرفته کاری خوش

من و نای سه تار و چهره دیر آشنای من — من و ماه و پل و آب و امید دلربای من

من و آبخوری مهوش که بگزیده جفای من — حسد دارم به کانگونه نبیند صفای من

برو ای ماه میخواهی مرا بندی بهاری خوش

صدای سهمگین آب و رویای نگار من　　　شب مهتاب و ابروی کمان تیرشکار من

رخی چون برگ گل در زیر موی گلعذار من　　　خداوندا من و ماه و شباب و روزگار من

نگار و گلعذار و روزگارم از شکاری خوش

به ماه آسمان تا خیره شد چشم شرربارش　　　به شمع آسمان خندید شهلای گهربارش

ز من آموخت رسم ماه دیدن زد بهم تارش　　　بخشم اندر به گفتم دمی با بنده بگذارش

تو هم ماهی بگو با ماه من داری قراری خوش

تو گفتی الا ای ماه من محرم با اسرارم　　　تمام دوستان دیدم تمام راز ما دارم

گهی پنهان به زیر ابر و گه در آسمان کارم　　　چو من هرگز نمیخواهم رسد بر موری آزارم

نمیخواهم که از من سر دگردد گلعذاری خوش

تو میگفتی شب اول که چون ابرو نمایانم
مرتب پیش میآیم ولی با چهر خندانم

به نیم ماه چون بدرم امید عاشقان دانم
از آن پس در افول خود بسی اسرار میخوانم

ولی هرگز ندارم قصد بد همجواری خویش

تو میگفتی که من با مهربانان یار و دلجویم
تو میگفتی که من چون پاسبان ماه در کویم

تو میگفتی که میگویند بهتر نیست از خویم
ولی حالا دو چشم خویش را انداختی سویم

بچشم سرزنش داری چو دل بستم بیاری خویش

تمنا میکنم ما را تو بگذاری دلی مجنون
تمنا میکنم رویت بگردانی ز من بیچون

تمنا میکنم رویت بداری از من محزون
دمی آسوده بگذاری دلم را غرقه اندر خون

نمیبینی بدامن از تو میگیرم قرار خویش

سه‌تارم گفت بگذارش کنار یار یکساعت
تو ماهی دور شو راحت طلب بر دوستان راحت

رخ تو، نور تو، امشب شده بر یار من آفت
برو ور نه بخشم دانم سه‌تاری کند راهت

سه‌تارم گفت بگذارش دمی اندر کنار خویش

کنون غوغای آنشب را آواز و نیاز خویش
بنظم آرم که لطفی دارد آن غوغای ناز خویش

شما هم بشنوید این گفته‌ها را بهر راز خویش
بدنبال صدای سحر و جادوئی ز ساز خویش

گهی خندد گهی گرید گلم از چشمه‌ساری خویش

عزیزم، مه‌وشم، ماهم، نگارم سیم و نسرینی
نگارم، دلبرم، مه‌دم چه زیبا و چه شیرینی

بچشم ابرو و مژگان تو را بایست تحسینی
بچشم جادوی سحار دشمن باد نفرینی

دلارام خوشگل و ماهی نگار با وقاری خویش

شب و پروین و ماه و رود پهناور با این طغیان   صدای مرغ و بوی عطر گلهای همه لرزان

مه من دلبر من گوش در امر توام فرمان   عزیزم باز فرمانی که چشمم کرده ای حیران

چرا خاموشی و فرمان نداری در بهاری خوش

چه شبهائی که تنهائی دلم خون کرده افسرده   چه چشمکهای حقد و کینه کز عشقت زمه برده

چه قلب و دیده و جانی که از دست تو آزرده   بلی از گفته ات دلسرد و از وصل تو دلمرده

کنون قدری تکلم تا رهم از انتظاری خوش

بمن رو کرد و چشمانیکه از می ارغوان بودی   همان چشمی که سالی وصل یار آرمان بودی

بمن آن لبی کز نغمه هایش شادمان بودی   بگفتا بوفا هیچت مرا امشب گمان بودی

تیارت قلب من آزرد و امشب کامکار خوش

تو را چشمان شهلایم زمانی بود چون تیری
ترا میبوسد سالی عشق من شاهانه تدبیری

امید وصل و دیدارم تو را اسیر کرد زنجیری
پسندیدی که عشقم عاقبت بگیرد تأثیری

امید آوردیم، بسو کردم بقرار بیخویش

نمیدانستم ای زیبا سه تارت بشکند زارم
سه تارت بشکند مستم که در دست تو دلدارم

خداوندا گنه کردم اگر گفتم که بیزارم
ز تو ایماه من نای سه تارت کرد آزارم

بزن مگذارم سوزان بگیرم را از حصار بیخویش

بمضراب تو تار قلب من لرزد تبی دارد
بآوای سه تارت بند جانم یک شبی دارد

بزن نای سه تار تو کنون لب بر لبی دارد
بزن از چارگاهت چارگاه من شبی دارد

نوازش کن دل من بشمار از بانگ تار بیخویش

چو من بانگ سه‌تار از خفه کردنم پریشان شد پریشان شد ولی سیم سه‌تارم پاره یکسان شد

سه‌تارم گشت خاموش و دلم یکباره حیران شد بابی خشم او زین اتصال دف سخت گریان شد

بمن رو کرد و گفتا سنگ مستم از سه‌تار بخویش

زجا برخاست با حال پریش و صورت زیبا بگفتا سنگ رفتم این تو و این چشمه و دریا

من از نای سه‌تارت دل فرو بستم تو یکجا کنون سیم سه‌تارت پاره شد من میروم ولی بیا

بیابان جانم و بستر کنار جویبار بخویش

تو هم میباش در آتش بسوز و ساز من امشب بساز آخر دمی دیگر بپای ناز من امشب

بخاطر دار سوز و ساز آواز من امشب پس از بانگ سه‌تارت نیست جای راز من امشب

تو هم در عشق من میسوز پای جویبار بخویش

گُلم پنهان شد آنشب تارم خفت و پنهان نشد　　دلم خفت و امیدم خفت و آمالم پریشان نشد

گُلم رفت و دلم رفت و امیدم در بیابان شد　　با آنی صورتم خیره بمن بازتابان شد

بدو گفتم شتاب امشب که ما را افتخاری خوش

قرار یار پیشم لحظه‌ای بهر سه تارم بود　　بسوز و ساز او امشب همین یکدم شعارم بود

وفای یار تنها این که یکساعت کنارم بود　　کنون رفت و دلم برد و با اختر‌ها شمارم بود

کنون پیش کسی باشد که او راهست تاری خوش

در سن ۲۰ سالگی سروده شده

جهانِ مادر

هیچ می‌دانی که او خوابست، من بیدار هستم — مادرم خوابست و در بالین او هشیار هستم
من در آمریکا تو در ایران ز هم دوریم جانا — همچو تصویری به چشمت نقشی از دیوار هستم
پشت گیتی هستم و دورم ز مهر مادر خود — تو در آن روی جهان من دور از آن رخسار هستم
روز من شام تو و روزِ تو شد شام سیاهم — روز و شب زاین جدائی جمله در پیکار هستم
آفتابی می‌درخشد بر تو و بر من نتابد — گرم مهری مادر و من خود ز غم بیمار هستم
هیچ پیغامی ز خورشید در مه بر من نیامد — انتظارم سر شد و از شمس و مه بیزار هستم
گاهگاهی گر صدایت را به پشت سیم یابم — سیم را می‌بوسم و بر هستیت اقرار هستم
سالهای پیش دستانت به دستم بود اما — لمس دستان نیست ممکن جمله در آزار هستم
سالها بگذشت و با یادت دلم خوش بود لیکن — دانم اکنون من که شعری خارج از اشعار هستم
دوستان گویند مهر مادران پایان ندارد — راست می‌گویند و از این مهر برخوردار هستم
از جدائیها چه گویم شد معمای عظیمی — تا ابد در قلب مادر شهری از اسرار هستم
چون نباشد فرصتی تا بوسم آن سیمای سیمین — جای آن من دست‌بوس دادار هستم

انجمن
موسیقی

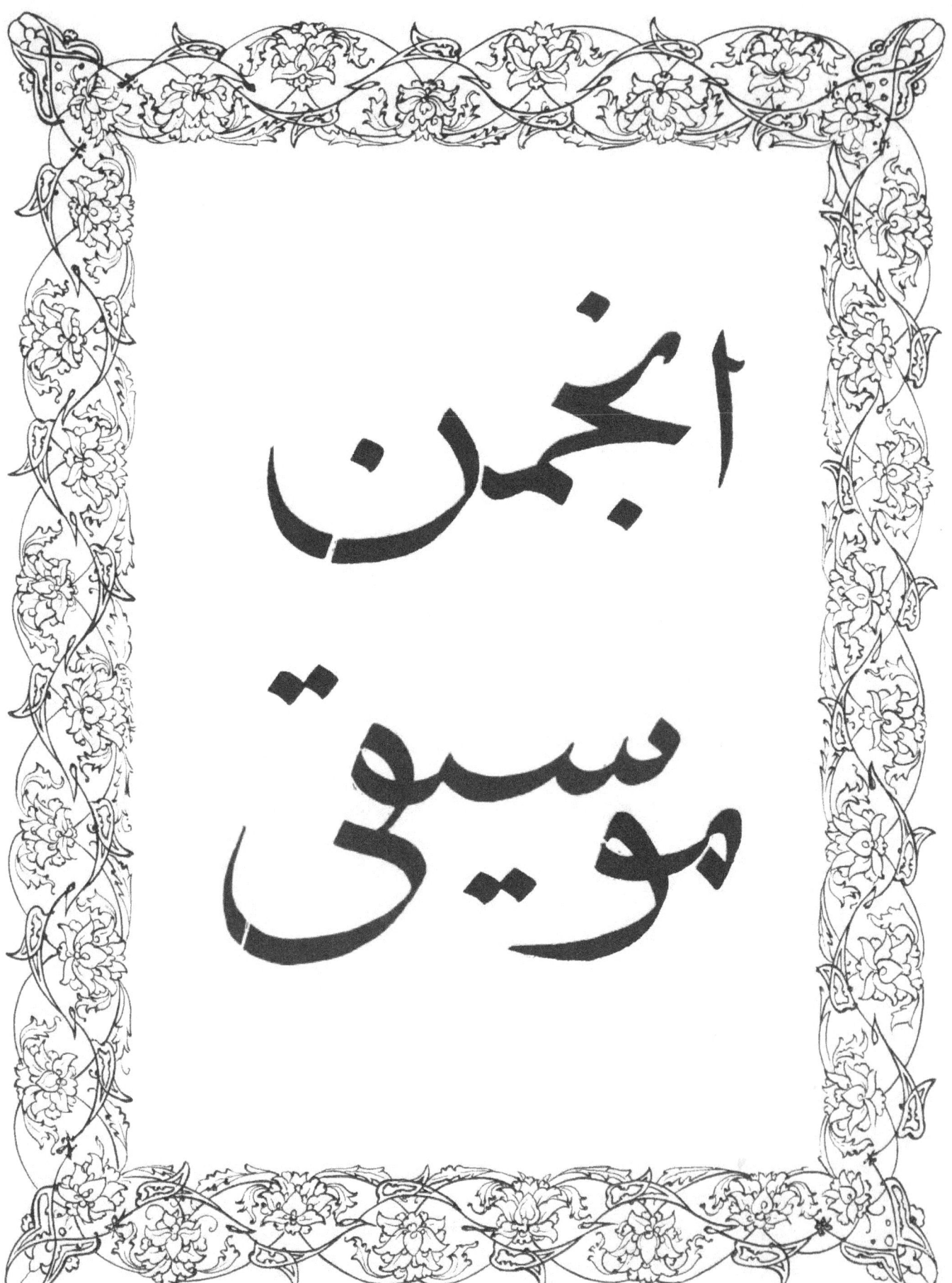

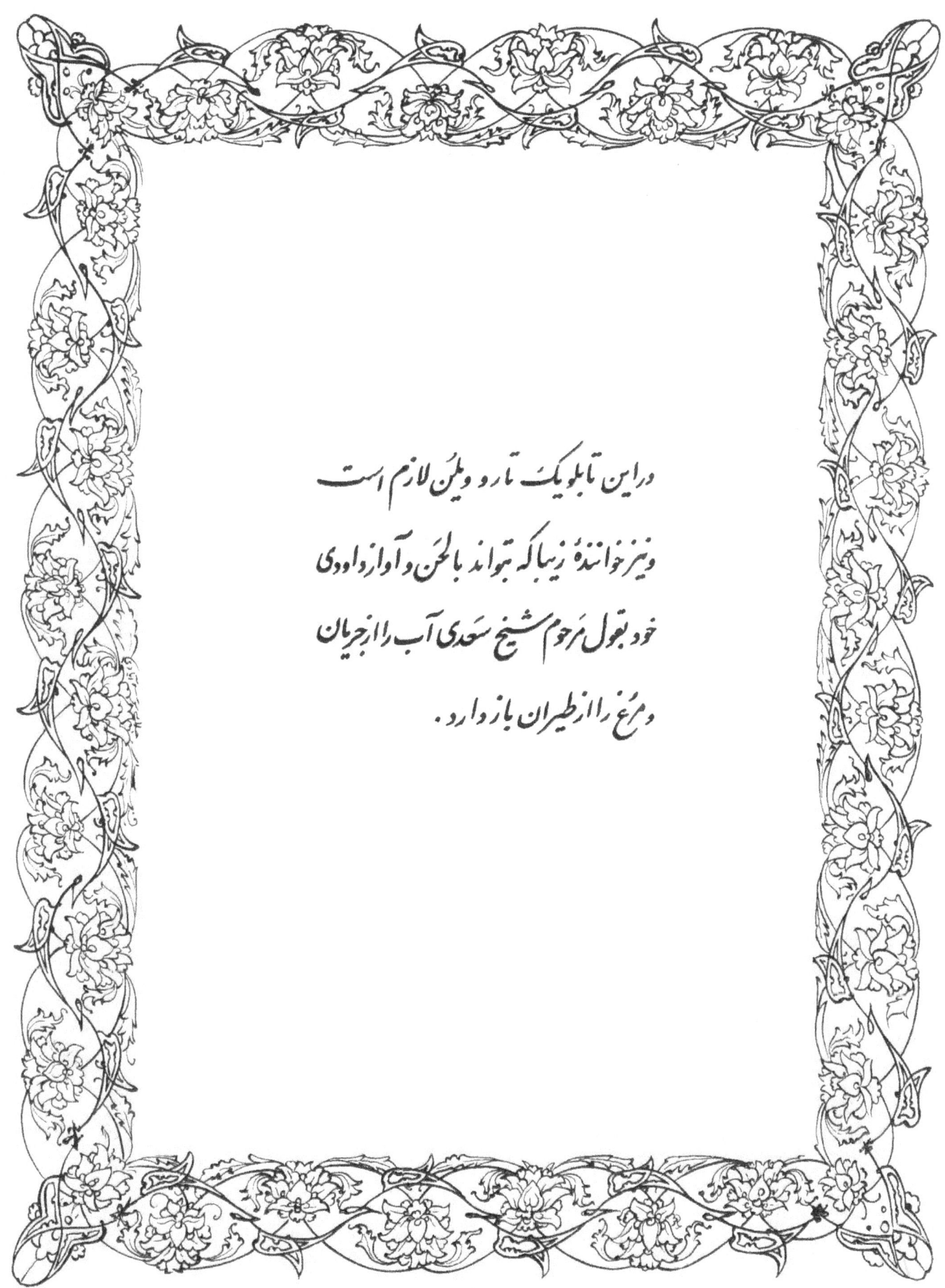

در این تابلو یک تار و ویلن لازم است
و نیز خوانندهٔ زیبا که بتواند با لحن و آواز داودی
خود بقول مرحوم شیخ سعدی آب را از جریان
و مرغ را از طیران باز دارد.

انجمن موسیقی

این داستان چندین بار به تقاضای مردم در سالن بهارستان نیز پخش شد

کلیه تابلوها در مسگرآباد از دهات نزدیک به تهران ساخته شد

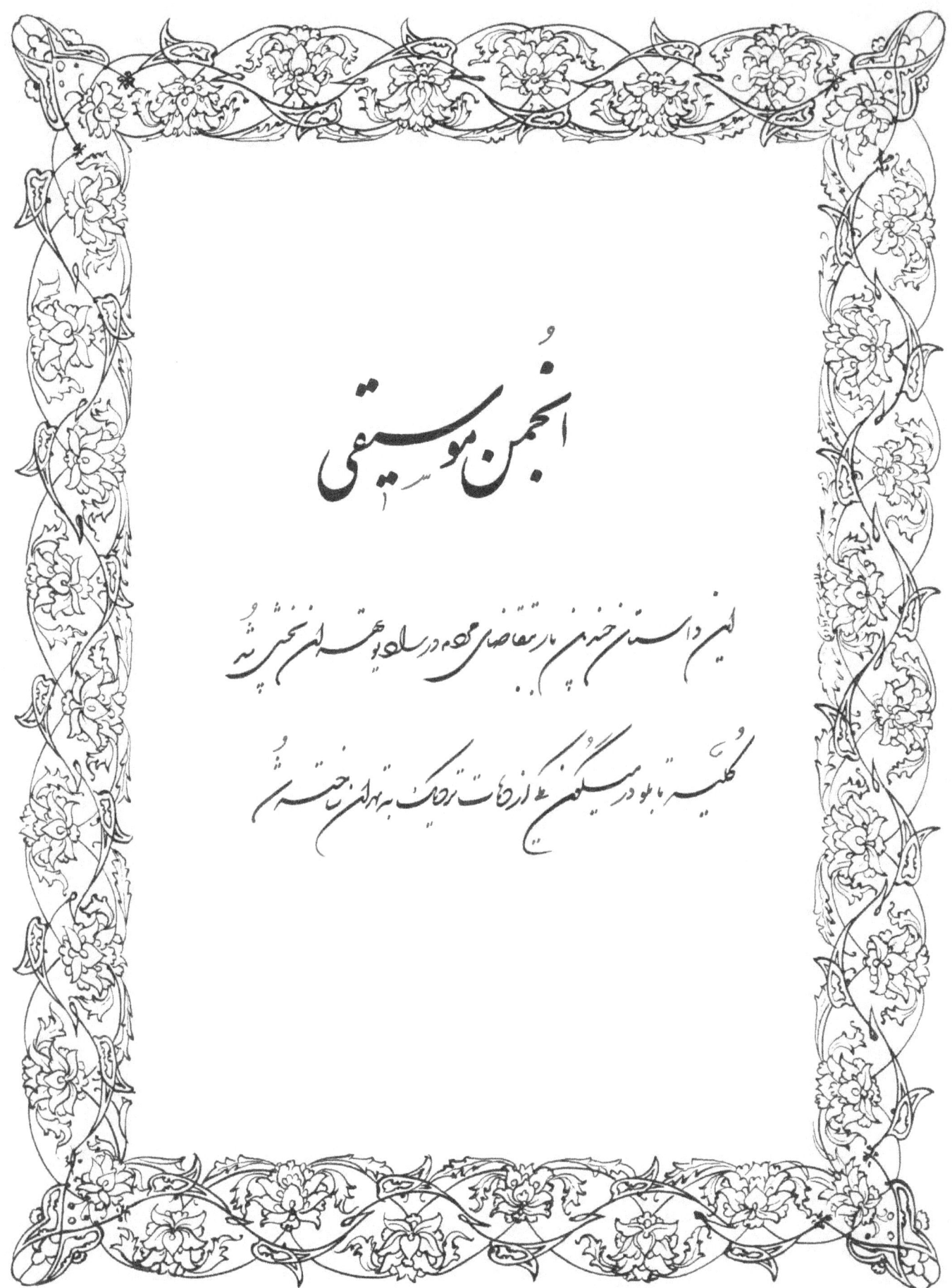

بگوش از ره دوری نوائی از ماهور

همی رسید ز فریاد و ناله سنتور

سروش دختر زیبای چارده سال است

چو ماه چهاردهم گرد دیده اش هاله است

ملیله ئی ز طلا هست موی بور سروش

ز شانه ریخته پائین کنار مجمر روش

ز شانه ریخته تا پشت چنبرهٔ کمرش

طلا شده سر و گردن بروی چون قمرش

ز چشم مشی مایل بسرخ او پیداست

که دخترک همه شیدای قامتی رعناست

قدی بلند و کشیده چو اختر اندر باغ

کشیده تر ز همه ساق مرمر براق

گل برویش اگر پیش گونه اش آری

چنان شود که با آتش گلی بیازاری

لب و دهان وی از نشاط پسند زیباتر
صدف کجاست که دندان زیباش شود تر

بلند گردن و نازک میان چو پیک طاووس
کلاه سر او همچو روی تاج خروس

بزیر گردن او سینه ی بلورین بود
دل قشنگ وی اندر میانش خونین بود

علاوه بر همه دارای حنجری صاف است
مپرس، چهچه بلبل به پیش او لاف است

لباس بر تن او همچو جام کوکب بود
سفید و سرخ و سیه چون اوایل شب بود

شفق ز سرخی آن روی در نقاب شود
شبی سیه که پدیدش ماهتاب شود

گمان مکن که شب است و نشسته در منزل
چو دختر است و نگر دیده عقل او کامل

هنوز ساعت پنج است و آفتاب بلند

فتاده گیسوی او بر رخش چو تاب کمند

کنار رهرو آبی نشسته بود سمند

مقابلش دو درخت چنار و سرو بلند

هوای دلکش نیلگون و باغ و زیر درخت

امید و آرزو آنجا بدرد خوردی و بخت

دو جعبه حامل تار و ویلن و نی بود

علاج واقعی آنجا پیاله‌ی می بود

بدست و پنجه‌ی او تار مینمود صدا

شروع کرده بد آهنگ جانفزای سه‌گاه

بآهنگ خوش سر زیبا کنار تار گذاشت

بصوت خوب و قشنگش حیا کنار گذاشت

صدای دلکش او در آغوش تار شنو

تو تار و تاری بخت من از تو هویداست
تو تار و تاری شب از صدای تو پیداست

تو تارتر ز سیاهی شام مظلومی
تو تارتر ز دو چشم خُمار معلومی

ز تیرگی شب بخت این عجب بینم
که تار سینم و تار سکینم دینم

صدای سیم بم تو بگوش سنگین است
چرا که ناله و غصه یاد یار سنگین است

تو سیم نازک چون تار عنکبوت بزن
بگوش مرغک در خواب رفته سوت بزن

بگو که کنج دلم گشته است لانه‌ی تو
هدف مساز بُوَد آخر آشیانه‌ی تو

سه بار پرده‌ی گوشش بدر ندای سه‌گاه
سه گاه در بر او لابه کن بزاری و آه

ز صبح و ظهر و شب و شام من برایش گوی

ز آه وقت سحرگاه من برایش گوی

تو ناله کن که صدایت اثر کند در دل

تو ناله کن که گلابت فرو رود در گل

تو ناله کن که بمضراب این چنین داری

سرشک حسرت فوراً در آستین داری

بضرب کوچک مضراب داد و قال کنی

زبان جمله حسودان بناله لال کنی

تو کاش پرده تاری بچشم من بودی

و یا که آتش بر ریشه چمن بودی

خدای روز سفید رقیب سازد تار

خموش باش نخواهم بگوش نغمه تار

پس کشید سر خود کنار داد و مو را

عقب نمود ز روی آن طلای گیسو را

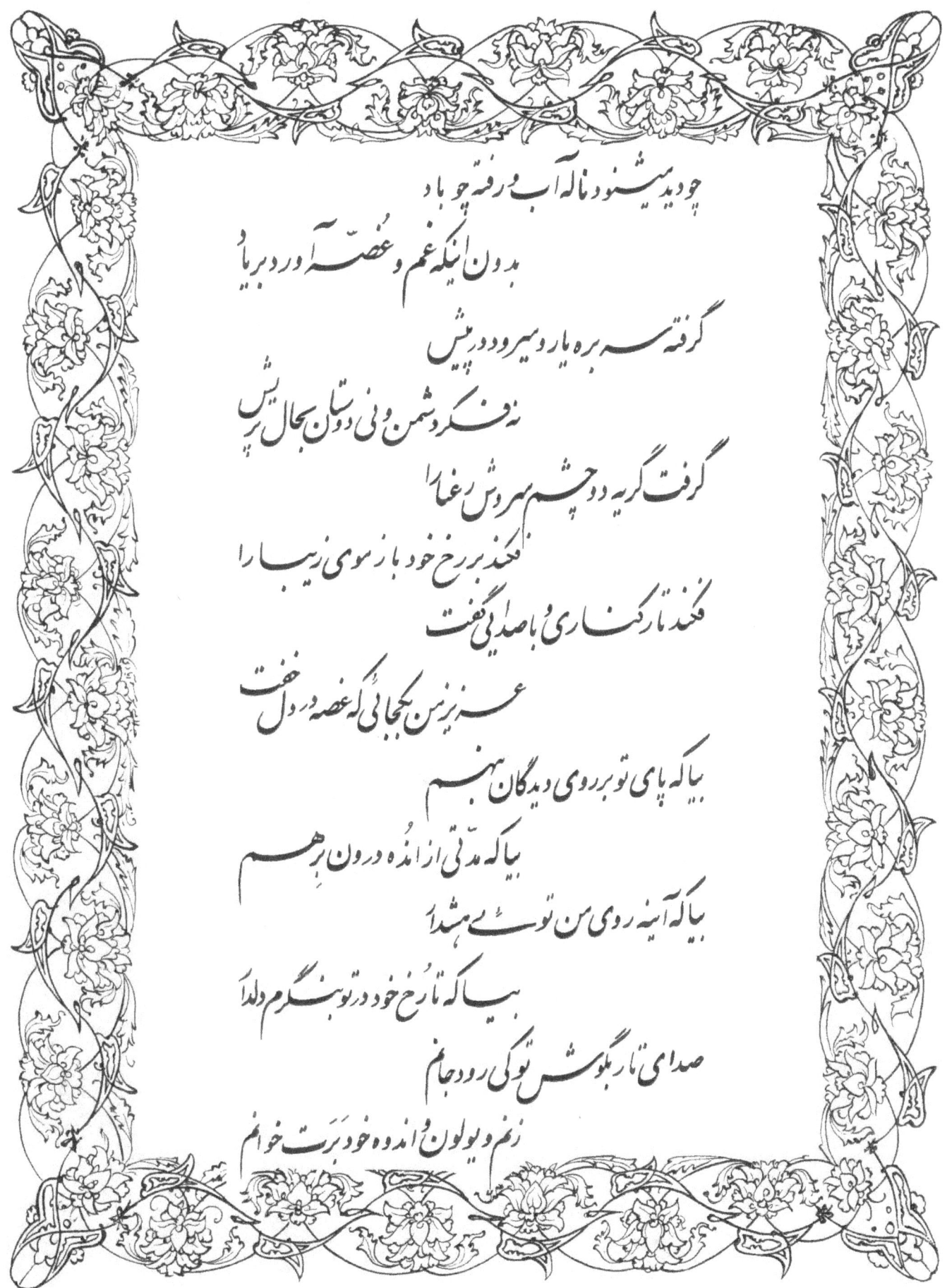

چو دید میشنود ناله آب و رفته چو باد
بدون آنکه غم و غصّه آورد بر یاد

گرفته سر به بر یار و میرود در پیش
نه فکر دشمن و نی دوستان بحال پریش

گرفت گریه دو چشم سروش رغنا را
فکند بر رخ خود باز موی زیبا را

فکند تار کناری و با صدایی گفت
عزیز من بکجایی که غصه در دل خفت

بیا که پای تو بر روی دیدگان بنهم
بیا که مدّتی از اندُه درون برهم

بیا که آینه روی من تو سیه مشدار
بیا که تا رُخ خود در تو بنگرم دلدار

صدای تار بگوشش تو کی رود جانم
زنم و یولون و اندوه خود برت خوانم

سپس ویلن خود را بزیر چانه نهاد

نوای شور برون داد و بذر دانه نهاد

ویلن است و برون داده نغمه‌ای از شور

شنو نوای وی از حنجر سروش چو حور

گل بنفشهٔ من از چه در پیسائی

زغصه گشت سیه چهر من به تنهائی

بنفش گشته رُخم همچو جای سیلی سخت

بنفش گشته نخورده شراب ای خوشبخت

شده زبان من اندر دهان چو سوسن باغ

که مُهر خورده بلب در برابرت چون داغ

گل گلایل من سرکش از درون نهال

بیا که تا من بیدل زنم کمی پر و بال

دورو مباش و دورنگی مکن آیا لاله

غمین و سرد نمودی غمم بدل ژاله

بیا که صورت زیبات همچو سیناست

بیا که روی دو چشمم ترا همی جاست

تو آرزو و امید مرا گسستی یار

ولین است که آنقدر میکند آزار

سروش مرده اندام همچو فرهاد است

ولی چه سود که نی در دلش مرا یاد است

درخت سرو کجا قد و قامت تو کجا

سروش غیب بگوشت نگفت راز مرا

که ای سپیده صبح امید بیماران

که ای ستاره این بامداد غمخواران

تو چون طبیب و من بینوا چنان مدهوش

بداد رس ز دوای مجسّم مینوش

بگیر سینه در آغوش و دست من بر دست

که زندگانی من بسته بر نگاه تو هست

امید هستی من ناله ام بگوش بگیر
روان روشن و پایم تو کرده ای زنجیر

تعجبم که ولیکن مرا نمود غمین
نکرد در دل تو ناله ام اثر چندین

کنار زد رخ و انداخت در کنار آن را
بصورت آب کمی زد ز جوی چشمان را

سرشک حسرت از آن گونه های سرخ و سپید
بآب شست که تا چشم او تواند دید

خلاصه دامن آن جامه چو دیبا را
گرفت و خشک نمود آن دو دست زیبا را

لمید در روی آن سبزه ها و زار گریست
ندانم آنکه امید دلش کجائی و کیست

درست ساعت شش بود و در همان کهسار
سروش گرم سخن بود از دل خونبار

که آفتاب همی رفت در برابر کوه

ولی بجان سروش عزیز غم انبوه

سروش دیده به پای که عظیم بدوخت

بحال آمد از آن حال پرحرارت و سوخت

گهی بخاطرش آوازهٔ پدر آمد

چو بانگ طبل بدل دار خون جگر آمد

گهی قیافهٔ مادر پدید شد زکنار

ترش قیافه و اندوهگین چو یک سگ هار

گهی برادر، خود با نهیب و فریادش

نگاه سنگین او را بیامدی یادش

خلاصه یکدل صد جائی و هزار امید

کنار نهر روان، هیچکس نتواند دید

بعالمی که چنان آب در گذر باشد

به بیدلی که دلش چون در و گهر باشد

تعجبم که همین دختر قشنگ و ملوس

نه سخت بود و نه نرم و نه بیحیا و نه لوس

دوباره دست بر و برد و گریه را سر داد

بناله گفت که بنیاد دیدهی بر باد

تو ای نسیم بهشتی تو ای کلید صفا

ستم بدلبر بیمار بیکس و جفا

تو بدر بودی و یکباره در محاق شدی

چراغ صبح دلم را چو لاله داغ شدی

تو یوسفی و زلیخا ز رنج دوری را

گرفته دامن یوسف بخواه یا ناخواه

کنونکه تار و ویولون نموده آزارم

به نی پناه برم تو که غصه بگذارم

دو دست خود بکناری ببرد و مژگانرا

بهم نواخت چو پاسخ فرو رود جانرا

بجهد دل خود و بنهاد از ناورد

برون کشیدگی گشته نی که زوبین خورد

چنانکه صاعقه بیغرد از نهیب درخش

چنانکه شیر بنالد ز درد تیغ و درفش

بلب نهاد نی و آه آتشین در وی

بجان دوست اگر ناقه بود میشد پی

بهفت بند نی انگشت خونبها بگذارد

ز شش دریچه نی ناله نی بدشتی داد

نوای دشتی و آهنم میان کوهستان

صدای یار میان نیش شده پیچان

چو بلبلی که بخواند بروی شاخه کاج

ز گل دو دسته ببندد بپیش خود چون تاج

صفیر نی بشنو ناله دلارا بین

سروش گفته خود را لب نی آورد

تمام سوز و گدازش بجان نی بخزد

ولی دو گوش من آنجا چنان سروش شنید

که گوئی از لب یک هاتفی خروش شنید

من آن صدای صفیرش چنین کنم تعبیر

که از درون جگر بود ناله اش درگیر

بگفت طاقت و صبر و قرار رفته بباد

تمام غصّه و اندوه و غم فراموش باد

بیا بیا که دگر جای دوستان خالیست

بیا که شب شده نزدیک و نور مه عالیست

بیا که مرغک بیدار حق زند اشب

بیا که با نی نوا ان سخن بگفت بلب

بیا و جلوه مهتاب نیک تر گردان

بیا ستاره جانم تو در شهر گردان

نسیم سرود خنک بر روان یاران باش
درود دست من بر رخ یار میرسید ایکاش
نوای چهچه دستی قریب پایان شد
که یک جوان دل آرا برش نمایان شد
همینکه چشم سروش از زمین باو بر ریخت
بگوفت نی بکناری و در برش آویخت
سخن نگفته چو تازی وی از زمین بر جست
دو بوسه بر سر ولب زد و تا باز و دست
چو کودکی که ندیده دو ماه روی پدر
چو کودکی که ندیده ست چهرهٔ مادر
دگر نگفت کلامی و در برش بنشست
باو بدوخت دو چشم و دو گوش و از غم رست
پس از دقیقهٔ آرامش و سکوت عمیق
سروش با سخن دلنشین و خوب و دقیق

شروع نمود با فسانهٔ محبّت و مهر

ز دیروز و دی شب بچنبر بر سپهر

کلام اوّل او شرح عشق و هجر و وصال

کلام دیگر او وصف بیم و خوف و خیال

خُلاصه در تب و تاب عجیب و بی پایان

شفق فرو شد و مَه جلوه کرد و شد تابان

سروش و یار عزیزش به ره شدند روان

بگفتگو ز من ناتوان برفت توان

من آمدم ولی آن ماه در بیابان بود

میان دار و درختان همی بگُفت و شنود

دگر شما و سروش و شب و ستاره و غم

ز آب و ماه و بیابان رها کنم با هم

من آنچه را که ندیدم چرا کنم تفسیر

در سن ۱۸ سالگی سروده شد

نیش و نوش

این تابلو موقعی سروده شد که طهران در فقر غوطه
میخورد ، ولی اشراف بهیچ وجه صدای رنجه و ناله
فقرا را نمی شنیدند و در تفریحات خود مشغول بودند .

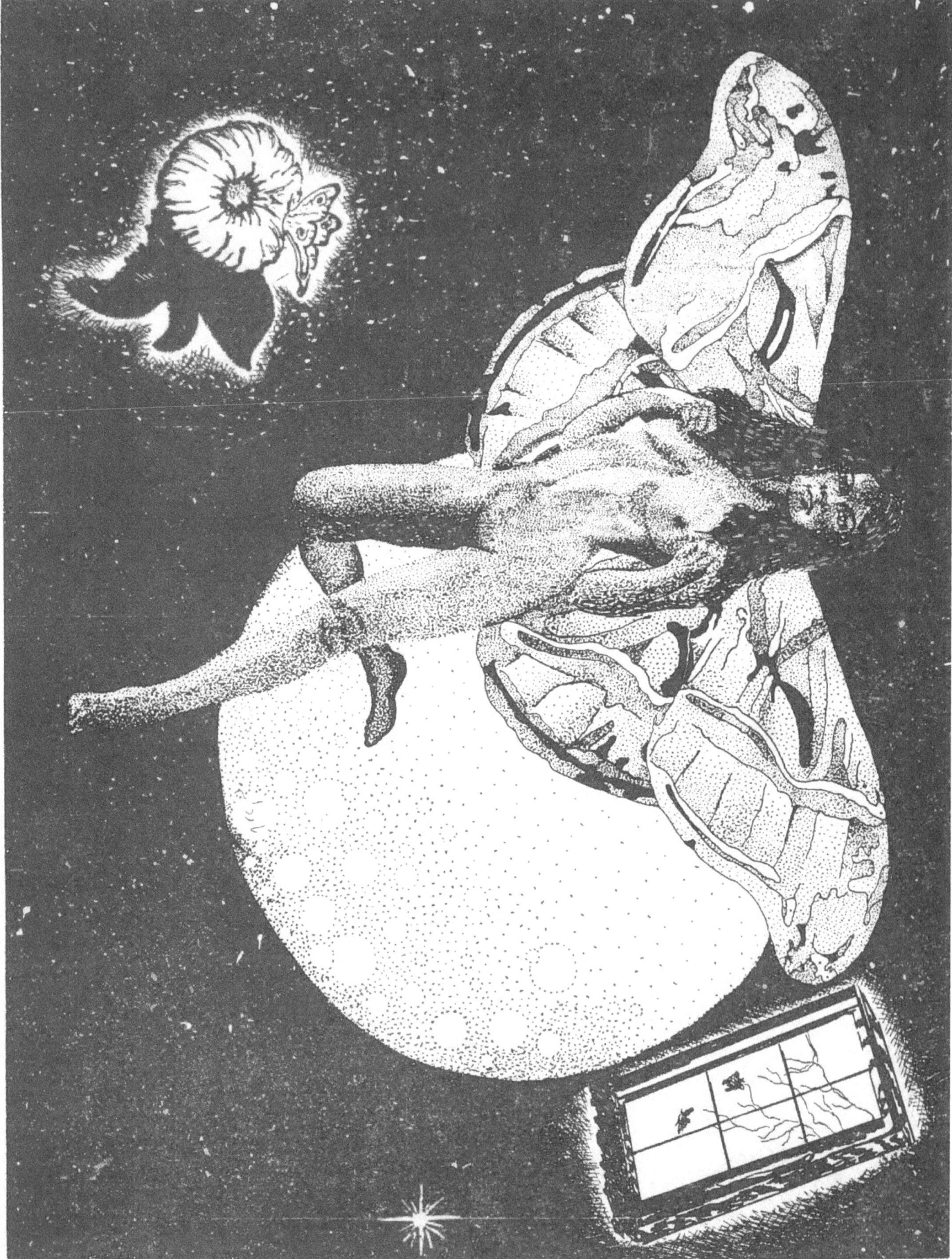

شب است وجثه خورشید خفته در بستر   شب است وچهره مه روشنی گرفته زسر
شب است وقطره شبنم نموده گلها تر   شب بهار شد ستی ز روز روشن تر
ویا قیافه ظلمت فرو شده در آب

چراغهای خیابان ز روشنی رخشان   نگاههای جوانان چو جوشنی تابان
رخ ستاره چو شمعی بدور مه گردان   سکوت شهر بهم خورده از صدای سگان
ویا همه بصدا و بشر شده در خواب

ستاره سحری با تلألوئی دیگر   زسمت مشرق اکنون نموده بیرون سر
به چشم پرتو خود میکند نظاره به بر   نموده در دل گل آن شهاب نور اثر
نظاره میکند از جان شمایل مهتاب

درست در روی گلهای قرمز گلدان   ز نور ماه و ستاره است شهری آبادان
چو تخت لاله ای از لؤلؤ سفید رخان   که در برابر یاقوت مه گرفته نشان
چو افسری که لبانش ز خون شود خوناب

تمام شبپرگان خفته اند روی نهال   گرفته اند به سر چون پتوی ما پروبال
نموده اند فرو نیش خود به کنج کلال   چو عاشقی که پس از هجر دیده روی وصال
خلاصه دیده بیننده میکنند کباب

یکی نگفت چرا من در آن میان بودم   و یا مگر که فضول هم این و آن بودم

که من بدون خبر اندر آشیان بودم   و یا که در دل شب بنده پاسبان بودم

که سرّ و ناله پروانه را نمودم باب

کسی نبود بگوید که اختیارات است   در این زمین که امورش همه مساوات است

شبانه خوردن و خفتن که جزو عادات است   برو کنار چنین حرفها خرافات است

در این دیار که هر نقشه ایست نقش بر آب

مسلم است که پروانه هست یک حیوان   چه عیب گر پی عاشق رود همی حیوان

ولی تصور هرگز نکرده ای انسان   که از خطای تو گشته است عالمی حیران

که کنده ای به سر راه دوست چالاب

در این میانه فقط روشنی ماه نبود   در این فسانه فقط قامت گیاه نبود

مقال ما همه از بهر چاه و راه نبود   مقال ما همه از حب پول و جاه نبود

رخ ستاره دیگر مرا نمود خراب

دریچه ای که از او روشنائی آمد باز   شنیده میشد از آن نغمه های دلکش ساز

صدای قهقهه خنده از طریقه ناز   کشیده بود بافلاک چون شراره باز

که روی دره زند سوت و زیر او سیلاب

من از اول بخیالم که گشته امشب جنگ　　　ویا گرفته یکی محتسب دو دزد بچنگ
ویا گرفتن گرگی نموده سگ آهنگ　　　ویا که پای پری پیکری گرفته بسنگ

که گریه میکند بصدا و بدون حد و حساب

دریدم از سر بچ دیده را و کردم ذُل　　　که بلکه در برابر همسایه مزور خجل
کشم به پیش سخن از ترنم بلبل　　　بگویم این چه صدائیست کرده ای غلغل

چرا امان نمیدهی از بهر یک دو ساعت خواب

عجب که دیده من چیزهای زیرین دید　　　شراب و جام می و کاسه های زرین دید
زنی دریده و عریان که نامش پروین دید　　　قمار و مجلس شادی شویش برزین دید

چنین عمل به جهان امل بود کمیاب

یکی برای دو نان جوین کشد فریاد　　　تمام هستی خود زین جهت دهد برباد
ز کودک و زن و فرزند خویش دارد داد　　　که آورند بیادش زنان شیرین یاد

که میبرند ز بی جامه ای ز دی تب و تاب

یکی هم آفت همسایگان بی مأواست　　　بساط شادیش هر روزه از طرب برپاست
کنار دلبر زیبا و مهوشی رعناست　　　در آن خیال هم آسوده بی خبر از ماست

چو بسته اند پر و پای او بجام شراب

به بانگ خنده ندا داد بچه آزادیست　　　تمدن است و در این مملکت که این عادیست

علاوه مجلس عیش است و محفل شادیست　　　وطن پرستی و دین خواهی است و آبادیست

عجب بپای تو بسته اند بند و بار و طناب

بلی چو در وطنی اجنبی نمود اثر　　　شکسته میشود از بیخ و بن نهال ثمر

ز تخم کینه شود بسته چشم اهل بصر　　　در آن دیار کند حرف مفت جلب نظر

در آن دیار شود شمع ،ماه عالمتاب

در سن ۱۶ سالگی سروده شده

ندامت عاشق

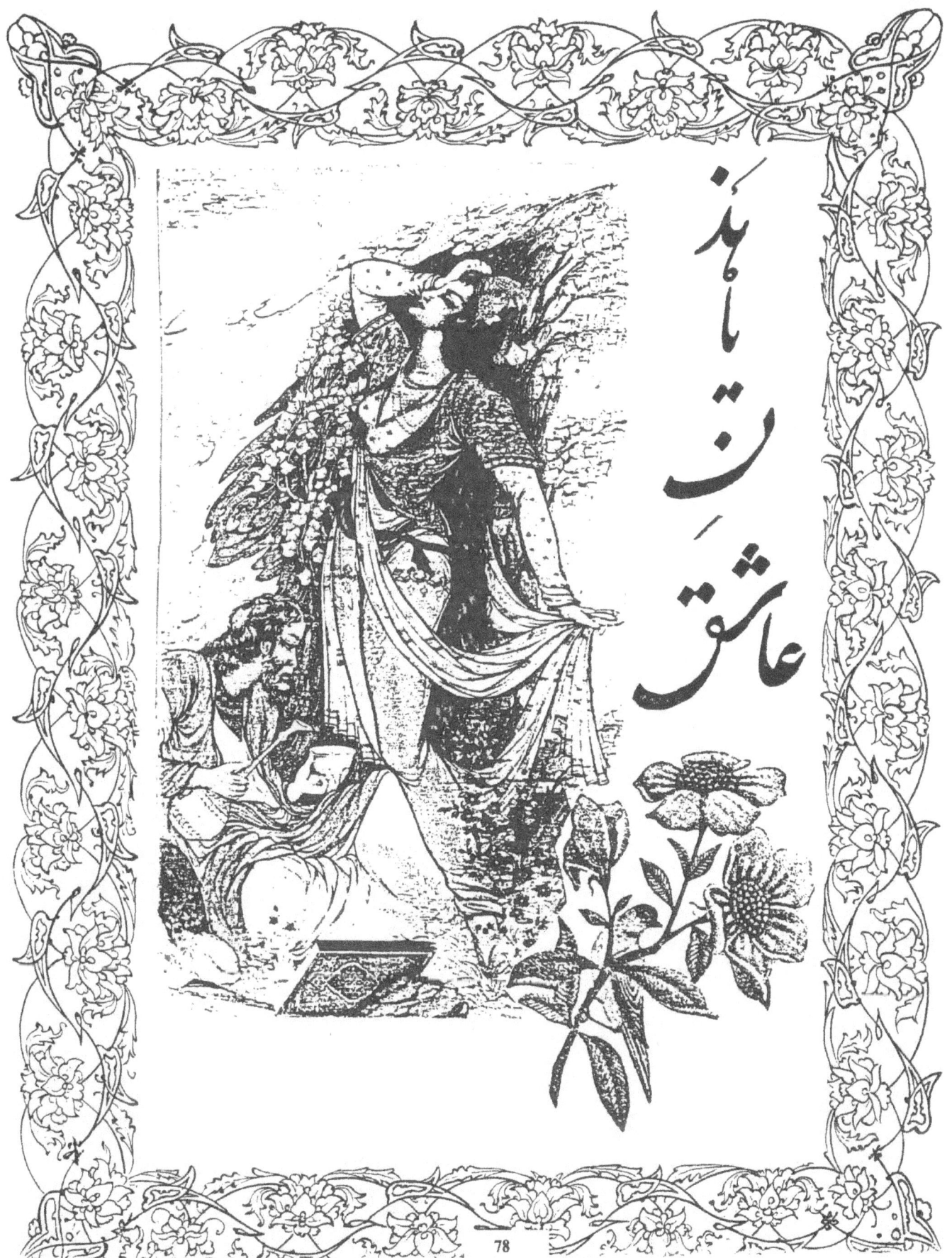

این قطعه بدرخواست پسر عموی عزیزم علاءالدّین فستقی ساخته شد

درحالیکه من تب داشتم و مقداری هذیان گفته بودم

او بشوخی گفت : چرا راجع بهذیانهایت شعری نمیسازی

دلرا بنده هذیان عاشق ساخته

هذیان عاشق

دوش تب آمد بجانم ناگهان
بُرد آرامم چه سخت و گرم بُود
لحظه‌ئی راحت نبودم آن زمان
گرچه در بستر کنارم نرم بُود

چشم سُرخ و نبض تُند و گرم و پُر
اندرون از تب نهال لاله بُود
درد پُر آشوب بر اندام من
کار من هر لحظه هر دم ناله بُود

گرچه بیهوش از همه عالم بُدم
لیک چشم جان من بیدار بود
چون طبیب آمد بمن نسخه داد
کار با آن نسخه بس دشوار بود

روز بعد آمد که دستورم دهد
گفت از آن قطره خوردی جان من
گفتم آمد هوشم دیروز صبح
قطره‌ئی از اشک چشمش داد من

گفت آیا قُرص ما را خورده‌ای
گُفتم از چشمان مست او دو قرص
گفت از آن بسته گَرد سپید
گفتم از آن حلقه مویش بپُرس

گُفت آن سوزن چنان تزریق شد
گُفتم از آن ناوک خون ریز او
گُفت هیچ سوخت سوزن در ورید
گُفتم از سوزان نگاه تیز او

گفت آن کپول مشکی و سفید
هر یکی را وقت خوابت خورده ای

گفتم از آن چشم مشکی و سفید
غیر کپولی به حلقم برده ای

گفت از جوشانده دیشب که من
دادم از عناب و بید و شیرخشت

گفتم از عناب لب شیر نگار
کردم اندر باغ قلبم زرع و کشت

گفت از شربت گرفتی بهره‌ئی
گفتم از شیرین لب چون شکرش

گفت از تفریح امروزت بگو
گفتم از ساق و بلورین پیکرش

گفت مالیدی بگردن روغنت
گفتم آری روغن از اندام یار

گفت دکتر مادرم را، زور تب
کرده فرزند تو مجنون از قرار

امشب این دستور را انجام ده
پای او پاشویه کن هنگام خواب
باش آگاه اینکه پرهیز است او
از پیاز و فلفل و جام شراب

مادرم آمد به بالین تا کُند
پای من پاشویه با آب نمک
غلط خوردم ناله کردم بعد از آن
چشم بگشودم بروبش کم کمک

گفت مادر بسکه هذیان گفته‌ای
دکترت آب و نمک دستور کرد
از غذاهائی ترا ممنوع داشت
بر غذاهائی دگر مجبور کرد

گفت مادر پای خود آماده کن
تا کنم پاشویه پاهای تو، هی
گفتم از آب نمک تأثیر نیست
بعد ازین پاشویه کن پایم بمی

در همین اثنا، گُلَم، بار دگر
آمد از عالم عیادت کرد و گفت
این گُل سینا و ناز و سوسنت
دیشب از حال تو چشمانم نخُفت

گفتم ای مادر بیا لختی کنار
آنچه دکتر لحظه‌ای پیشم شمرد
جُمله نزد این گُل ناز من است
نسخهٔ دوش مرا این شوخ بُرد

امشب ار یارم کنارم سر کند

صبح میگوید بسم تن را جواب

سوزن و کپسول و قرص و قطره را

آنچه دکتر داده بسپارم به آب

گر تو خواهی راه بهبودی روم

نسخه حالم ازین مهوش ستان

مادرم گفتا که واضحتر بگو

گفتم او را گوی پیش من بمان

نهرین

۳۱٫۶٫۱۹

بیمارستان

این داستان حقیقی است و من شاهد آن در بیمارستان مونت سینایی

آمریکا بودم و زن و شوهر پیری را دیدم که از هم چگونه پرستاری میکنند

و باهم چگونه عشق میورزیدند و بالاخره هم مرگ آنها را از هم جدا کرد

بیمارستان

زنی صد ساله در بستر فتاده

مریض و بیحواس و زار و پژمان

نه چشم و گوش و نه عقل و شعوری

چو گنجشکی درون لانه بیجان

نه قدرت نی قوا و نیروئی تا

بگوید رازهای پُر بهارا

نه یارائی که بگشاید دهان را

بپاشد قصّه های سال ها را

کنار بسترش شوهر نشسته

که ده سالی ز صد بالا ز همسر

چروک صورتش پوشانده سیما

خمیده، لاغر و زار است و مضطر

تفکر چهره اش را کرده تاریک

دو چشمش کاسه ئی گردیده پُر خون

چو بیمارست تنها رازدارش

زن صدساله مجروح و مُجنون

نه فرزندی که گیرد دست بابا

نه دلبندی که مادر را پرستار

نه فامیلی که آید بر عیادت

گلی آرد شبی بالین بیمار

خبر دادند شوهر را که دکتر

ببالین زنت میآید امشب

ولی چون کار او گردیده بسیار

گمان آید چهار از نیمه شب

دلش لرزید و گفتا منکه امشب

به تنهائی بمنزل سر نیارم

نمیدانم کنار بستر خویش

کرا جز روی محبوبم گذارم

بفردا صبح وقتی همسرش را

خبر دادند حالش گشته بدتر

ورا در پشت درب خانه دیدند

که شب را در خیابان کرده او سر

چنان از گریه اش حالم برآشفت

ندیدم تازه داماد بنالد

نه در اندوه فرزندی ز مادر

ندیدم اشک چشمش خون ببارد

بدلبر گفت صد بارت نگفتم

بدستت همسرم را میسپارم

بمن حتما زنم را بازگردان

که من روز و شبان را میشمارم

من از تو همسرم را بازخواهم

که تنها خانه ام ویرانه گشته

دلم در کنج گیسویش گرفتار

سرم در ماتمش دیوانه گشته

من از لیلی و مجنون قصه هایی
شنیدم، لیک این کار جوانیست
ولی صد ساله زن صد ساله همسر
حقیقت یافتم کاو یار جانیست
منم صد ساله دلبر دادم از کف
به معنی سال صد باید بنالم
اگر این بچه داند قصه‌ام را
ترحم آورد دیگر به حالم
گلی پژمرد و گلدانش بجا بود
همه شب چشم خونبارم بگلدان

دلم پژمرد در گلدان سینه

مگر عیسی دمد او را دگر جان

شیکاگو

۶ آگوست ۱۹۵۶

مادر بیچاره
A.Haeri

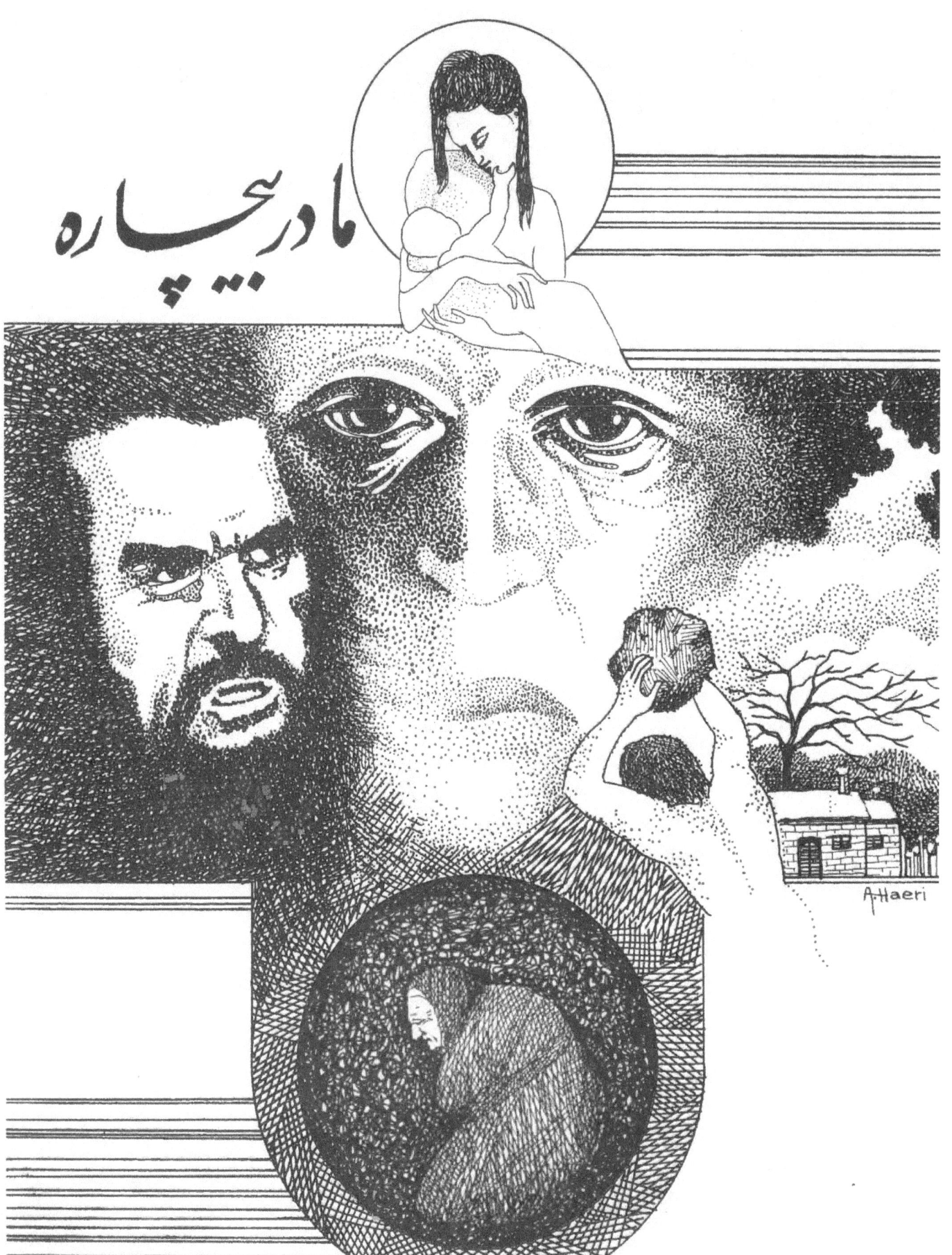

این شعر داستانی از زمانی ساخته شده که رادیو هندوستان

موضوع «مهر مادر» را تعیین کرده بود و مسابقه‌ای برای

آن قرار داده بود.

بنده شعر مزبور را سرودم ولی آن را به آن مسابقه پُست نکردم

مادر بیچاره

پیرزنی زرد و نزار و نحیف
چرک، با موی ژولیده و سر و روی کثیف

پیرهنی تازه ندارد به بر

قامت وی همچو کمان گشته پیچ

راست بگویم ز چروک رخش

بوی پریشانی او بر دماغ

من و او، کوچه‌ای تنگ

اوائل صبح، سرمای زمستانی

پیرزن، فرزندداری؟ آهی سرد،

نگاهی به من نموده گفت

« فرزند گداست و کیست »

فرزند همانیست که روحم آرزد

فرزند، همان که قوّه جانم خورد

فرزند همان که سوی چشم را بُرد

او کرد مرا این مصیبت وادار   او کرد مرا در بر هر ناکس خوار

رهگذر دانا بتو بگویم:

شبها که در کنارش محبوس وار خفتم

کنار گاهواره چه لالایی‌ها که گفتم

در نیمه‌های شبها اندر کنار بستر

یا ساکتش نمودم، یا آنکه اشک سفتم

اینست حاصل من

«از درد و رنج مُردن»

من مادرم، مادری دلسوز، بیچاره، بینوا

پناهم پس از خدا، اوست

او هم ندهد مهلت خوابم

امروز نموده بیرونم از منزل　　　　شاید آسوده شود او را دل

باشد، من بخوشی او راضیم

در این میانه جوانی قوی چو شیر ژیان　　　　زخانه کرد سر خود برون یک ایوان

بدید مادر خود را که میکند با من تکلم

آمد، گرفت او را

کشان کشان پر نحیف سیاه

بُرد بخانه که کند او تباه

مادر غم پرور مظلوم را

عاشق دلداده بی عار را

داخل شد درب چاهی را برداشت

دست قوی پنجه چو پولاد خویش کرد بزیر بدنی ریش ریش

پرت هوا کرد و را چند بار

کای سگ پیروزن صد سال دار

زندگی من همه تو چون گلند

روی تو از زشتی مانند مار

چند به بینم رخ پر چرک و زرد

مادر گفت: جوان رشیدم

کودکیت دست و برت شسته ام

چرکی و سوراخی پیراهنت

هر شبه بانغمه یاد و خستم

حال ز صد ساله تقاضای کار؟

عاقبت آن مرد جوان از جنون

مادر خود کرد به چاه اندرون

سنگ بیاورد که اندازد آن

بر سر آن مادر پیر زبون

از ته چه گشت صدائی بلند

پسرم پسرم پیش نیا پیش نیا

از دور بیاید از سرم تا که شوم خُرد

تو پیش نیا، غُصّهٔ جانت نتوان خورد

ترسم که بیُفتی و شود مرگ تُرا یار

تهران
۹، ۸، ۲۵

تضمین غزل

پروین اعتصامی

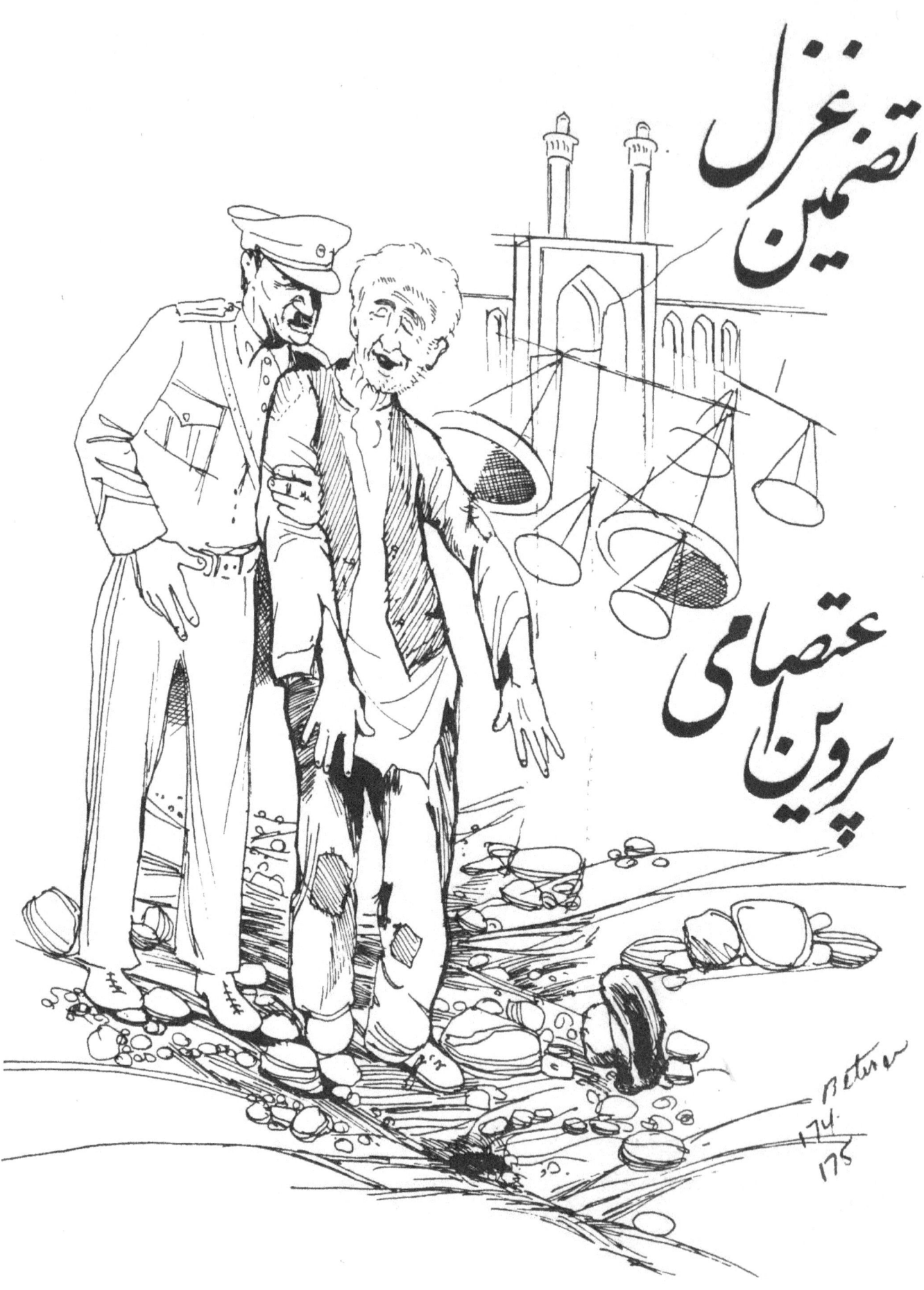

تضمین قطعه مشهور پروین اعتصامی

دوش در ره میبردم گامی و بودم در شگفت | محتسب مستی به ره دید و گریبانش گرفت
مست گفت ای دوست این پیراهن است افسار نیست | پاره و رشتیست و بیش از این دریدن کار نیست

باز بگذارش بمن این پاره و پیکر مرا

مست گفتا محتسب رهرا چو لنگان میروی | گفت مستی زین سبب افتان و خیزان میروی
گفت جرم راه رفتن نیست ره هموار نیست | راه مردان ستمگر رهروی احرار نیست

جز کلوخ و سنگ در ره نیست در کشور مرا

گفت کمتر گو سخن دیگر بمن از چاه و راه | گفت آگه نیستی کز سر در افتادت کلاه
گفت در سر عقل باید بیکلاهی عار نیست | بیکلاه بیعمامه‌ام مستت دیگر خوار نیست

محتسب دیگر مزن بر روح و جان آذر مرا

درهمی بگذار تا الحق شود پاک سرم — گفت می‌باید ترا تا خانهٔ قاضی برم

گفت رو صبح آی قاضی نیمه شب بیدار نیست — در که بیدار است در فکر تو و خمار نیست

قاضی این سرزمین کی بنگرد مضطر مرا

محتسب بگذارم اندر مستی و در پیچ و تاب — گفت تا داروغه را گوئیم در مسجد بخواب

گفت مسجد خوابگاه مردم بدکار نیست — خانهٔ حق تختخواب هیکل اشرار نیست

پاسبان بیهوده بر آتش مزن اخگر مرا

قاضی و داروغه هم خوابند کوته کن بیان — گفت دیناری بده پنهان و خود را وارهان

گفت کار شرع کار درهم و دینار نیست — حکم و قانون خدا احکام پنج و چار نیست

کی کند پاکیزه با دینار در محشر مرا

گفت باید تا بهم تا خانه قاضی رویم — خانه نزدیک است باید تا که ما آنجا رویم

گفت قاضی از کجا در خانه خمار نیست — دلبری در دست و جامی پر ز می در کنار نیست

می بگفت بگرفته قاضی کی دهد داور مرا

کمتر از قانون بگو بگذار بند و بست را — گفت باید حد زند هشیار مردم مست را

گفت هشیاری بیار اینجا کسی هشیار نیست — شهر هشیاران نگر فردی از آن بیدار نیست

داور دادار میخواهد چنین کافر مرا

تهران

۲۴/۳/۳۲

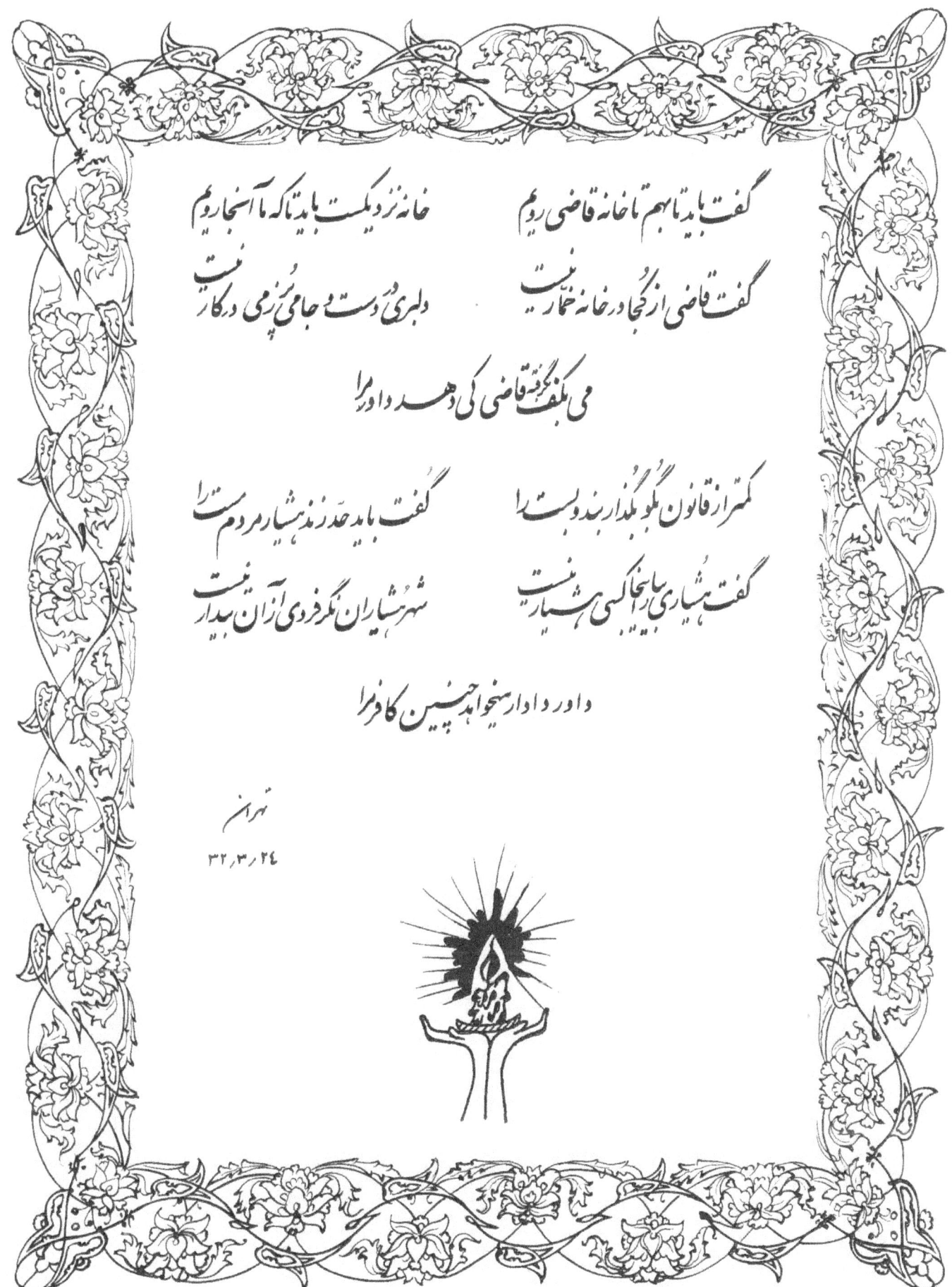

امواج
و غریق

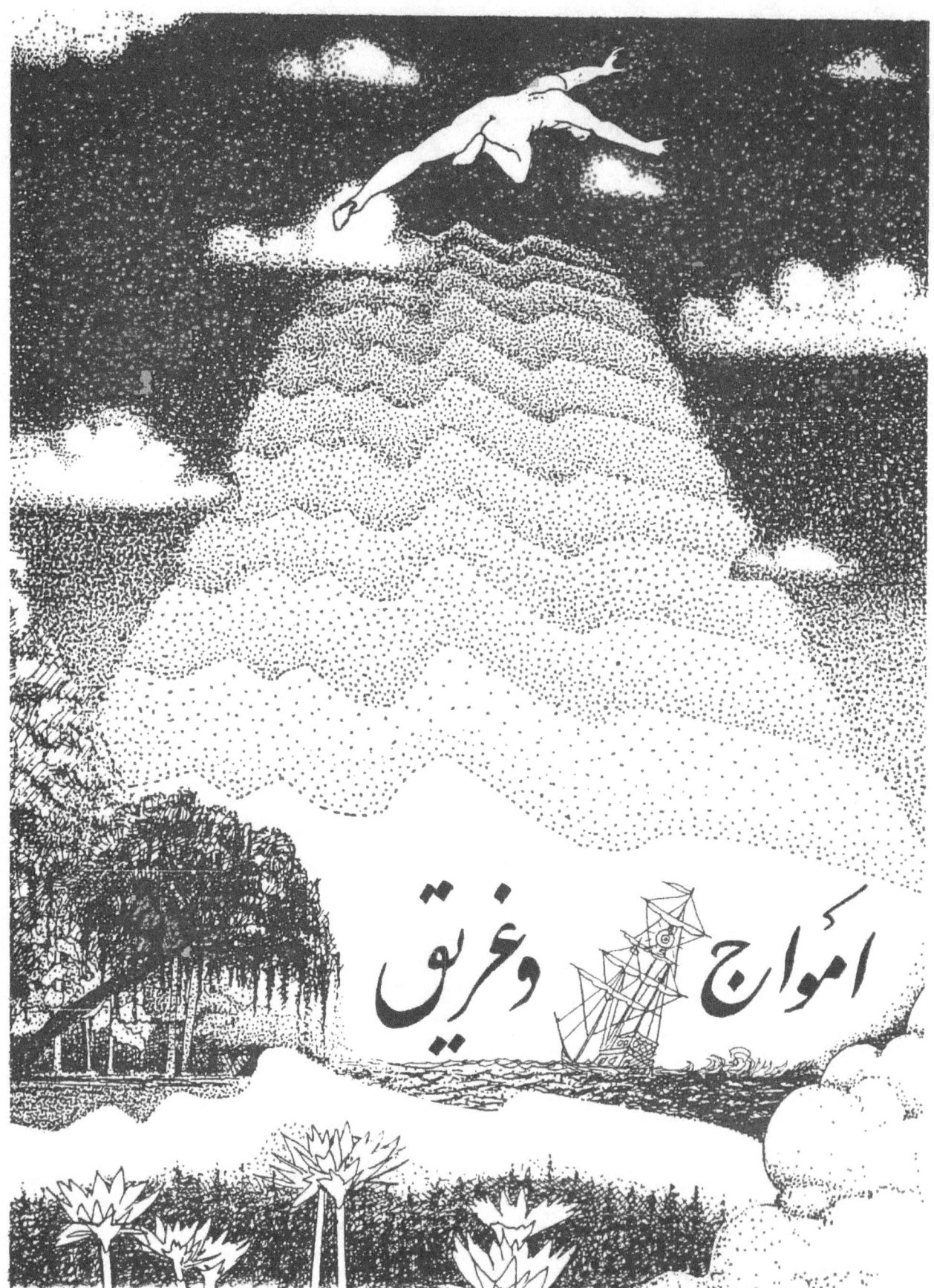

امواج و غریق

داستان امواج و غریق تراوش تخیلات شاعرانه بنده

در کنار کرانه های زیبای مازندران میباشد

شب بُود و موج دریا غلطانتر از شب دوش

بر دشت و کوه و صحرا ظُلمت نشسته مدهُوش

در پشت ابر پنهان ماه و من ایستاده

از بندری به دریا، چشمم بجستی او

بهر رسیدن یار، غوغا نشسته بر دل

قلبم ز شادی او، اندر طپش فتاده

نور چراغ کشتی، چون نور شمع پیدا

از سایه روشن نور، شکل دکل هویدا

لرزانتر از ستاره از دور نور کشتی

بر دامن من و او از یک طرف امیدی

گویا که موج دریا با نور چنگ دارد

از یکطرف ز وحشت دریا شرنگ دارد

چشمم چنان گشوده ست، باز و فراخ و بینا

چون دوربین عکّاس، بر صفحه های دریا

آوخ که موج هردم در پیچ و تاب و تب بود

نوردگل گهی کج از راست یا چپ بود

ناگه ز باد و طوفان دریا بهم برآمد

سوت و سفیر و تندر، رعد و صدای خش خش

شنهای گرم ساحل در چشم من فرو شد

از دست خیزگیهای پرخاش و خشم دریا

ذرات آب دریا، هر لحظه چون فواره

پاشیده میشد از دور بر صورتم دوباره

هر لحظه باد می‌بُرد

پیراهنم به‌هر سو

آخر بخاک انداخت، من لحظه‌ای نشستم

عشق و امید و شادی، مرگ و غم آرزوهایی

این داد و قال و غوغا

وین موج و خشم دریا

وآن جیغ‌های مرغان

وین ظُلمت و سیاهی، ما را بهم فشرده

یک ساعت این زمینه دغوغا دوام داشت

بعد آسکوت صحنه دریا نهفته کرد

دستم بچشم و بار دگر گشتمش بتاب

بعداً نظاره برلب دریا دوباره باز

آوخ دریده چشم من از بیم چو باز شد

دیگر ز نور کشتی یارم نشان نبود

گفتم مگر که خاموشی پرتو چراغ

باشد ز خورد شد نفهای لوله ها

یار عزیز من

یکساعت دگر

میآیدم به بر

میگیرمش بدام

نه غوغای شب .. پایان میپذیرد

طوفان نشست

نه کشتی یارم طعمه دریاشد

نه .. خاموش .. می آید باز

وای .. یکساعت دگر

بجد اسخت خسته ام

وای ... یک ساعت دیگر .. بجائی بجا

باز آنکه دگر صبح غم نزدیکست ..

باز آنکه تو و غرق شدن فرض محالست

باز آنکه دگر تاب ندارم بخیال

نور خورشید پس از آنهمه دوری آمد

صورت دریا یکبرتبه چون روز نمود

وای ...

کشتی بکجا رفته و دریا خاموش

یار من کو ... چه شده ...

وای دکل پیدا نیست

دکل از دور فرو میشد و من ناله کنان

نامه آخر او را بخیال آوردم

در نامه اش نوشته بود، زمانی که میرسم

باید ببوسیم که من از هجر مرده ام

در نامه اش نوشته بود زمانی که میرسم

باید که جان دهم بتو سوگند خورده ام

ایجان غرق گشته که جانم فدای تو

من نیز غرق میشوم این جان فدای تو

دردم سپرد پیکر خود را آب و موج

دریا گرفت یکسره رویش چو باز اوج

امواج آب دلبر او را فرو گرفت

در زیر موج عشق دو دلداده خو گرفت

تهران

۱۳۲۱,۱۲,۲

شام دوش

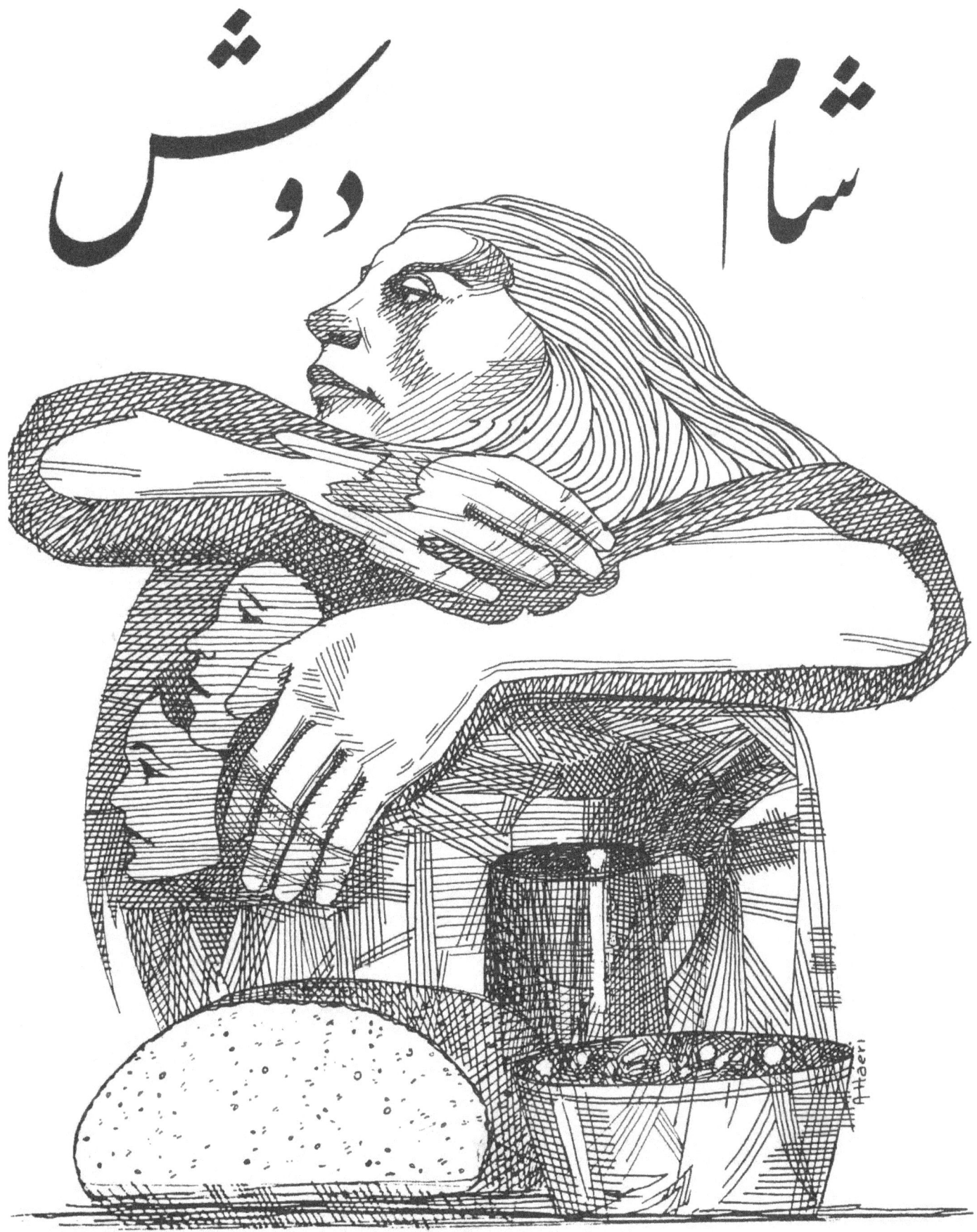

در ایران مرسوم بود که همیشه وقتی گداها بدرب خانه

می‌آمد، غذاهای مانده و قدیمی را به او می‌دادند، بدون اینکه

متوجه باشند ممکن است آن غذاها بیماری‌زا بوده و جان

کسی را بگیرد.

فقیری که فرزندش در اثر غذای مسموم شده بود موضوع

این داستان است

شامِ دوش

میسنالم از این زمانه چندان کاین ناله رفاه ما ربوده است

چون گشته ام این چنین پریشان؟ معلول پریشیم که بوده است؟

دق ، دق ، دق کیه؟

باز کن شما کیستی؟

میگویم باز کن اسم شما چیست؟

من برایت طعام آوردم نوکرِ خانهِ فلان کردم

طعام ! هاه !

در کَندی چرک فقیر چون شد باز

لباس ژِندهٔ آن پیرزن نمایان شد

بگیر، اینهمه از خانهٔ فلان آقاست — طعام خوب و لذیذ غذای بهیناست

بریز گوشهٔ چادر که خیر می‌بینی

بریز گوشهٔ چادر — بگیر نان بیات

بیات نیست فقط مال شام دیشب ماست

کپک زده است؟

نه، این از غذای امشب ماست

بگیر اینهمه آشی که ترش هم نشده است

همین آش از نهار روز قبل پس پریروزه

پلو هم از نهار و شام دیروز است و امروزه

این پلو از زیادی شب ماست — این، اضافی لقمهٔ لب ماست

یخ زده؟ ماسیده؟ مثل اینکه ترش شده؟

بنده خدا بخور، روزی بیش ازین نیاد

خدا برای تو روزی زیاد ازین نمیخواد

برو پسر که تو هم مثل من گرفتاری   تو ریزه خوار فلان اشرفی چیز داری

خدای خیر دهد هر که خیر میخواهد

زن درب خانه را که برون بست روی خویش

با صد ولع دو طفل عزیزش ندای داد

اینهم غذای امشب، اینهم پلو، چلو

به به، صدای طفل بمادر ندای داد

به به، صدای طفل مکرر صدای داد

فردا همان عزیزِ جگرگوشهٔ زنگ — دل دردِ سخت داشت

وآن دیگری بناله و فریاد از فلک — غوغای سخت داشت

مادر که راه چاره برای عزیز خود — از صبر و جهد داشت

میگفت کو دوا ؟ کو دکتر و غذا ؟

این درد از قضا آورد رو بما

پولم کجاست تا که بدکتر برم مریض

گوید اگر بحلق مریضت دوای ریز

این درد نیز .

بر جان جگرگوشهٔ من سخت دچار است

شاید دکتر پول نگیرد دارو مجانی دهد .

نه هنوز آنها را نشناختی

دگر سخیف و پست و فرومایه است و لوس

چشمش به دست ما و دلش در کمند پول

اربابها به جایگهش تکیه میزنند

اما فقیر بیوه، بی پول مثل غول، در چشم دگران

فرزند بیوه زن بد و صد ناله و فغان

چشمش به خواب رفت، در خواب ناز مرگ

مادر در آن میانه ز اندوه کودکان

عقلش بر آب رفت، بر آب راز، فقط

میگفت بینوا به دم مرگ جمله ای

مادر ز شامِ دوش ، مُردم ز شامِ دوش

مادر جواب داد :

بیچارگان به جمعِ عزیزان چو بنگرند   دلهایشان ز غصّه بهم مُشتی آذرند

آوخ که راهِ چارهٔ بُجز مرگ بهر تو   اکنون نبود !

بشکند این پایه های ظُلم

آوخ ز شامِ دوش

آوخ ز شامِ دوش

تهران ۱۱ / ۱۱ / ۳۹

آرزوی کور

BLIND DESIRE

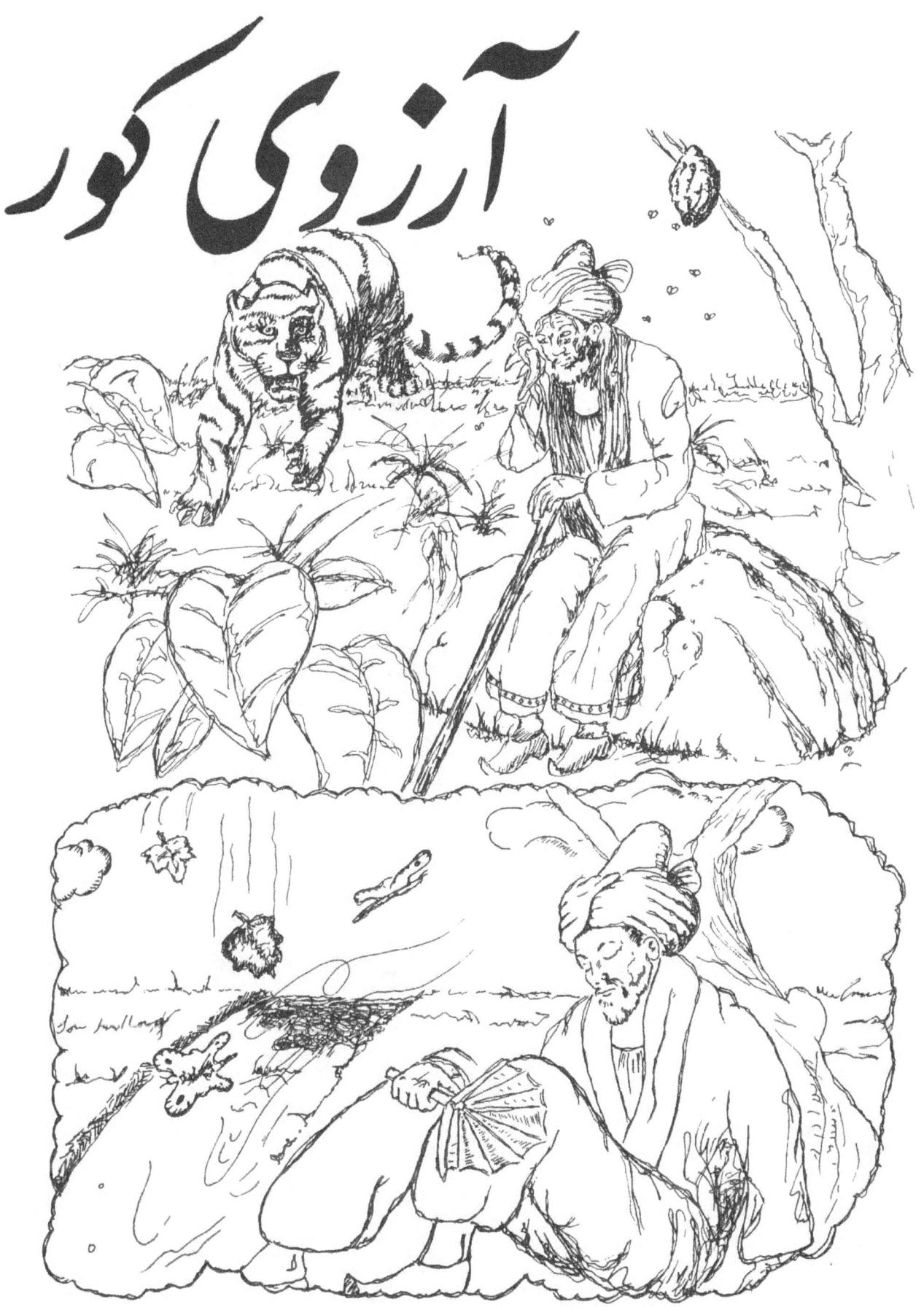

این شعر از داستان مرد کوری در بیابان تنها رها شده بود و در گرمای شدید

بیابان کسی سراغ او را نمی گرفت سروده

آرزوی کور

کنار بوته خاری نشسته مرد کوری   ز ناامیدی و مظلومی همچنان موری
به آه و ناله و فریاد این چنین می گفت   دو چشم من بکجائی امان ازین کوری
دو چشم من بکجائی که خار رفته بپام   بریده طاقت من زهر نیش زنبوری
فروزده بسرم آفتاب عالمتاب   کجاست سایه و زیر درخت انگوری

اوه سوختم

درد امانم نمیدهد

در این بیابان یکنفر مهربان بجاست — در این بیابان کوری چرا چگونه رواست

که من بسوزم و خورشید آتشم بزند

در آرزوی تو ای چشمه زلال خنک — در آرزوی تو کنج جگر مرا زده لک

بآرزوی تو شهلای مست مخمورم — ندیده دیده مادر ز دوستان دورم

هنوز مهر و وفایش مرا بود در گوش — که در برابر مهتاب میبرد دم روپوش

نداند اینکه امید دلش در آزارست — میان گرد بیابان بظهر آواره است

آخ مادرم،

اگر میدانستی که در اینحالم

مرا بخانه میبردی

آرزویم بر میآوردی

غصه بی چشمی از دلم می بردی   آن غصه من تو در عوض میخوردی

کوری، چکنم پیش که اظهار کنم

مادر مرا بگیر ، وای

شاید رسید شب بسرم   من در اینجا چگونه بسر برم

کاش مادر شود مرا غمگین

آخ دستم بسوزش افتاده است

چه کنم، کی مرا شود رهبر   تا از اینجا روم بخانه دگر

وای شب شد، چشمم که نمی بیند

گویا تاریک است

بحال من چه حاصل

تاریکی و روشنی مرا یکسان است   اندوه و امید در دلم تابان است

چه کنم، بیچارگی، بدبختی

کوری، وحشت، درد

همه با هم مرا شدند عدو

بخیالم میآید، نه، راست است

نه خیالات است

رعد و برق میزند یا غرش حیوانات درنده است

بگوشم میرسد.

اوه صدای پلنگ است

وای نزدیک میشود

مادر، مرا بداد برس

چشم، ترا بخدا باز شو، دمی — تا از دلم برون رود این غصه یک کمی

دستم را پلنگ گرفت

دور شو، مرا میکشد.

با چنگالش مرا درید

آخ مادر،

بگیر بچه پلنگ دریده ترا

چشم، خدا، نجاتم بده

مرا از هم پاره کرد

آسمانها، ستارگان چشمک میزنند؟

آخ چشم

وای بینائی

چشمش بدرید و کاسه‌اش بیرون برد　　قلب و جگرش درید و یکباره بخورد

وای دردی بجهان بدتر ازین کوری نیست　　کوری چکنم که در رهت نوری نیست

داغ فرزند
A. Haeri

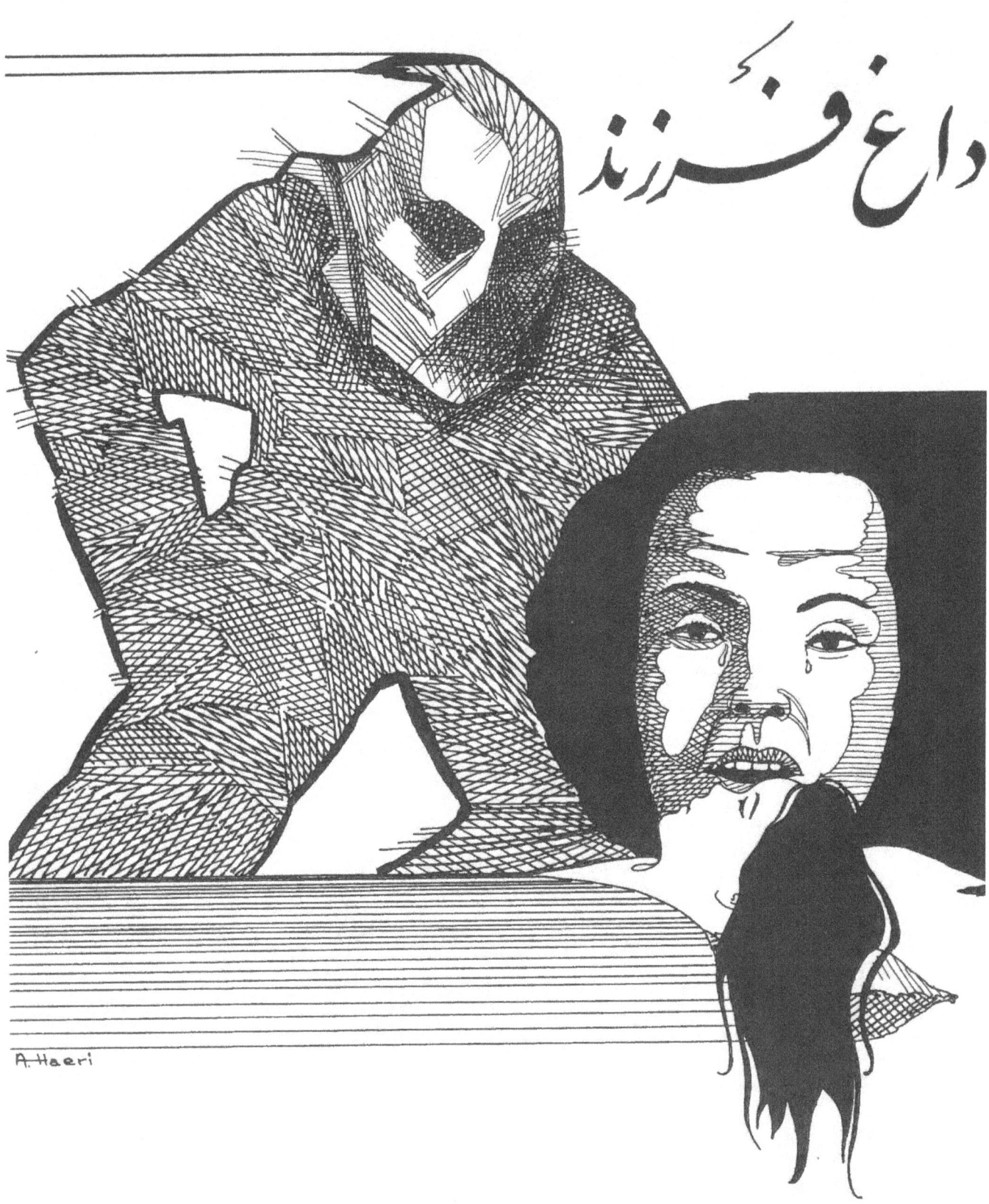

داغ فرزند

داستان این شعر از داستان مادری که فرزند عزیزش را

در اثر یک بیماری مهلک از دست داده، ساخته شده است

پروین نامی است مستعار و نام اصلی قهرمان داستان

نمی باشد

در بستر بیماری خفته است یکی کودک
بالای سرش مادر زانو زده او چیدک

میگفت بآرامی فرزند سلامی گو
از نطق گهربارت تابنده کلامی گو

بالین تو معشوقست بالین تو دلدارست

سرخست چرا رویت آیا ز تب میسوزی
چشمان گهربارت اندازد می بر من

نه فرزند عزیزم بخواب آرام
تو در برابر من شاهکار مقصودی

بزرگ خواهی شد تحصیل خواهی کرد

داخل اجتماع خواهی شد
به برت جامه های نو دوزم

در خفا پول بهرت اندوزم
تا رسانم ترا به عرش برین

دکتر آمد، پروین پروین

دکتر الساعه در برابر توست
چشم بگشای او برادر توست

کمی از دارویِ سلامت نوش   کمی اندر امیدِ دنیا کوش

دکتر بعد از خدا که جان تو و جان کودکم

آیا خوب خواهد شد ؟   چه شده، او بار دیگر از رختخواب خواهد خاست

مادر تویی بیا بیا نزدیک   فرزند تو میسوزد، در گرمی تب مادر

کُن صبر در این ماتم، فرزند تو، فرزند تو، چی میمیرد، آوه

آرام که از فریاد آرام نمیگیرد   امید تو ازین پس باشد بخدای خود

پروردگارا جانم بگیر تا که ز اندوه وارهم   یا، یا فرزند مرا دوباره بهبودی ده

خدایا چه بدبختم، چه بیچاره ام

نُه ماه امیدم تو بُدی و روانم   نُه ماه خوراندم تو بمن شیرهٔ جانم

امروز ببالین تو ای شاخه شمشاد   امید و تمام خوشی خویش دهم باد

اوه سرم میچرخد، قلبم بطپش افتاد

دستم سیلی زد اوه چراغ افتاد خاموش شد

خاموشی قبر تو چنین است، عزیزم

بگذار که در ماتم تو اشک بریزم

در نظرم میآید یا حقیقی است

چرا میترسم، هیولائی نزدیک شد

دور شو بختک کثیف خشن

دور شو، آدمی تو یا یک جن

وای نزدیک کودکم گشته است

پای بالین طفل نشسته است

پروین صدا میکند مادر مادر

مرا از شر این دیو نجات بده

پایم را میکشد نفسم بریده من رفتم خدا حافظ

اوه بگیرید او را چراغ بیاورید عجب

سرخی تو گشته است مبدل بسپیدی

مردی و ز دنیا ثمر آنی نچشیدی

افتاد بروی کودک محزونش — در دم بنهاد داد سرِ مجنونش

ببرّید ز دنیا همه امیّد و بهم بست — این نکته با او گفت و ز دشواری غم رست

من هم آمدم برویم

با هم برویم مادری آنجا نیست — غم پرور و یار و یاوری آنجا نیست

۲۶/۱۲/۷
تهران

سیل

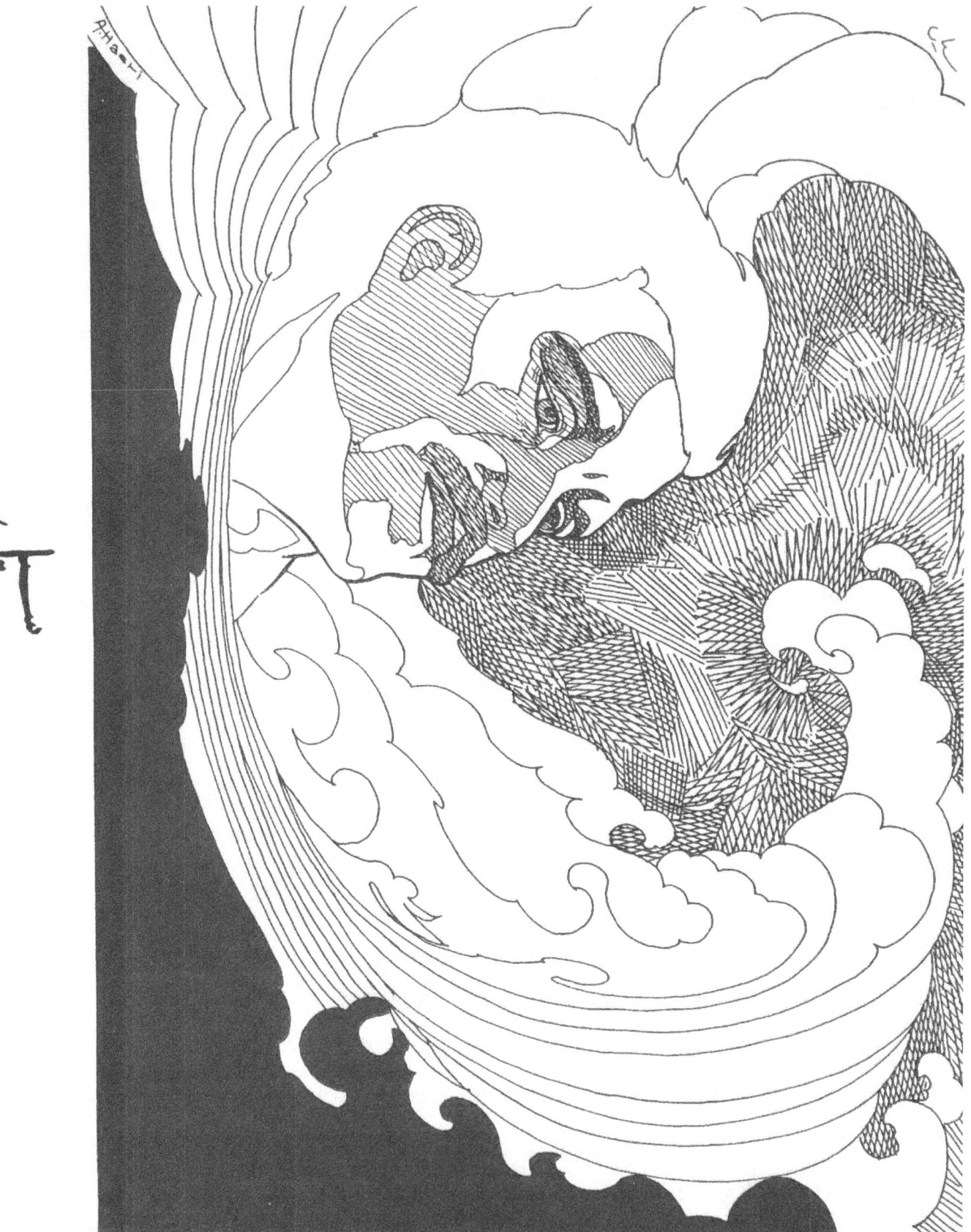

ماجرای این شعر داستانی حقیقی در کوههای تلو و قاسم آباد و لتیان که امروز

ازبین رفته و بصورت سدی درآمده که اتفاق افتاد و من شاهد آن بودم.

سیل

بهار بود و هوا خوشگوار و زیبا بود
بکوه پرتو خورشید بس مطلا بود

لطیف و دلکش و مهر آور و مصفا بود
زمان شادی و تفریح و گردش ما بود

من و یاران دیگر تندرو ما قدمی در پیش

گروهی دیگر از یاران عقبتر راه پیمودند

لطف کوهستان نصیب ما شده
گردش امروز ما غوغا شده

بخروشی گاه با آواز و گهی بانگ شدید
قهقهه خنده با فلاک کشید

راهی که میرویم میان دو کوه خاک

دامان کوه هر طرفش گشته چاک چاک

دره ای پائین تر از راه عبور
تنگ و وحشتناک و پر از مار و مور

کوه پر از چین و شکنهای گود

خالی از هرگونه سنگ ، خاک سرخ و رنگ رنگ

گفتند دوستان :

بهتر بود که از وسط کوه بگذریم تا آنکه در میان دامنه ها راه بسپریم

گفتند دیگران :

بسیار خوب چه تصمیم عالی

با هم به پیش ، رو سوی کوه از

جاده جدا شده به بالا رفتیم تا آنکه خم راه

چنان مو باریک از دور به چشم کرد پدید

پائین کوه در وسط جاده میگذشت

یک پیرمرد و کودک و بار الاغ او همراه او

سیاهی یک چادر سیاه   با کودکی به بر

از نوک قلّه داد زدم هو هو   عمو کجا میری خداقوت

اما صدای پاسخ او سخت میرسید   از جاده تا بگوشش

یک لحظه بعد لکّه ابر سیاهی از شرق

روی خورشید در سیاهی بُرد   چهر خورشید در بغل بفشرد

گفتند رفیقان که هوا منقلب است

ابر است و بهار و کوه هم ملتهب است

بهتر بُوَد آنکه تا پائین برویم   در جاده گذر کنیم، ما بهتر نیست؟

در این اثنا صدای رعد و برق و باد پیدا شد

دل ما می طپید و غرش تندُر

فرو شکوفت بر سر طبل غوغا را

بعد از دو سه غرّش   باران فروگرفت چو سوراخ آبپاش

هر لحظه باد و باران بر شدّتش بیافزود

هر دانه‌ای باران از بس دُرشت می‌بود

مانند یک گلوله   در کوه لوله میشد

صدای ریزش باران روی هم چون طبل

بلرزه آمده که، وه چه سهمگین و چه سخت

صدقدم فاصله ما زِخم جاده وراه   کم کمک در پس باران گرفتیم پناه

همه خیس و همه سرد

آن سیاهی که عیان شد پائین   (بنشسته اند)

گوییا پیرزن و طفل ویند　　که نشستند بجا

ناگهان سیل چو عفریت از آن دامنه‌ها

بمیان دره افتاد و ره جاده گرفت

آب هر لحظه گل آلوده کدرتر میشد　　پشته پشته بمیان دره بکور میشد

من و یاران همه ساکت شده و چشم براه　　به آن سیل عظیم

وای آن پیرزن و کودک و آن شوهر پیر　　همه در خط سیر

سیل پیش آمد　پیش آمد　و　بس کن　ساکت

خار راه تو زنی است　　بی پناه از همه جا

دست شسته ز حیات　　روی او سوی خدا

جیغ و فریاد زن و مرد با فلاک بلند

وای وای و چکُنم ما و خدا راه نجات

سیل بُنیان کن پست   راه میرفت چه تند

مرد و زن تند بالا که مگر از کف سیل

جان بدر کرده شود   سوی آن دامنه ها

عاقبت سیل به تُندی گُذر خویش گرفت

تا که قربانی او راه زتشویش گرفت

آمد و آمد و یک لحظه دگر   همگی غرق شدند

وای غلطاند و فرو کوفت بسنگ   پیکر نازکشان

وای ببرید، همه مهر و وفا   زمیان زن و مرد

بعد یک عُمر بهم بسته تن   همگی پیکر سرد

آن روز ما به قریه نزدیک ده شدیم   با آتشی و پیرهنی گرم و به شدیم

بعد از یکی دو روز که از ده گذر شدم

جز آه و ناله چیز دگر در نظر نبود

مگذشته خانه های خراب و شکسته سقف

جای دگر ز رنگ حیات هیچ اثر نبود

ای سیل نابکار پُر از مکر و سهمگین   آخر گناه طفل چه بُود و گناه زن

از دست من چگونه رها میشوی تو سیل

در پای عدل شاهد جُرمت نگاه من

تهران ۳۱/۱۲/۷

یتیم رنجور

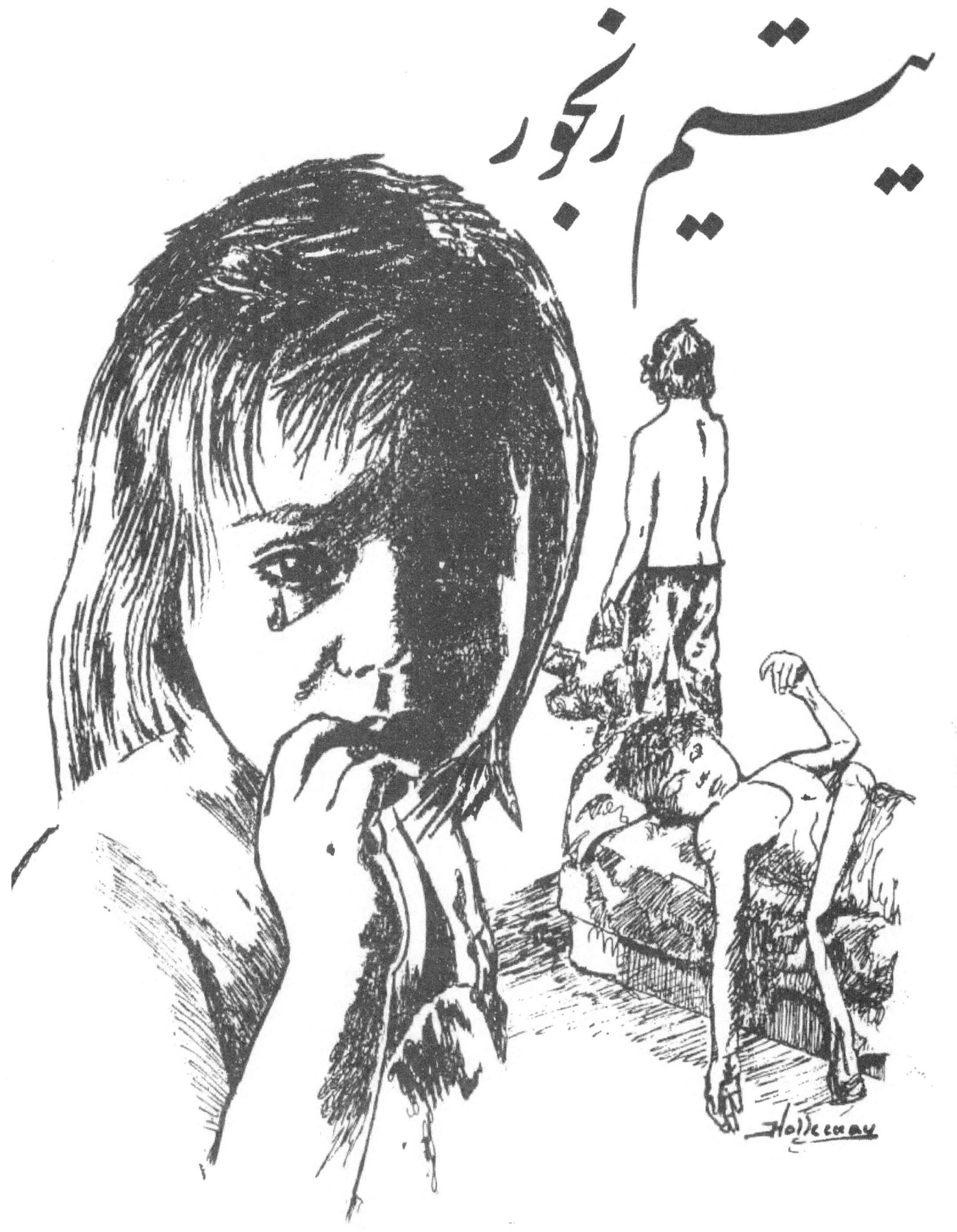

یتیم‌نواز

کلمه یتیم در کشورهای مختلف دنیا معنای دیگری دارد تا در کشور ما
رسم آن بوده که یتیم را بخانه خود ببرند و او را
جزو خانواده و فرزندان حقیقی خود حساب کنند و با همان
اندازه ارث به سهم فرزندان خودشان لیکن داستان برای
بیدار کردن افکار قدیمی ایرانی در ایام را با فرزندان خود متفاوت
میراث شمرده شده

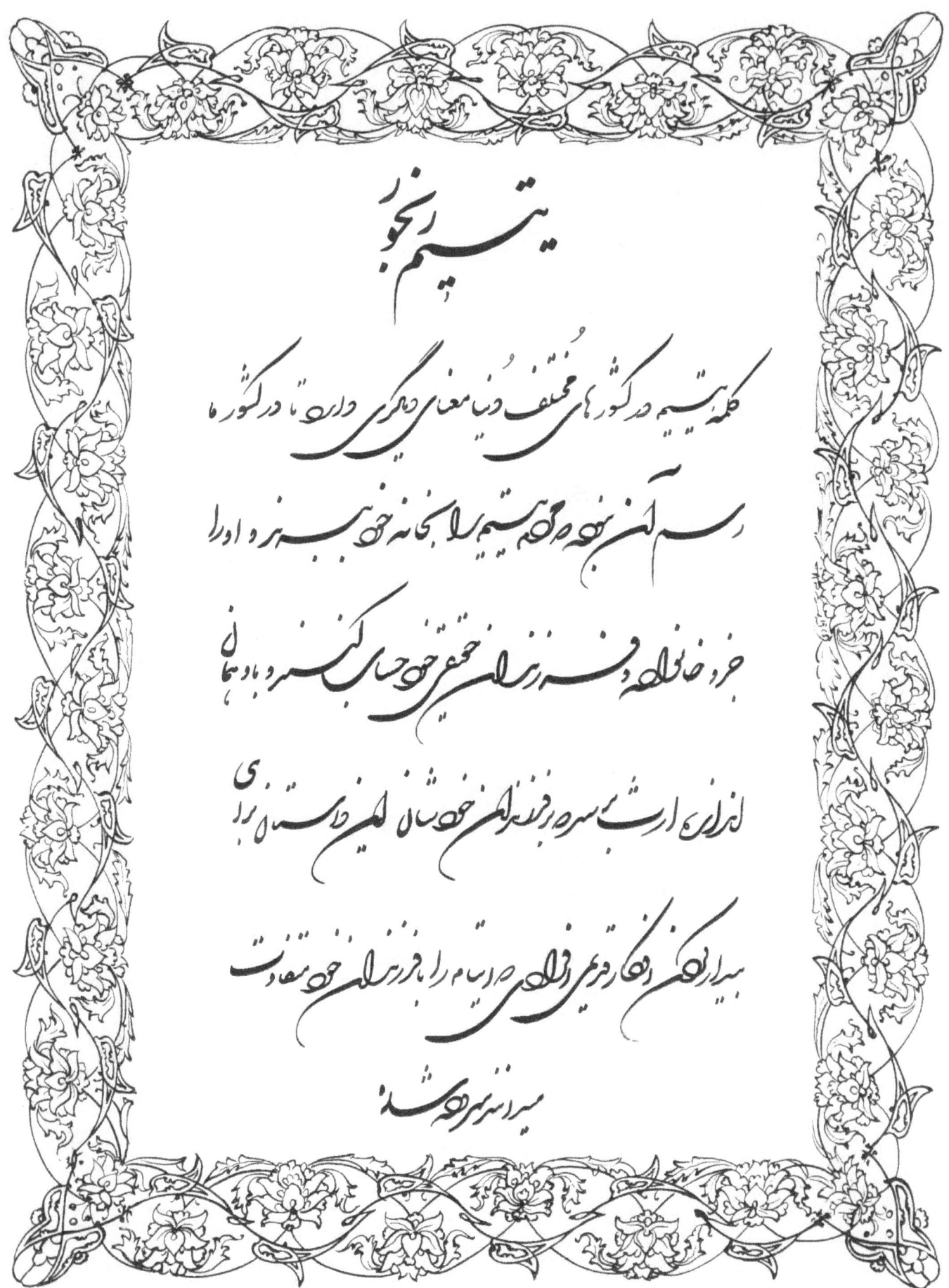

بالین سر یتیم خشتی دیدم

مادر که نبود گریه بسیار کند

از پنجهٔ روزگار بنالیدی

کو آن پدری که چشم خونبار کند

ای چرخ زبون بپاش از هم

بر جان یتیم تا کی غم

آه از دل زار بینوائی

کاندر دل شب بجز خدائی

او را نکند رهنمائی

او را نبود پناهگاهی

دیوانه وار از درد بخود می پیچیدی

می دیدمت که چسان ناله میکنی

فریاد برسنادی آواره کن پسر

کمتر تو قلب زار مرا پاره کن پسر

من هرچه بگویم همه هیچ است تو خود گو

آوازیتیمان بخدا چهره معصوم

آن چهره معصوم همان چهره مذموم

آتش زده جانم، آتش زده جانم

یادم نیست هنگام درد چها میگفتی

ولی گویا این بود، آری او میگفت

کجا مادری تا که دارد بپاید

کجا این فلک مام دلجو بیابد

خدایا، دمی یاوری یاوری کن

پدر مرده ئی را دمی سروری کن

و میگفت :

درد من درد بینوائی نیست

درد من درد هم گدائی نیست

این یتیمی است میکند آزار

دست از قلب زار من بردار

مرا دلداری میداد که جا و مکان دارم

عوض بالش مادرم سنگی است

بدنم شانه داده است بآن

جای دامان مادرم خاکی است

که سرم تکیه کرده است بآن

من و این وقت شب کجا مادر

اِذن میداد در خیابانها

من و این سردی هوا آخر

هاه هاه هاه «خنده بلند»

چه کسی هست فکر درمانم

وای من سخت بی‌درمانم

تراخدا در دلخی مرا راحت بگُذار

طفل بی سروپا میگُفت

کاش امشب به صُبح می بُردی

کاش مادر تو هم نمی مُردی

عجبم با خودش چنین میگفت

من چه بیچاره ام چه کُنم

انهم دردی بالای دردها

درد بالای درد درمانی است

مُردن از بعد مرگ خود جانی است

سرد است هوا، بدنم میلرزد

سینه ام را به آتش داده ام

ولی آیا با کمیت زغال با سینه باز

و پشت لُخت من بلرزم

راستی مگر همه چه میکُنند

شاید همه هم همین طور هستند

همه هم با همین آتش گرم میشوند

ملقین عجیبی است که میداد بخویش

بدبختی و امید درین حال پریش

خدا این درد درمانی ندارد

یتیم بی پدر بانی ندارد

نفس پیچید آندم در گلویش

زبان شد لخت دندانش بهم خورد

گل آتش کمی افتاد رویش

لبش شد زرد. گوئی داشت میمرد

ولی یک خانه داری خانه اش برد

خدا میداند او اندر چه حالی است

بسال عمر او این نکته فالی است

یکی سگفت اندر پای تابوت

غرض مرگست بایستی بمیرد

نمیدانی زرحمش چون نمک زد

که باستی بمیرد

مرگ، مرگ است

برس فریاد بیماران رنجور

خُدایا لحظه‌ای آنی، زمانی

یتیمان را نما خوشحال و مسرور

تو بهتر از تمام مردمانی

عجب دردیست درد آن بینوا را

یتیم و بی کس و بی اقربا را

که فریادش فقط باشد خدا را

"بنّا"

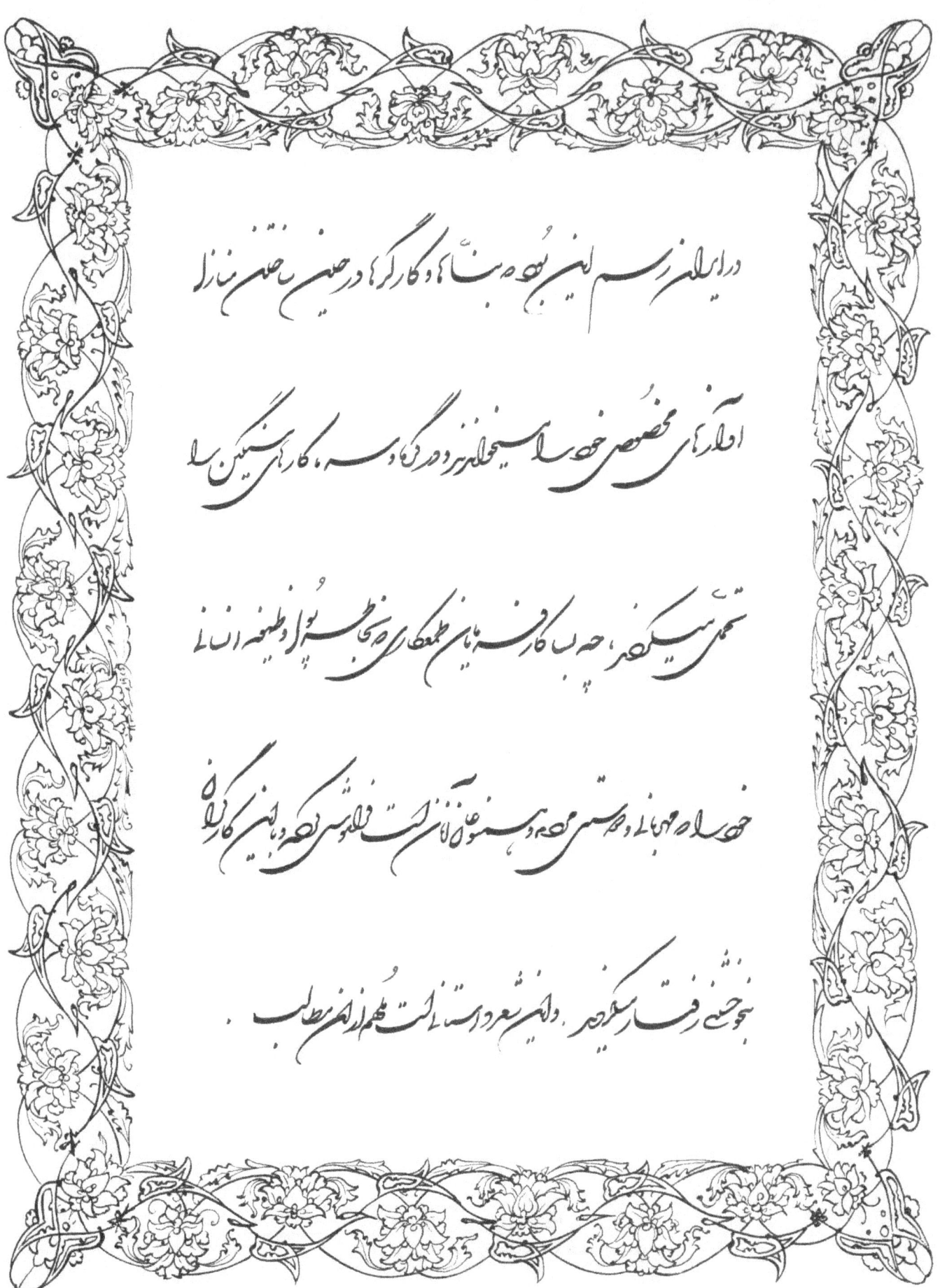

در ایران رسم این بوده، بنّاها و کارگرها در حین ساختن بنا،

آوازهای مخصوص خود را می‌خواندند و در کارگاه و سر کارهای سنگین را

تحمل می‌کردند، چه بسا کارفرمایان طمعکار به جای پول و وظیفه انسانی

خود را مهربانانه و دوستی می‌نمودند و مشغول آنان است قوانینی که با این کارگران

بنحو خشن رفتار می‌کردند. و این شعر داستانیست مهم از این مطلب.

بنّا

بالای عمارت که کشیده است با افلاک ایستاده یک استاد کنارش سبدی خاک

تابیده به مغزاو خورشید تابستان

دستش به گل و خاک

در یک طرفش شاغول در ساختمان مشغول از عیش و طرب معزول

پائین عمارت یکی از کارگرانش

با دست پُر از گل میگفت باستاد

آن ناوه بده من اُستاد بصد ناز میخواند با آواز

یک نیمه بده خشت بده گل بده بالا قربون رُخت گل بده زودتر بارک الله

گربه بده یالله بارک الله

تیشه کجاست اوستا : پائین بغل شمشه

کج درست کنم آره باباپس چه میکنی

ای روزگار . ارباب همی گفته که ما شام بمانیم

ما صبح شب در طلب لقمه نانیم در گرمی تابستان در سردی سرما

در منزل او کار کنیم و بطپانیم

گرمست هوا . فریاد خدا . ای داد ای داد

ارباب رسید و گفت : ساکت

اوستا : بله قربون : چرا سه سته فقط رفته‌ئی بالا تو

پولم علف خرس که نیست مردُ جَعَلَق

هی یخ بخوری کار نکنی مرتیکه احمق

این جُل که تو انداختی رو مغزت مال بنده است

کارای تو اوستا بخدا باعث خنده است

آفتاب که زیاد نیست ارباب   پس این یخچال برقی است

از بینی من چند دفعه خون زده بیرون

بمن چه شاید که بخواهی تو بمیری بالای بوُن

«ای مرتیکه حیوُن»

ارباب ، ما مثل شما عائله داریم ، بچه داریم

گویا تو خیال میکنی که برده خریدی

منتها، ما بیچاره و بی یاور و بی پول و پلاسیم

ما دشمن ریخت تو و پول تو که نیستیم

ما کارگر هستیم ، مرد عمل و کار

ارباب : کوتاه کن ای بی پدر در بدر لات

بیرون برو تا فحش ندادم لش الوات

او رفت به بیرون

بیچاره نفهمید مساوات به پول است

آزادی و دینداری هر لات به پول است

[illegible]

۸/۱۲/۳۱

مرگ یک پرنده

مرگ یک پرنده

این داستان درست است در باره بچه کلاغی ساخته شده

همانقدر ارزش بچه کلاغ برای انسان بیشتر است اگر بچه طاووس حیوان

زیباتری بود.

غرض این است که هر کسی به هر صورتی است و هر چهره ای دارد نباید از

آن بشود جلوی علاقه و عشق را بگیرد. زیبایی فقط مختص پوست است

و از بین رفتنی در صورتیکه عشق و محبت و همبستگی جاودانه است بسیار عمیق

وجادیان

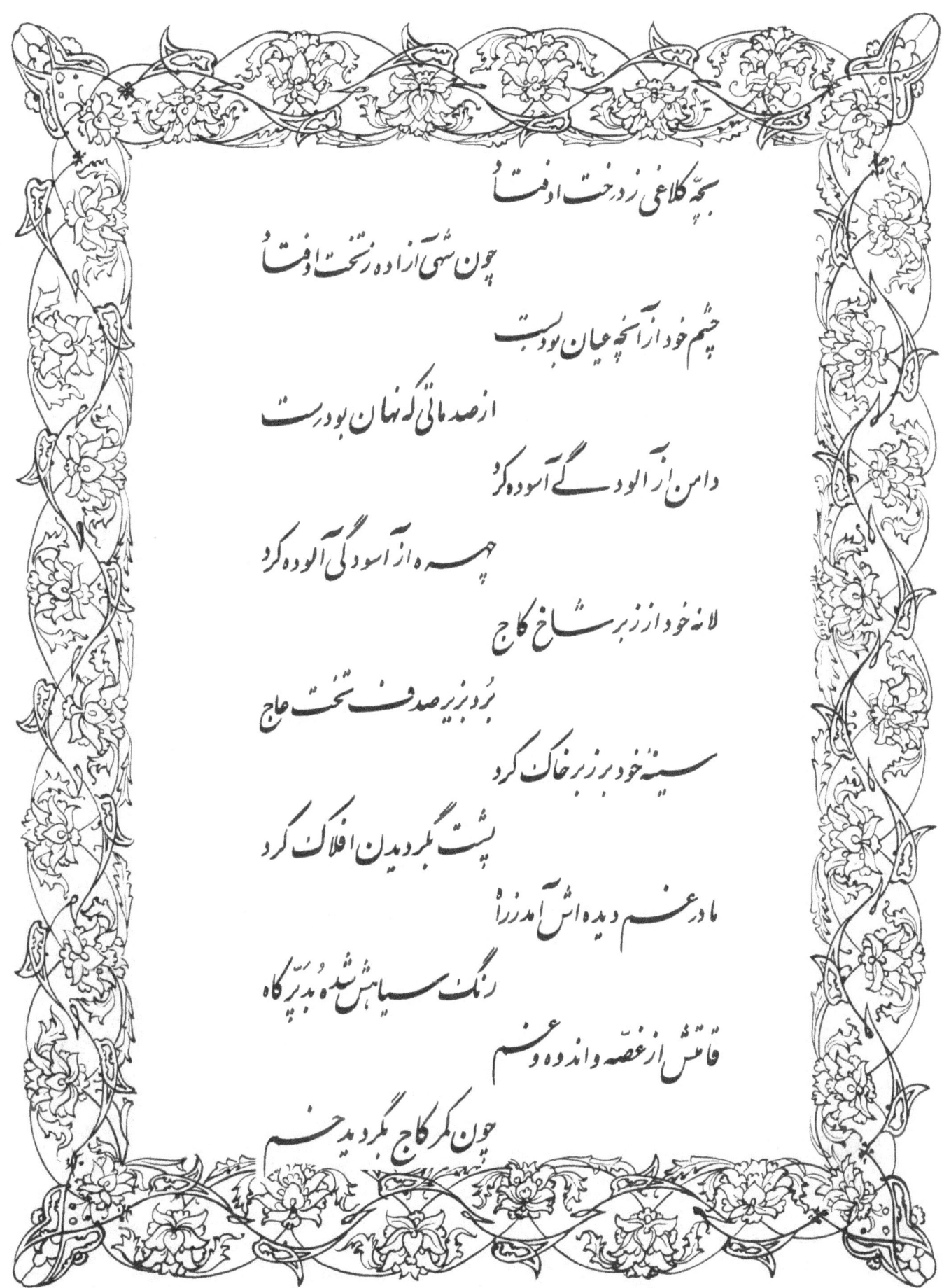

بچهٔ کلاغی ز درخت اوفتاد

چون شهی آزاده ز تخت اوفتاد

چشم خود از آنچه عیان بود بست

از صدماتی که نهان بود رست

دامن از آلودگی آسوده کرد

چهره از آسودگی آلوده کرد

لانهٔ خود از زبر شاخ کاج

بُرد به زیر صدف تخت عاج

سینهٔ خود بر زبر خاک کرد

پشت به گردیدن افلاک کرد

مادر غم دیده اش آمد ز راه

رنگ سیاهش شده بُد پرّ کاه

قامتش از غصّه و اندوه و غم

چون کمر کاج به گردید خم

مادرش از بسکه سیاه‌مو بود

دور و برش شد ز کلاغ آنچه بود

مادر بیچاره به سوز و صدا

از دل مجروح برون داد آه

گفت به فرزند جوانمرگ خویش

قلب من از اندوه تو گشت ریش

من به امید چو توئی زنده‌ام

خیز ببر در بر من جان ده‌ام

خیز بیا هر دو به صحرا رویم

اول سالست تماشا رویم

طرف چمن لاله شده سرخگون

رنگ گرفته‌ست ز سرخی خون

مرکز شادی شده روی خزف

داده برون مطرب آواز دف

گرمی کم از طرف جویبار

کرده بلند از سر شب در بخار

سبزه مصفا شده چون سرو کاج

قله که برف نموده چو عاج

آب بجوی از صفت روشنی

خوانده عقب برق سر جوشنی

غنچه چو تنگی لب یار من

کرده پریشان سر افکار من

گشته رخ شمس بهر سوی آب

همچو ته جوی بود زرناب

نغمه بلبل زده ساز سلو

طبل هوا رانده جهان را جلو

همنفسانت همه چون نوعروس

مرگ ترا از چه بزد زنگ کوس

بخت تو هم رنگ پر و بال تُست
حال من از هجر تو چون حال تُست

مرگ تو بر سینه من نشتر
حال من از حال تو شد زشت‌تر

لانه‌ات از برگ گُل لاله بود
گرد ورا ژاله همی میربود

ناز مکن لب بصدا باز کن
نی تو بپا خیز و دگر ناز کُن

بنگر از این مرگ دل آزار تو
گرم شُده فاتحه بازارِ تو

غُنچه شکایت به خدا میکند
از چه مرا از تو جُدا میکند

لاله کفن بر قد رعنای تُست
ژاله همی غُسل بر و پای تُست

لانه ازین پس شود آرامگاه

بر سر بالینت کشم سرد آه

منکه امید از تو بریدم تو نیز

خیز و بتربتم گل پژمرده ریز

هر دو بیا زیر زمین جا کنیم

دوستی خویش هویدا کنیم

۱۳۲۶/۶/۲

تهران

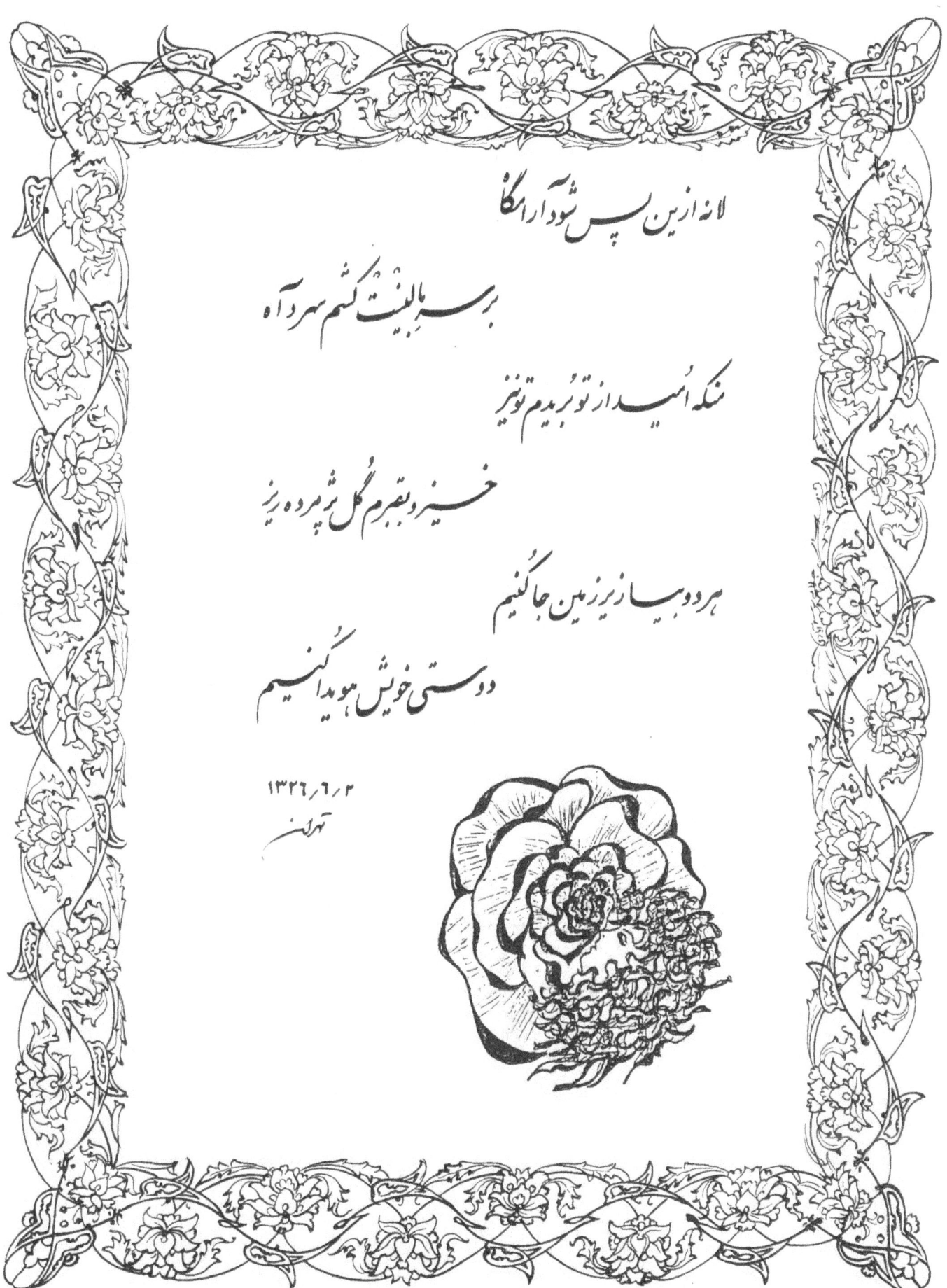

سروه

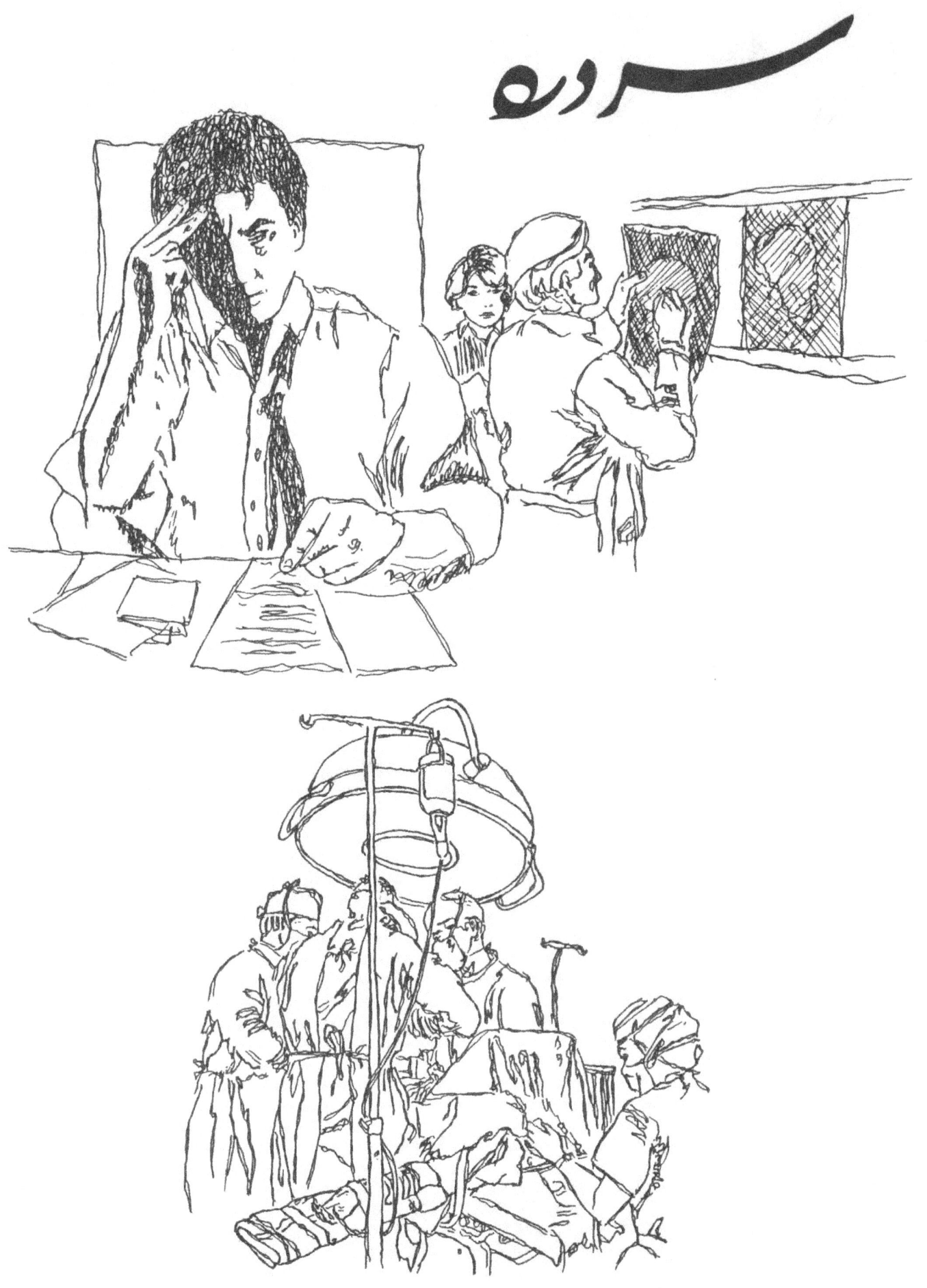

در برابرم بیماری بود که از سردرد می‌نالید و پس از آزمایش‌های پزشکی معلوم شد سرطان

مغز دارد و می‌بایستی این خبر را به او و همسرش بگویم کاری بسیار مشکل است.

این شعر نتیجه آن گفتگوهاست

سردرد

تا نشستی در برم وز درد سر کردی شمار / بعد از آن گفتی که سوی چشم هم رفت از قرار
از فلجها گفتی و از راه رفتن بی نصیب / مثل روز روشنی دردت بمن شد آشکار
اندر آن چشمان نازت طول عمرت بیش نیست / با چنین درد و مرض مشکل بود لیل و نهار
از طبیب خواستی تا چاره‌ئی جوید برای آن / مرهمی باشد بر آن سردردهای بی شمار

مدت عمر گلی روزی و شامی بیش نیست | خود ندانی هستی اندر این جهان بیمار و زار

لیک من چون دکترم باید بگویم راز را | قلب من افتاده اندر لرزش بی اختیار

در خفا با گریه و زاری بسوی آسمان | دستها بردی به شب در پیشگاه کردگار

لیک من در سینه میدانم که جانت رفتنیست | گلشن گلهای رویت زرد شد در لاله زار

ای خدا قدرت بده تا پیک غم گویم برو | کار دکتر سخت تر باشد از این پس زانتظار

چشم او از چشم من میخواند اسرار گران | قلب او دانست پیشهای چرخ زرنگار

فیضی ار دارد دعائی موجب درمان نشد
بهر آمرزش برای روح او کردم نثار

مکالمہ

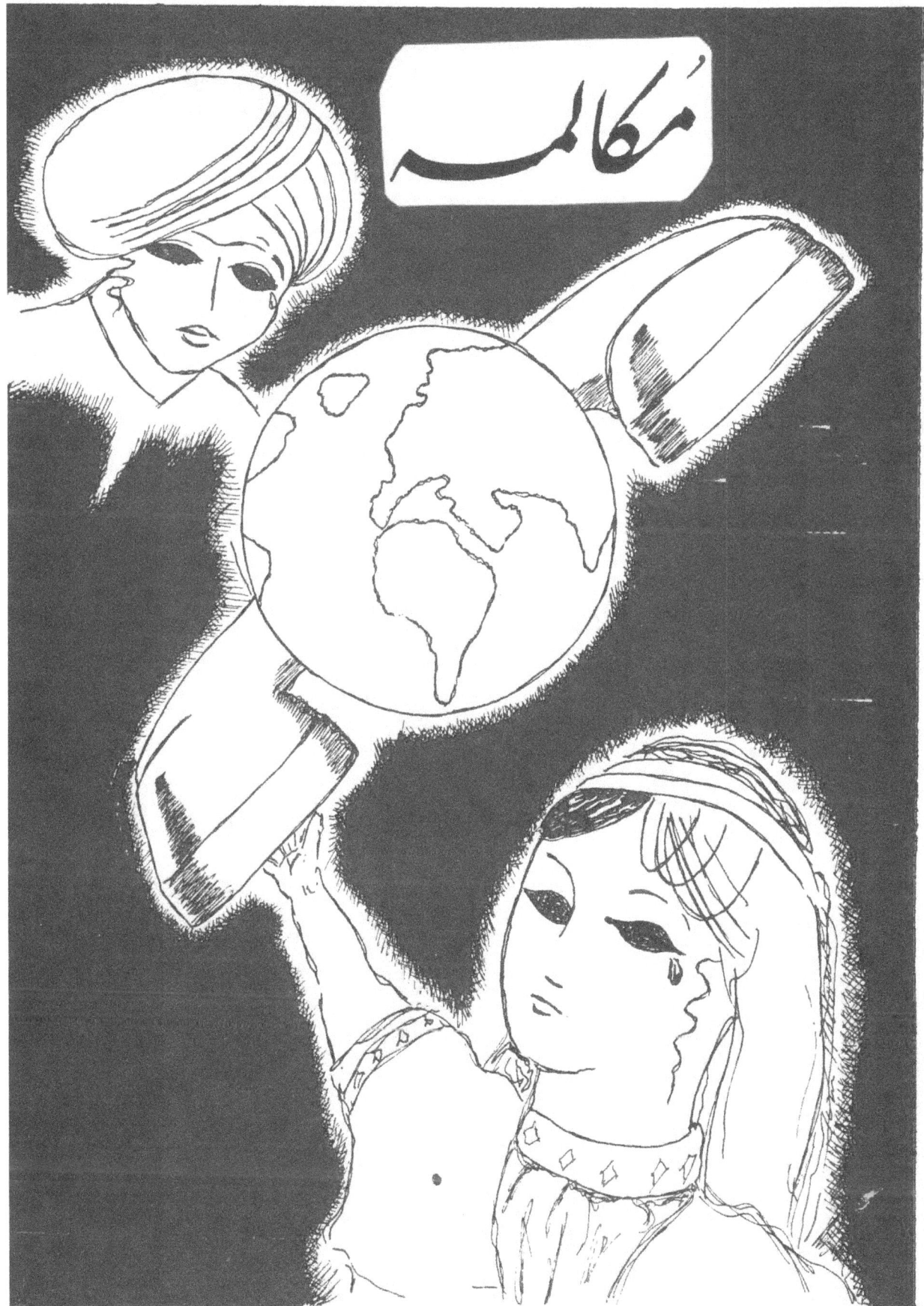

مکالمه

مدت سی سال صدای تو شد — در تلفن همدم پرجوش من

نغز شکرخنده و فریاد تو — از ره دوری بدر گوش من

قول وفاداری که ببینم ترا — بود در این مرحله پاپوش من

تا که ببینم رخ ماه تو ناز — نیش به گیری و شته از نوش من

تا که خرامان بحضورت رسم — رحم نکنی بر دل مدهوش من

تا که وجودم بتو نزدیک شد — دور شدی باز از آغوش من

بار دگر شد تلفن یار من — قصه من قصه خاموش من

آمریکا ۱۹۸۲

وبال

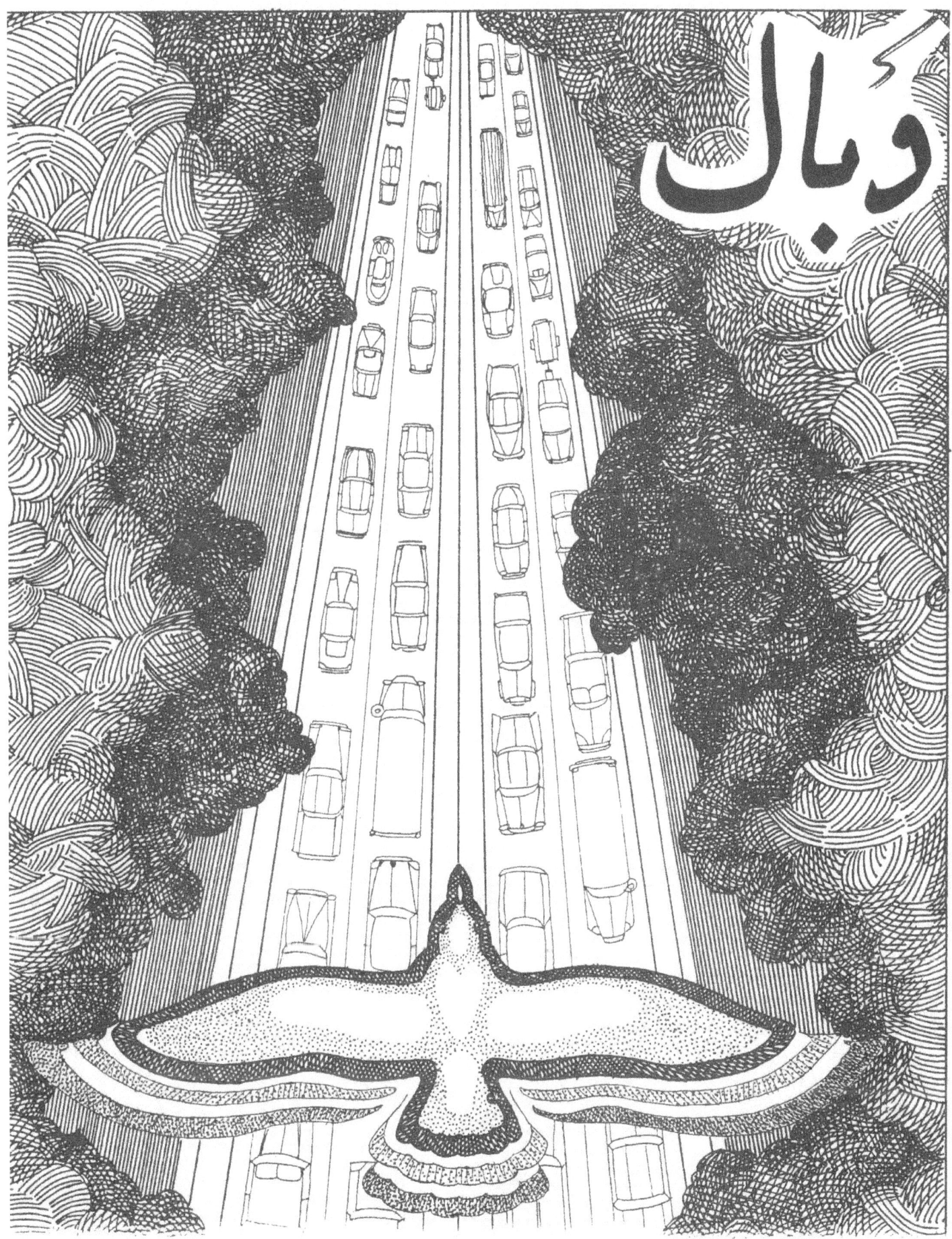

وبال

برفراز یکی از آن تخته‌سنگ‌های شهر نشسته بودم و به شاهراه بزرگی که در کنار آن ساخته بودند می‌نگریستم و به حرکت اتوبوس‌های فراوانی نظاره می‌کردم، هیچ کس سال‌ها پیش ندیده بود و از وجود اختراعات شیطانی چنین آگهی نبود.

در آن زمان نوجوانی شانزده ساله بودم، در بالای سر همه و در روی شاهراه به پرواز درآمده بود و آزادانه به چپ و راست می‌رفت. گفتم: آیا این پرنده بزرگ که خدا با وجود همه نمی‌توانست سالیان بهتری برای خود انتخاب نماید که دچار دردسر و شلوغی نباشد.

اشعار زیر بیانگر آن درس بوده است

وبال

پرواز پرنده‌ئی مجرّد — دیدم به فراز شاهراهی
آزاده و منفرد براهش — بالای زمین مثال ماهی

در زیر پرش بروی شهری — هفتاد هزار چرخ دوار
هر چرخ کنار چرخ دیگر — هرکس بکسی دگر گرفتار

نه راه جلوروی سرعت — نه سایه‌ئی از درخت کاجی
راه همه راه مستقیم است — پشت سر هم بلا علاجی

گفتم که اگر پرنده بودم — بر لانه خود رسیدمی زود
ور سوختن وسیله نقل — هرگز بره نکردمی دود

خندید خدا و گفت آری — بر باز که پر و بال دادم
لیکن به بشر بزرگ مخلوق — از ریشه و بن وبال دادم

در مغز خودت بکار داری — راه دگری کنی تو پیدا
صد ذره بهتری بیابی — غوغا شود از تو بر دو دنیا

با خردی مغز این پرنده — با بال باوج ماه گشته
اما تو و مغز پر ز دانش — دانی که همه تباه گشته

لس آنجلس ۱۹۸۳

صَیّادْ

ص

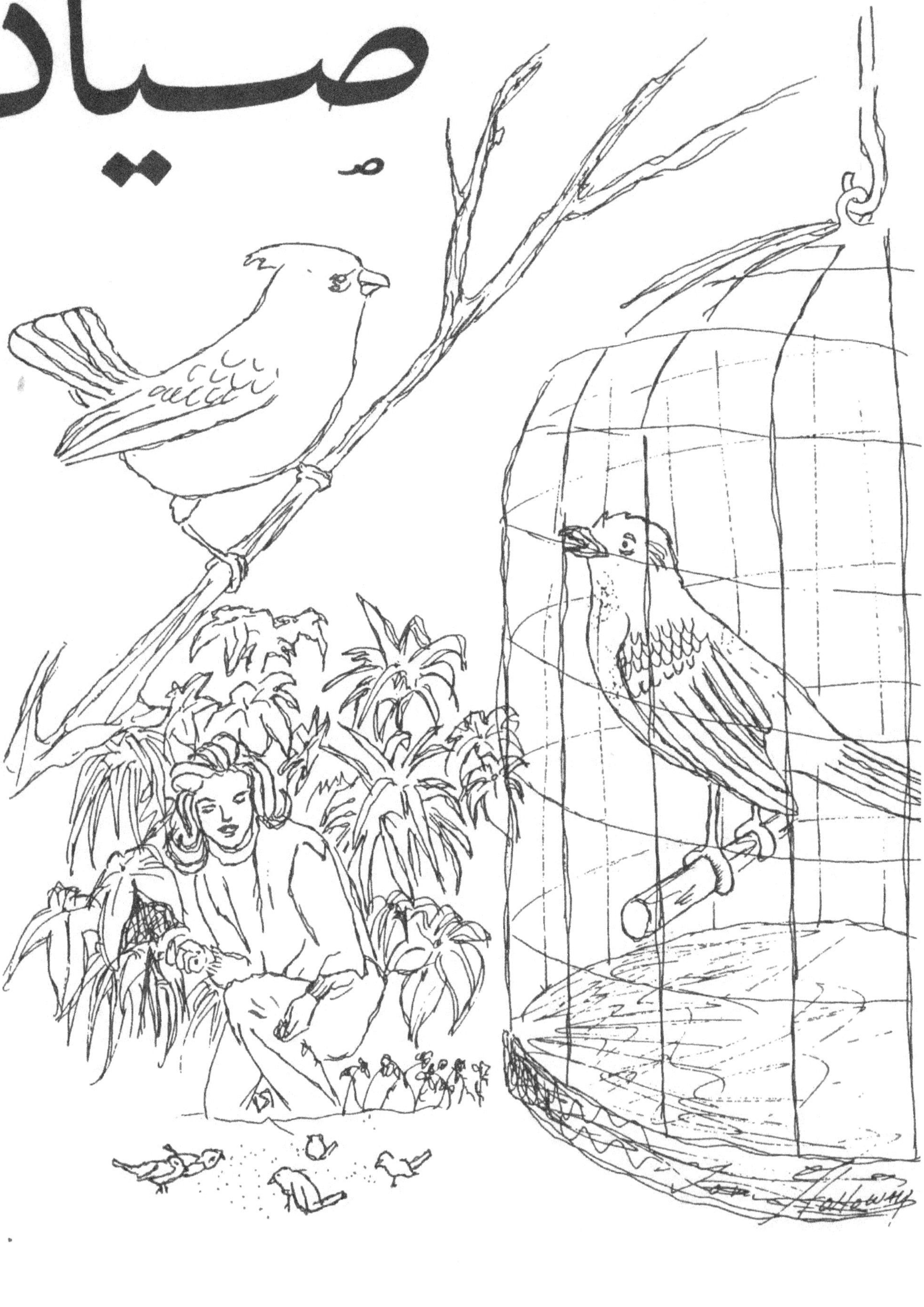

این داستان در آمریکا گفته شده و شنیده خاطرات

ناگواری است که به سر من آمده و برای آن شنوندگان نوشتیم

و اصل آن در روزنامه ایران تریبیون به چاپ رسیده است

صیاد

بیا صیاد رحمی کن ملرزان خانه‌ام را　　بزن تیری بقلبم لیک مشکن آشیانم را

تنم را در قفس بگذار تا تنها بسوزانم　　ولی هرگز نمیخواهم که بربندی دهانم را

مرا پهلوی گل بگذار و از سنبل سخن سر کن　　قفس را بر بباغی تا که یابم باغبانم را

درین کشور ز تنهائی سراپا سوختم ساقی　　ندارم محرمی تا بشنود راز نهانم را

هم از اول که از ایران بامریکا سفر کردم　　دلم خون بود و دیدم الفت گرگ و شبانم را

مکانی داشتم ایران نشانی داشتم در آن　　کنون ویرانه کرد از بن همه نام و نشانم را

بیا ای آشنا ما را بکن آزاد ازین محبس　　دگر نامهربان مگذار یار مهربانم را

اگر یاران مدد سازند بعد از سال سی اینجا　　نویسم بهر یاران داستان داستانم را

مبهوت

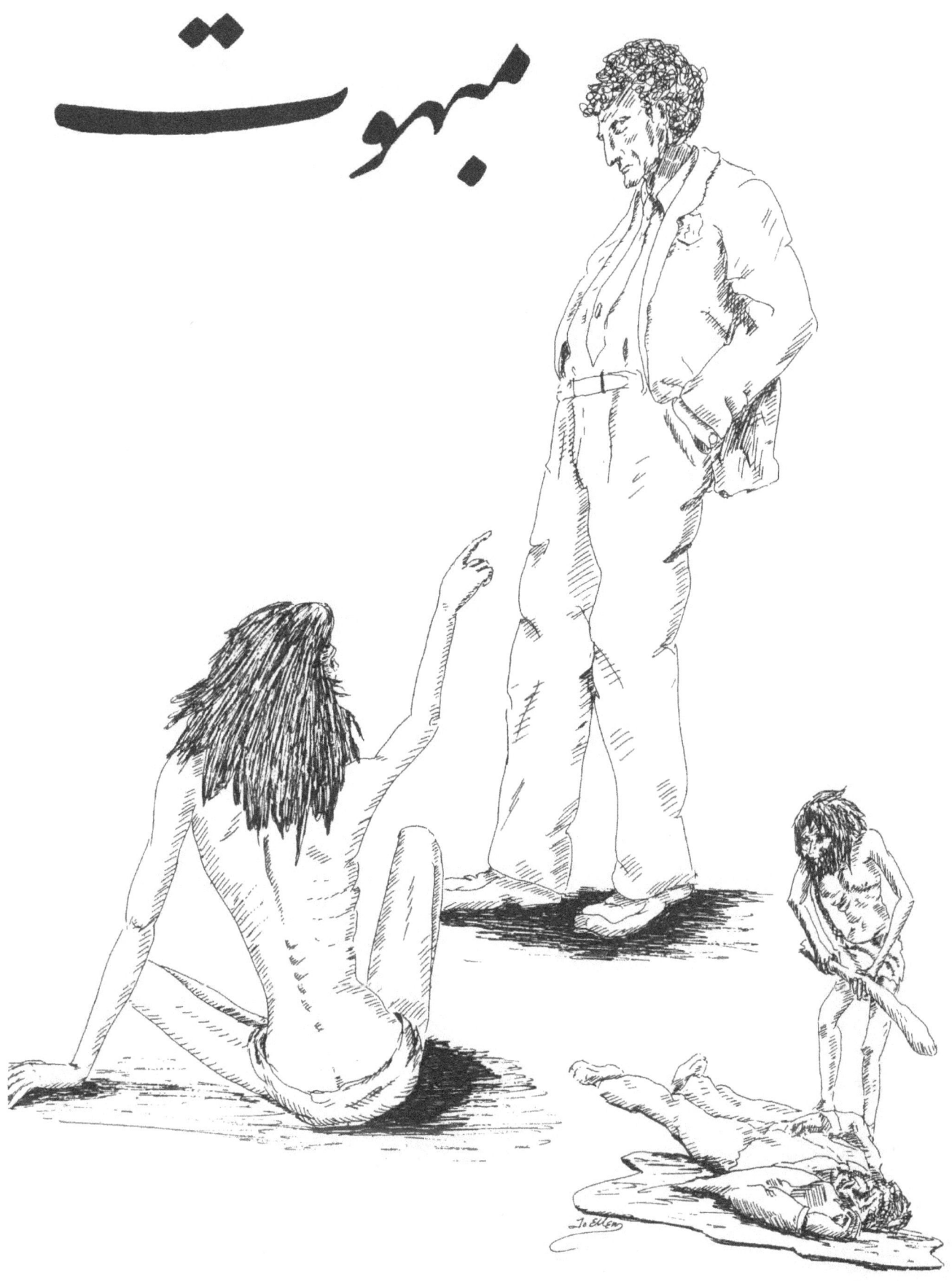

مبهوت

زمانیکه در ایران فقط دو طبقه زندگی میکردند، یک طبقه بسیار ثروتمند

و یک طبقه بسیار فقیر و تهیدست این اشعار سروده شد.

آنچه در این اشعار سروده شده در سی سال پیش گفته شد یکبار جامه عمل پوشید

و اگر وضع بهمین منوال بماند باز هم پیش بینی های این شعر تحقق خواهد پیوست

سیما گرفته، مغز فشرده، قیافه بهت

اندام خسته روح فسرده، نگه زمخت

ژولیده موی و پای برهنه گرسنه زار
لب سرد و گونه زرد، دهان باز کرد و گفت
کای سرخ گونه موی مجعد ثمین لباس
دانی که خفته‌ای و دگر دیده‌ها نخفت
دانی که خاک پای تو را توتیا کنند
گرد و غبار پیکر ما را کسی نرفت
تو روزها بشام خوش و خرمی ولی
آن جان بینواست که با غصه گشت جفت
راز برهنگی همه بر کوی و برزن است
راز گناه تو به دل شامها نهفت

فرزند گلرخ تو به بر کرده صد لباس

فرزند بینوای من از سر به پای لخت

یک جامه کهنه پاره به بر نازک و تباه

یک جامه مخمل و خز و سنجابی و کلفت

ما را کسی نگفت غذائی میسر است

شام لذیذ بهر تو نوکر نموده پخت

اشکم چو سیل ارزش آبی نباشدش

اشک تو دلبر تو چو دُرّ و عقیق سُفت

آوخ که نیست چاره چگویم زیادتر

این گفته با گوش تو و رهبر تو مفت

روزی رسد که کودک من خون بپا کند

چشمان کودک تو شود بر جنازه بهت

۳۳/۹/۲۲

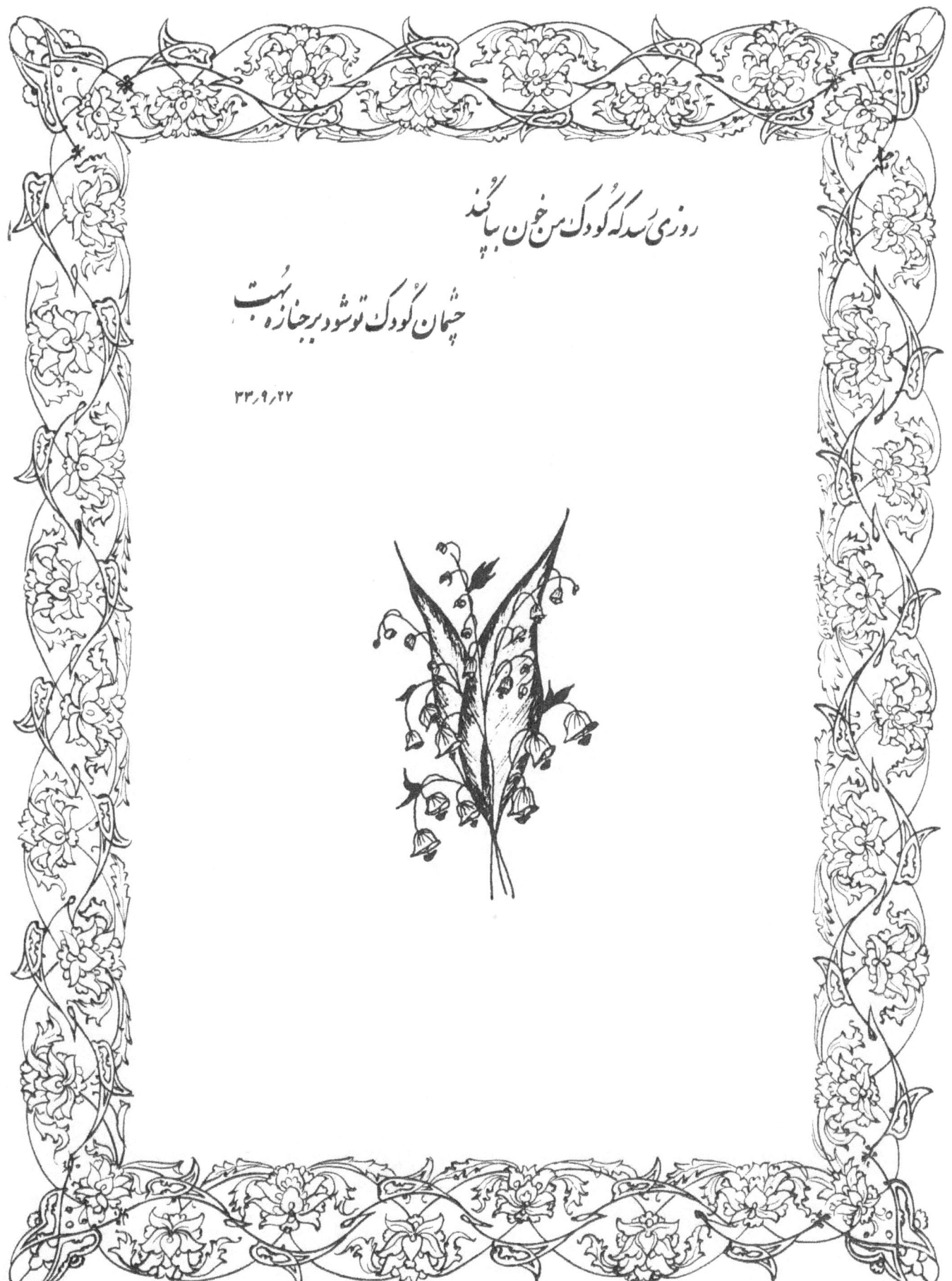

پائیز

پاییز

پاییز چو موی بور یارم
زرد است و طلایی است و رخشان

پاییز چه نام غم فزایی ست
مرگ است و غم است و هجر و حرمان

بر برگ خزان طلا نشسته
بر صورت یار ما نشسته

رنگی ست غبار مرگ خورده
بال و پر مرغ دل شکسته

اندوه غم و غبار هجران
پنهان بمیان شاخه ها شد

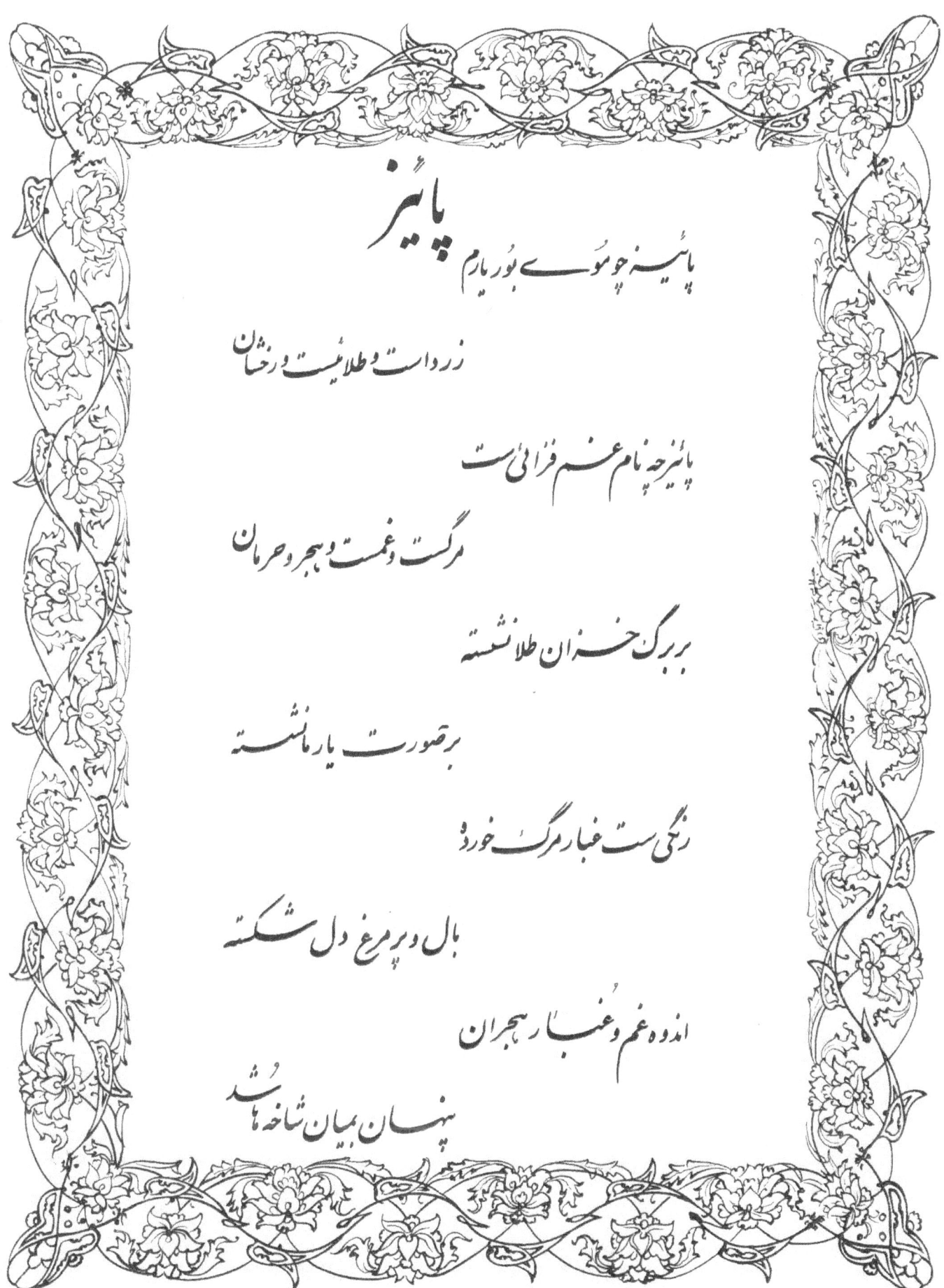

از رنگ طلای تو دارم

هر غصه که در دلم بپاشد

گیسوی طلا خزان نموده

آری که خزان طلاست والله

نور شفق از میان گلزار

چون موی تو دلرباست والله

هرچند خزان سپید و ماه است

بر دامن من نشسته آهی

در دامن کوه برف بسیار

رنگ رخ من چو رنگ کاهی

ای نام خزان چه دردناکی
پائیزی و زرد و رنگ خاکی

یاد تو همیشه در خزانست
تو رنگ محبّتی و پاکی

هر شب که به بستر آرمیدم
سیمای تو هم بخوابم آمد

هر صبح که سر ز بستر آرم
مأیوس سر خوابم آمد

ای غنچهٔ ناشکفتهٔ ناز
رفتی تو چه دلکش و غمینی

باز آگه خزان ما ببینی

باز آگه دو دیده رود ببینی

۳۳،۹،۴

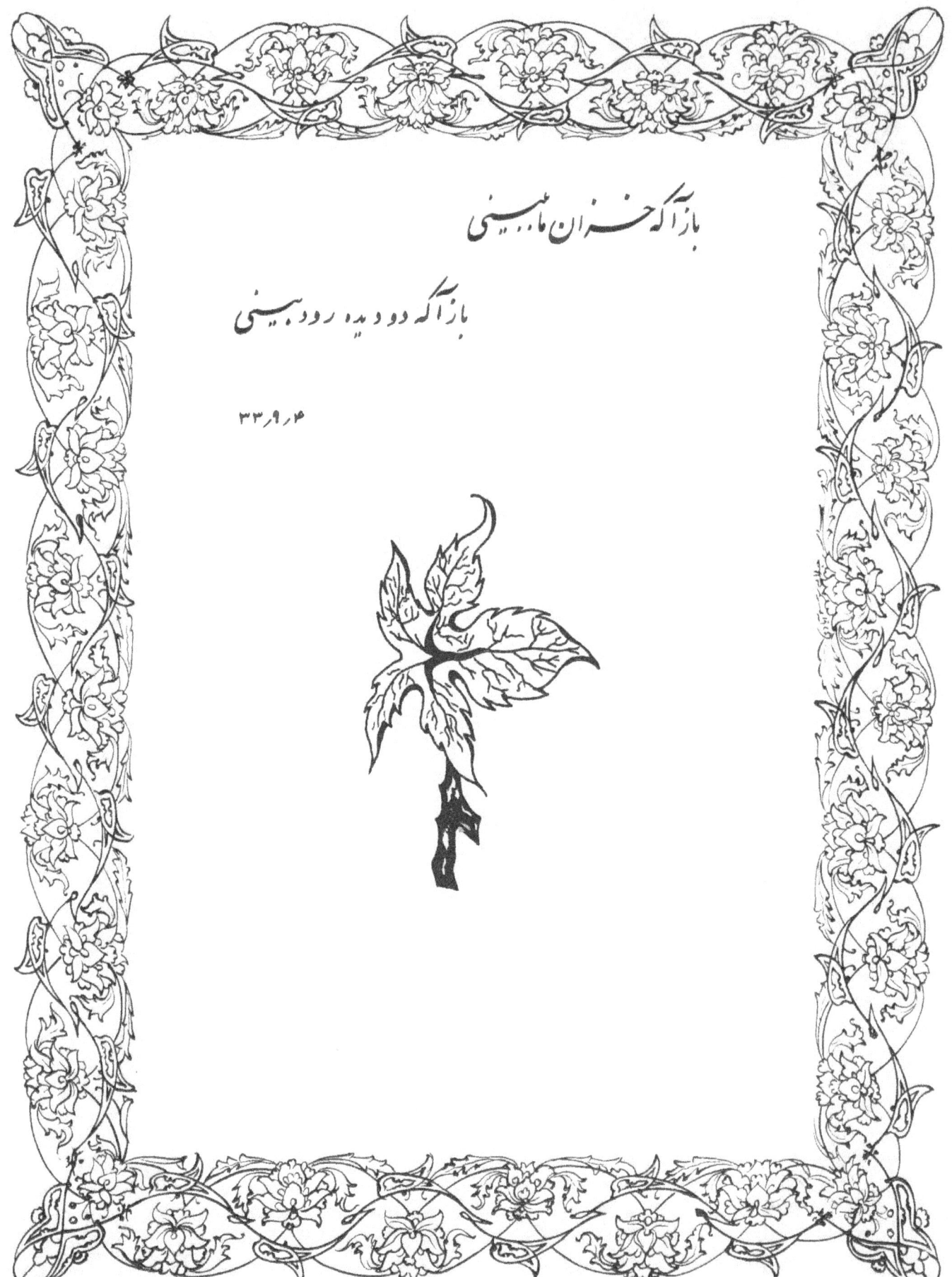

طعنه بیگانگان

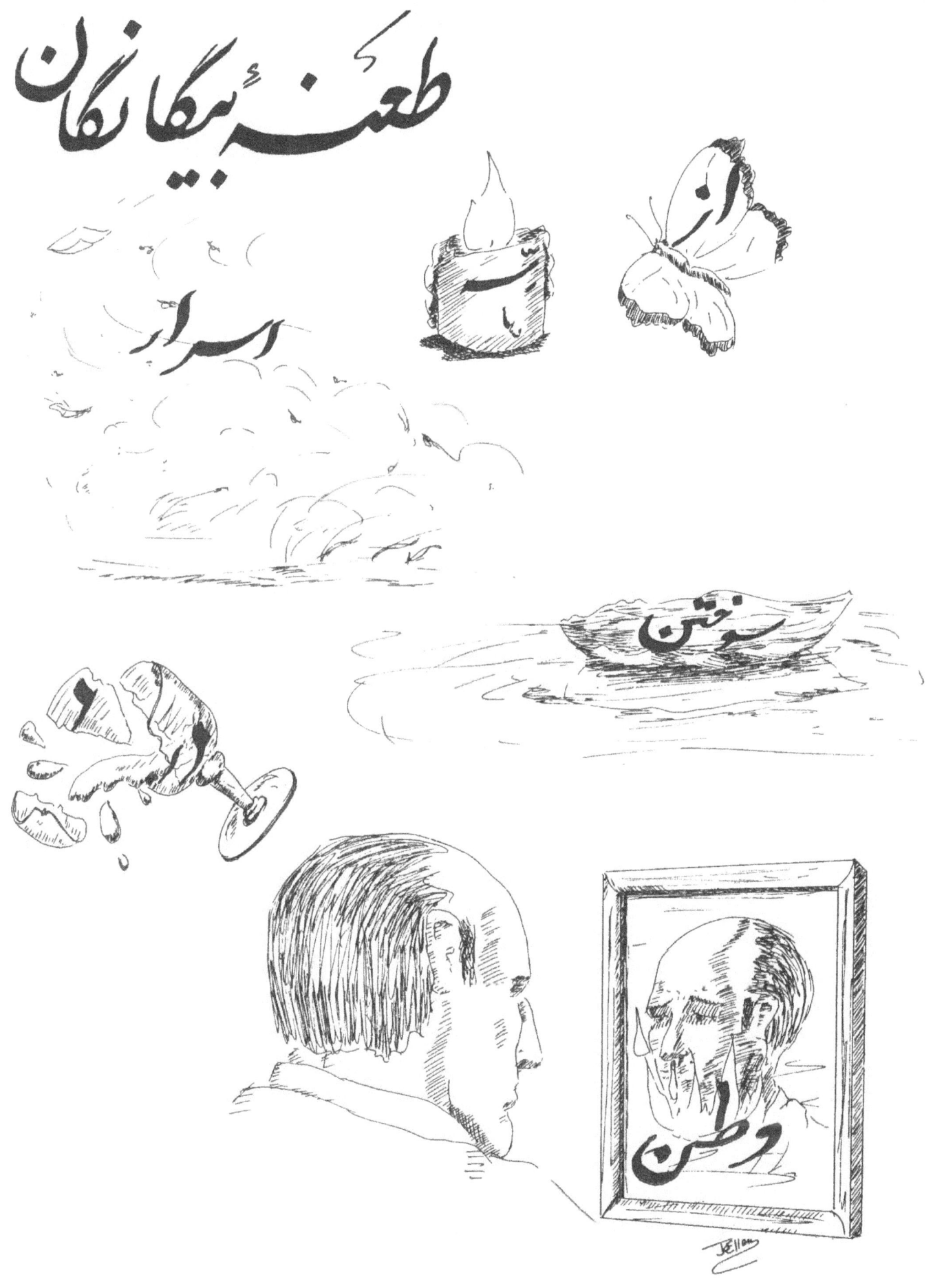

طعنهٔ بیگانگان

به بال پروانه ای نامه نوشتم بیار
لیک شرار سخن بال ز پروانه سوخت

در بن ویرانه ای لانه و کاشانه ای
قصه بگفتم بشمع، شمع و پروانه سوخت

برگ گلی یافتم روی حبابی در آب
نامه نوشتم بگل، گل پر جانانه سوخت

در جلوی آینه صورت خود یافتم
راز باد گفتم و صورتم از چانه سوخت

جرعه زدم بی سبب بر لب جامی شراب

جام شراب او فتاد جرعه و پیمانه سوخت

راز وطن را نشد گفت بهر نا کسی

سوخت وطن از چه سوخت و ز سر و از شانه سوخت

بلبل دیوانه ئی گرد گلی یافتم

نامه سپردم باو بلبل دیوانه سوخت

نامه بباد صبا دادم و گفتم که باد

میبرد این پیک را باد ز افسانه سوخت

بلبل و گل شمع و باد جمله شنیدند راز

راز دلِ جانگداز جمله بکاشانه سوخت

سوز و گداز دلم محرم رازی نیافت

تا که بیارم گُند شکوه که این خانه سوخت

کار خداوندگار شعبده بازی نبود

شُعبده بازان ترا سوخت چه مستانه سوخت

نامه ز دستم نگیر دوست نسوزد مرا

آنچه مرا سوخت آن طعنهٔ بیگانه سوخت

مارس ۱۹۷۰

پرچم
Holloway

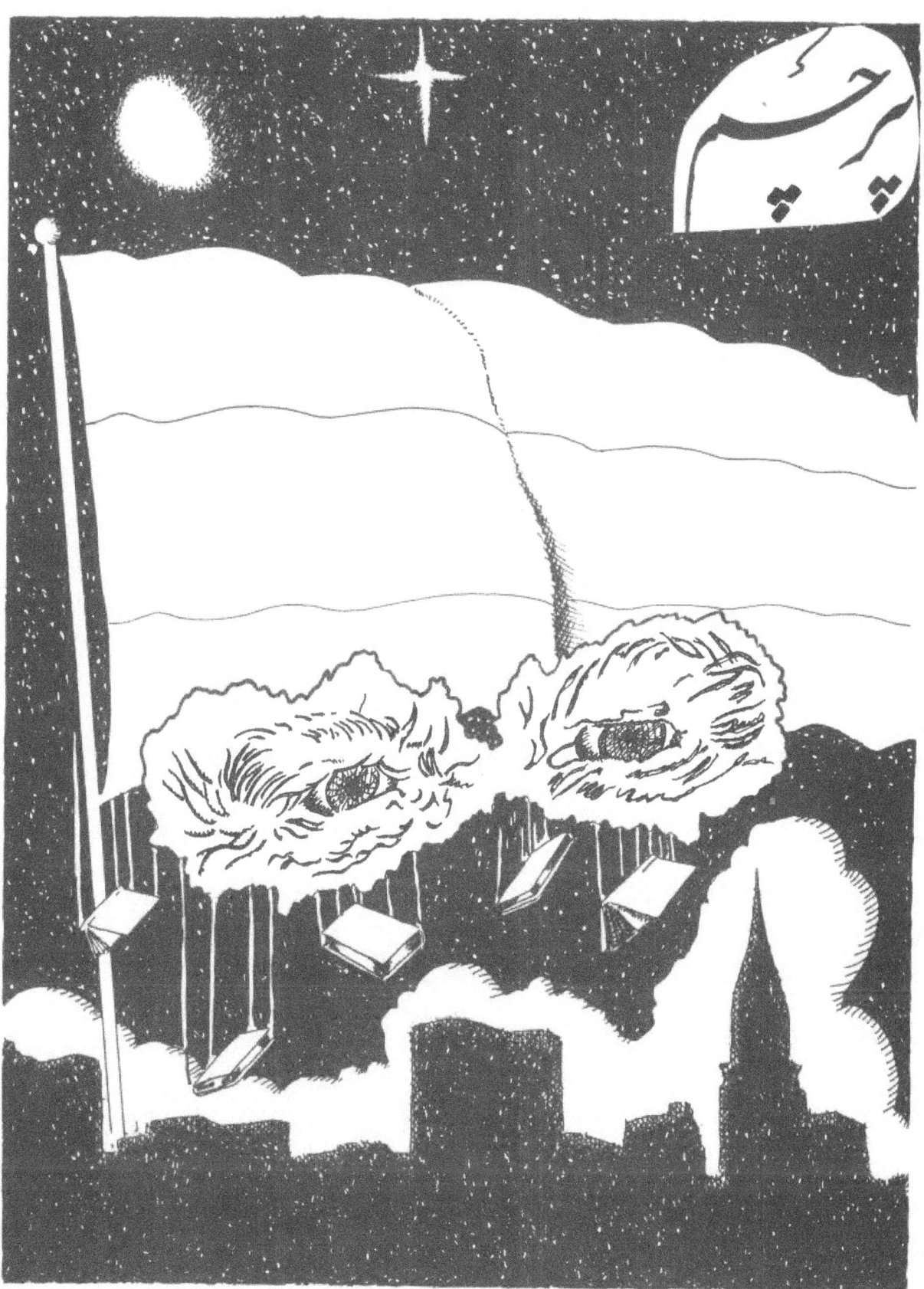

پرچم

بشهر دور پیک تو مرا یاد وطن آرد

سعادت بین که یارم کشورم یاد من آرد

بلی بالاترین امید من وصل وطن باشد

که دیدارش مرا فارغ ز هر دشت و دمن آرد

نگه بر برگهای سبز و گل در ملک بیگانه

مرا یاد وطن بل یاد آن باغ و چمن آرد

نگه بر آسمانی صاف و آبی نیلگون سیما

بیاد لعل گون لبهای آن یار فتن آرد

کنار چشمه هر جنبش که از بید و چنار آید

بیادم اهتزاز پرچم ملک کهن آرد

چه شبها و که چشم خیره بر در تا شود داخل

که بل پیکی صبا بر من ز دست یار من آرد

بآن گنجینه دانش نگه کردن چه خوش باشد

که فردوسی مرا یاد هزاران سیلتن آرد

خدایا شب شد و روز آمد و روزم سیه چون شب

شبم تاریکتر از قیر ابر قیرتن آرد

فقط امید وصلش بعد هجران خوردسن باشد

که قوتم را صبا از بوی شهر یاسمن آرد

در اینجا از شراب ارغوانی شربت آز آب پاکی را

نمایم هدیه تا دیگر کس این جان و تن آرد

نصیحت میکند فهمی بهر جا شد بیت مایل

برای افتخار میهنت کوشش کنی کامل

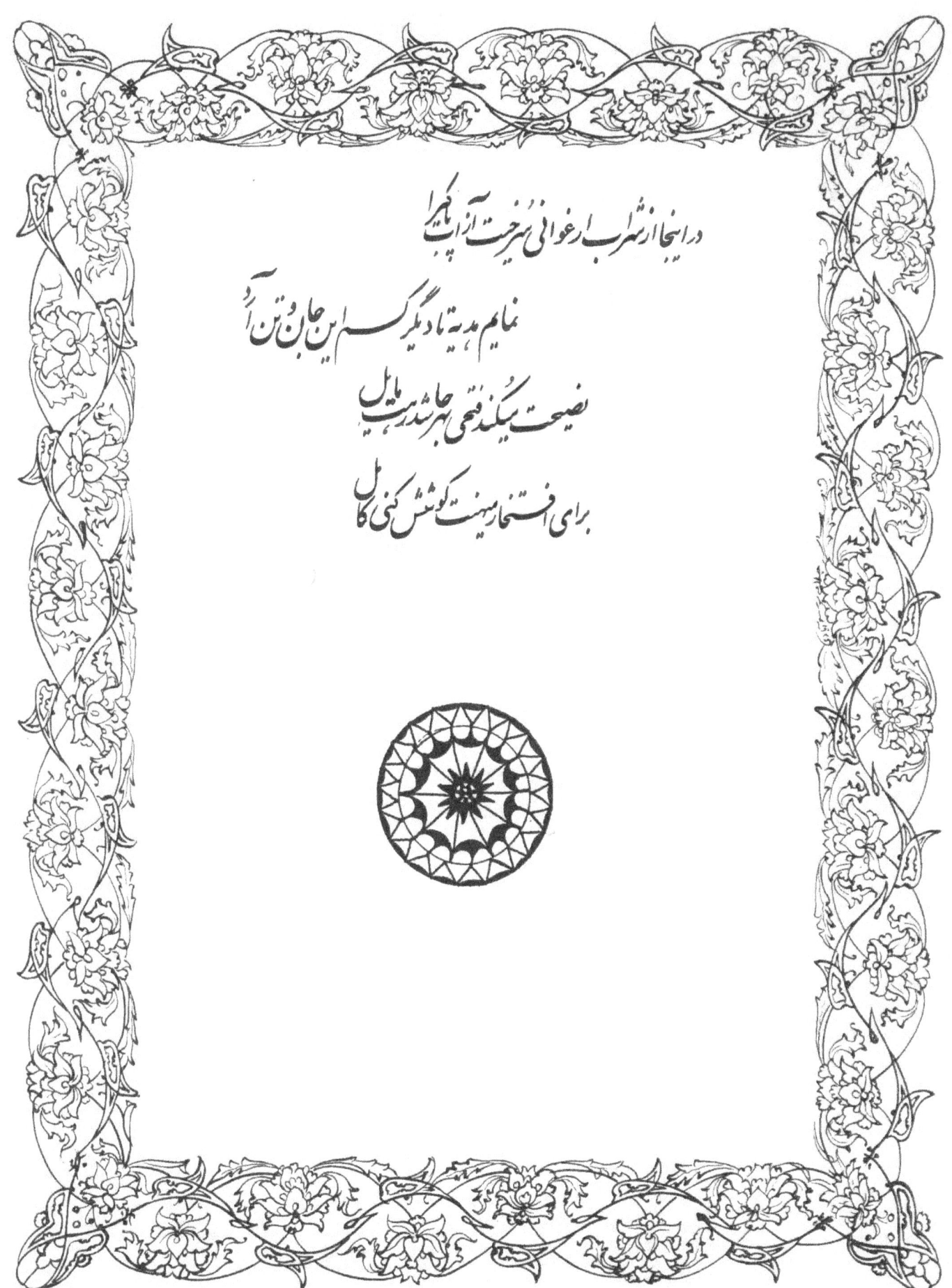

خاکستر
Tom Holloway

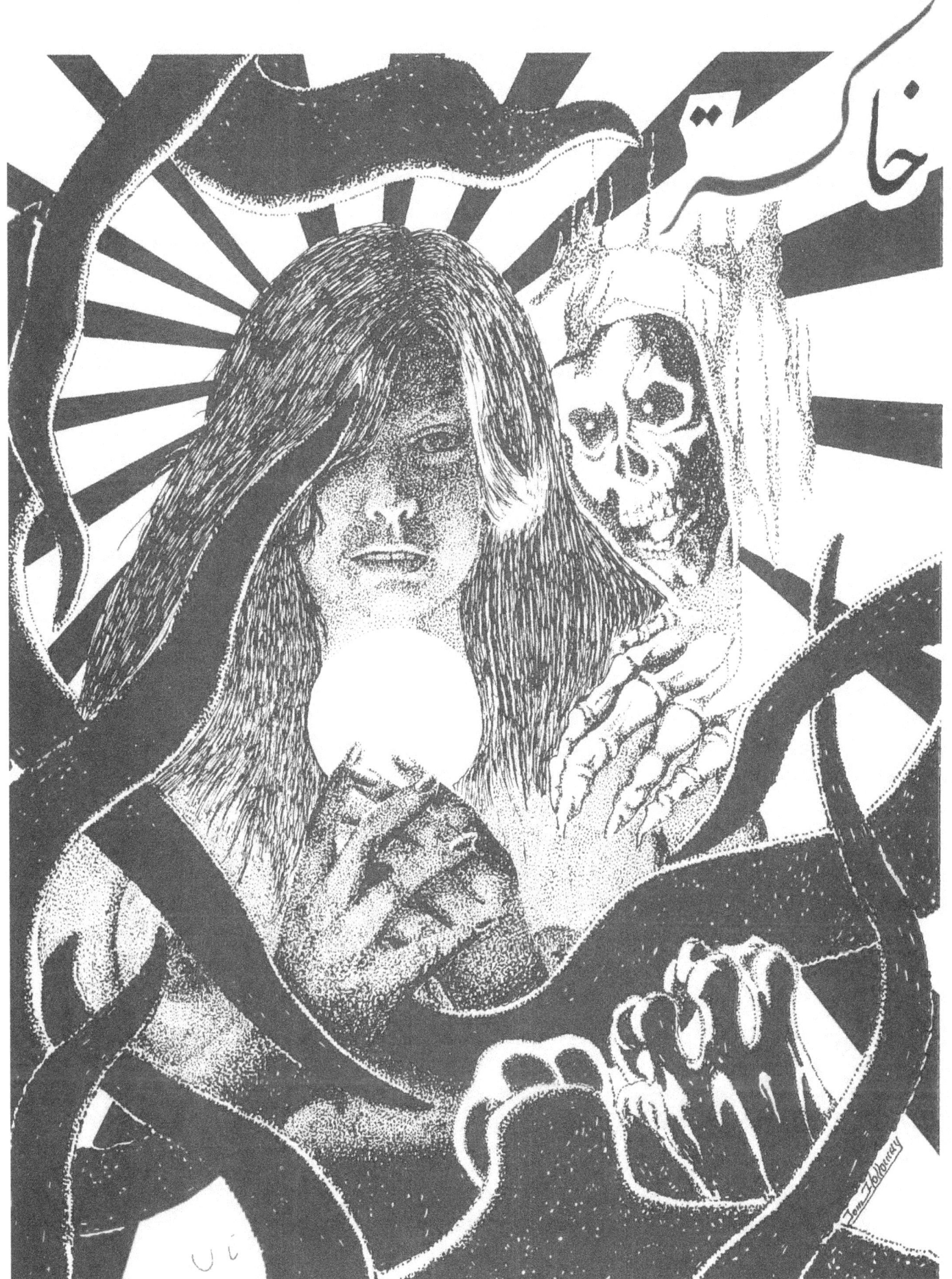

خاکستر

بگذار بگیرم به بر آن پیکر خود را
تا با تو بگویم سخن دیگر خود را

از روزنهٔ دیده ترا تنگ ببینم
مخفی نکنی بار دگر منظر خود را

در درهٔ پستان تو افتم بسر اما
در چاه زنخدان تو گیرم سر خود را

لب بر لب گویای تو خاموش گذارم
از شهد زبانت بزبان آذر خود را

پهلوی تو بنشینم و در خواب گذارم
آن چشم تو بر دیدهٔ جادوگر خود را

فی الحال نهانی سخن از عاطفه گویم
تا آنکه کنم پیکر تو بستر خود را

باید که بسوزم ز خیالی که چو خوابست
تا آنکه ز خاکستر جویم پر خود را

پروانه کنم در سر کوی تو و ریزم
خاکستر تو بر سر خاکستر خود را

WINTER NIGHT

مطرود

مطرودِ ابر و بادم و چون دانهٔ تگرگ
لبریزِ آشیانم و افتاده روی برگ
همچون غبارِ گرد بروی حبابِ آب
گشتیم همدمِ کفِ امواج و بیمِ مرگ

بشنو شکسته خسته صدایم ز راهِ دور
مستِ شراب هستم و بیگانه زار و عور
مونس نماند، عاشقِ درمانده را کسی
در راه بینوا نکند عاقلی عبور

باور کن ای صدیق که افسانه غریب
چون کوه سخت دانه دارست و پر نشیب

آوای آن مؤذن بی رکعت و سجود
نتوان دهد عشق دل صادقم فریب

بگذار خسته جان و شکسته دلم بخویش
هرگز نوازشی نکند کس دل پریش
در هر قصیده خواهش یک نقطه عشق بود
حسرت که رشته سخن از عقده کرده بیش

افسانه وار تشنه آب حیات بود
آن تشنه خود فدای سراب فرات بود
در چشمهٔ هلاک زیارت گناه بود
گم گشتن وفای تو در آن برات بود

دیگر بپای قهر و جدائی هدر شدیم
عمری برای حسرت یاران سپر شدیم
با ساز زندگی همه آغاز ره شدیم
راهی که آمدیم به راه دگر شدیم

در این دیار گمشده آن سرنوشت ما

در زیر چرخ رفته وفا و سرشت ما

عریانی و گناه نکردیم در بلا

گفتند جبه گئی همه عادات زشت ما

جز التماس و زمزمه و سجده بر خدا

هرگز نرفته از لب این بنده در خفا

اما سکوت کرده خدا بر من و شما

شاید که قصه سر و سامان کند بپا

حیف است کوه نور بچاهی درون کنی

آواز مرغ عشق همه واژگون کنی

رویای لاله را همه بی ارج بنگری

دریای التماس بپیش فزون کنی

یارب مرا ز غصهٔ غربت کنار گیر

بار دگر گناه من از اشک زار گیر

برکن ز پایه ریشهٔ این دشمن حسود

زنجیر اتحاد مرا بی شمار گیر

۴. دسامبر ۱۹۷۳

پیری

ادریس

پیری

آن جوانی باز ده بر من خدا بار دگر

تا بگیرم در بر آن دلداده عیار دگر

قوّتی ده زانوانرا تا بپا خیزیم باز

راه بربندیم بر این خسته افکار دگر

خواب را گویم جواب و خسته جانرا دادهم

از شباب یار باز آرم بکف کار دگر

سایه سرو و لب جوی و شرابی دلنشین

شاخه‌ئی از گل بدستم دست بر خار دگر

عالمی را سوختی وقتی عذار افروختی

خرمنی آتش زدی با آن دو گلنار دگر

خواستم من از خدا تا بیخ پیری بر کند

با جوان محشور سازد پیر و بیمار دگر

روزها با کودکان در بازی چوگان و گوی

شامها در گردش و تفریح با یار دگر

آنقدر نوشم شراب زندگی تا وارهم

از غم پیری و بیماری و ادبار دگر

شب
زمستان

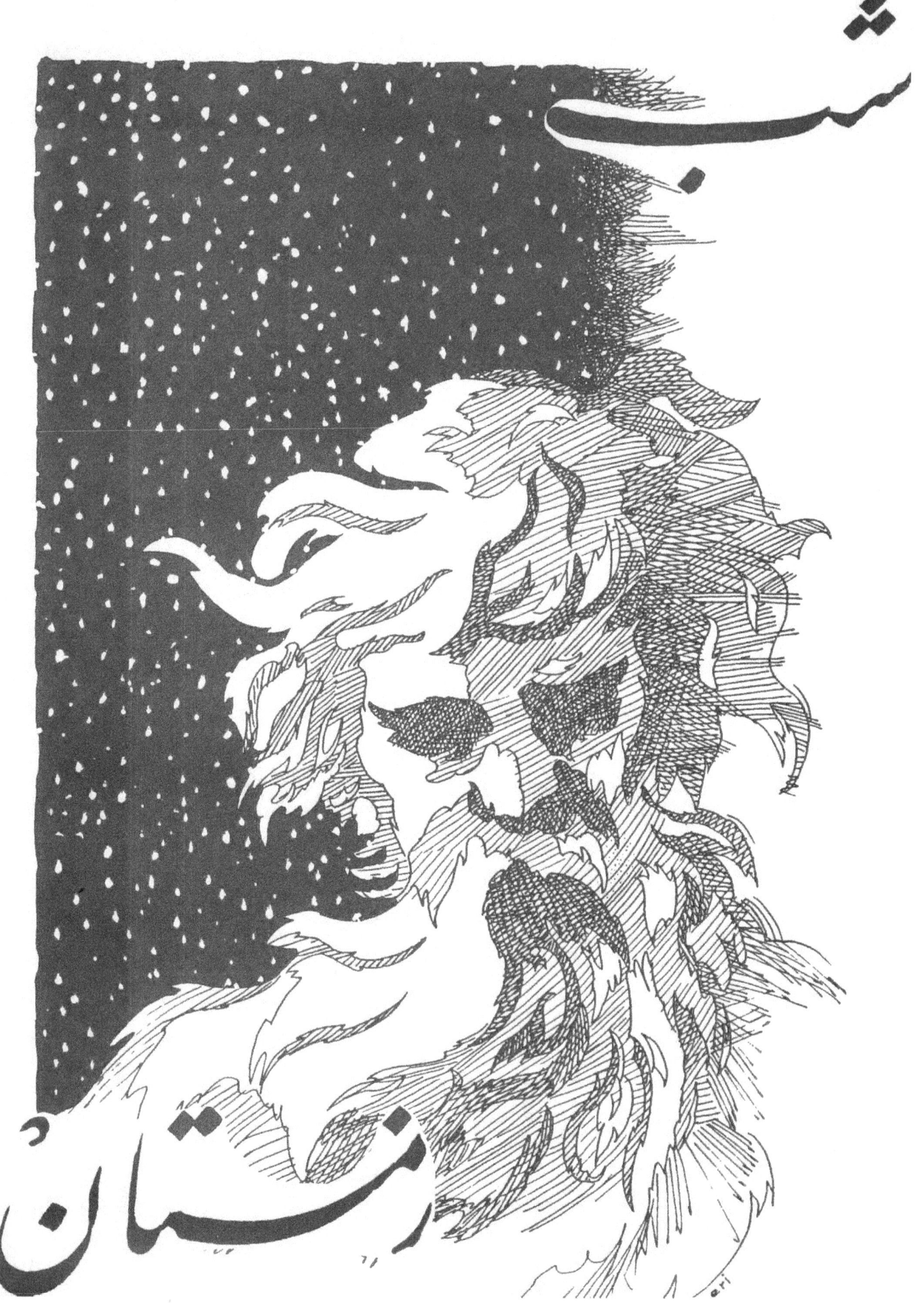

این داستان حقیقی در روزنامه ها جزو اخبار درج شده بود

و پسربچهٔ فقیری سالهای بیشتری لگدکوبی میکند در حالیکه قصهٔ فقیر قبلاً می‌بود

شب زمستان

پیرهن پاره ژنده بر پای

پا برهنه خزیده در جای

گرسنه، تشنه، بی غذا بیمار

رنجبر، خسته، با تنی تبدار

آسمان سایه‌ای بجای پتو

سنگ بالش بزیر پیکر او

سخت در بارش زمستان سرد

همه سیمای زرد و جان پردرد

شب ظلمانی و زمستانست

بدن از برف و سوز بیجان است

گوشه کوچه ای فتاده نزار

اجتماعی نموده او را خوار

اجتماعی که گفته بی پولی

اجتماعی که گفته چون غولی

همه در کوچه میکنند شتاب

تا بمنزل روند و بستر خواب

ولی آن ژنده پوش هرجائی

مانده در رهگذر به رسوائی

ژنده پوش از برودت سرما

لخت افتاده بر زمین یکجا

ساعت از نیمشب گذشت و هنوز

سرد و لرزان برهنه پای ز سوز

پاسبانی گذشت از آن معبر

دید افتاده پیکری دیگر

پیکر دیگری فشرده به هم

ده قدم ده قدم قدم بقدم

پاسبان پاسبان درودشت

مرهمی بر تن و دل رشت

لگدی زد به بینوا، برخیز

دزد بی غیرت و حمیّت و هیز

پا برهنه، علیل و نادانی

مست و بیعار و بیوطن جانی

راه مردم گرفته ای نادان

رهگذر نیست جای شیّادان

لگدی زد دوباره بر رویش

لگد دیگری به پهلویش

تازیانه کشید از پهلو

سخت کوبید بر جنازهٔ او

پاسبان دید ناله نیست نه آه

داد و فریاد و ضربه جانکاه

خم شد و روی برفها خوابید

خوب سیمای بینوا را دید

سرد، خاموش، بی اثر، بیجان

گشته در خواب نازِ مرگ نهان

صبح فردا گزارش پلیس

دوش دزدی بمرد چون ابلیس

ضمن اخبار در جراید روز

این خبر بود شمع جان افروز

پاسبانی به کوچه‌ئی پیدا

کرده دزدی که اوفتاده زپا

اجتماع بدون کوشش و یار

اجتماع فلاکت و ادبار

۲۲/۹/۲۳

این نیز بگذرد

این نیز بگذرد

جوانی حبذا با من صباوت همرهی کرد

کنون عیش صباوت را بباید با جوانی کرد

صباوت میوهٔ نایاب بُد افسوس پنهان شد

بلی عهد طرب با من وداع جاودانی کرد

چو از دل گوش داری هر دمت آید ندائی خوش

زمانه گویدت باید که کوچ کاروانی کرد

جوانی را غنیمت دان که او را هم خزانی هست

چه تدبیری توان با تندباد آسمانی کرد

زمان آخر شود پروانه سوزد گل نهان گردد

به پیش تند باد نیستی حزمی توانی کرد

شعاع زعفرانی زاخگر سوزان شود خامش

بنازم پرتو هورش که ما را زعفرانی کرد

به پیش دیده نادیده مان گلهای رنگارنگ

زمین از پرتو هورش تو گوئی نقش مانی کرد

بگیتی گر همیشه سرورا خشم کرد دل غمگین

نشاید غصه خوردن قد خود را هم کمانی کرد

همان یوسف که بر یعقوب افزون کرد اندوهی

بمحض مطلع رویش ورا در خویش فانی کرد

جهان شهر و شهر با هستی دنیا مسافر دان
ترا سوگند باید بر طبایع پاسبانی کرد

زمانه سُست عهدی را و ما را هست امیدی
تو آخر بهر این پیمان شکن چون نوحه‌خوانی کرد

جوانان در زمانِ نوش خود از نیش یاد آرید
بپیران خرد ببینید آیا خوش توانی کرد

شراب ارغوانی خون و عیش زندگی ایمان
ببین با آن توانی پا به پای زندگانی کرد

تو را فتحی باید عقل تا مفتاحِ دل گردد
به فتح دل گشای دیده را تا مهربانی کرد

در این دنیا که چون آتش فشان ما را فنا سازد
همان بهتر که در وی بهر اخوان باغبانی کرد

۱۵/۴/۱۳۲۵

تهران

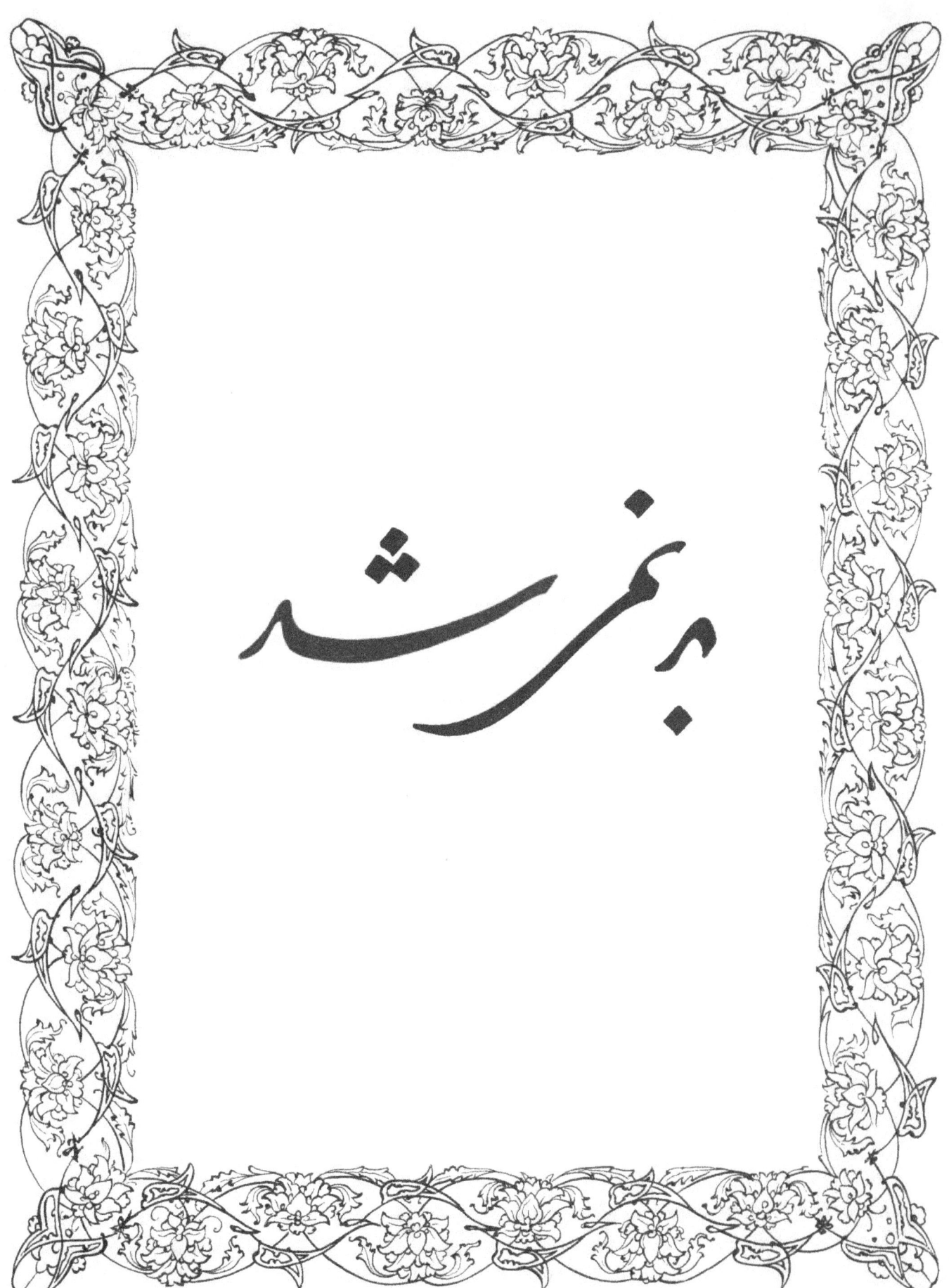

بنمی‌شد

بد نمی‌شد

خوی خوب یارم عالمگیر می‌شد بد نمی‌شد
بهر آنخو آیه‌ای تفسیر می‌شد بد نمی‌شد

نکته‌ها در خم گیسویش نهان لیکن من عاجز
لحظه‌ای گر نکته‌ها تقریر می‌شد بد نمی‌شد

ناله‌ها در نیمه‌شب تأثیر دارد از رقیبان
روزگاری ناله بی‌تأثیر می‌شد بد نمی‌شد

این خرابیهای شایانی که باشد در جدائی
از وصال دوست گر تعمیر می‌شد بد نمی‌شد

از خلوص نیت از درگاه ایزد گر دو روزی
بهر ما لطف و صفا و عشرتی تقدیر می‌شد بد نمی‌شد

تا نگهدارم همیشه نزد خود آن یادگاری
از رخ او وز دو چشمش صورتی تصویر می‌شد بد نمی‌شد

پیش خوبان بهر یاری ما گنهکاریم قسمتی
گر که از ما رفع این تقصیر می‌شد بد نمی‌شد

۲

خاطرہ

ع

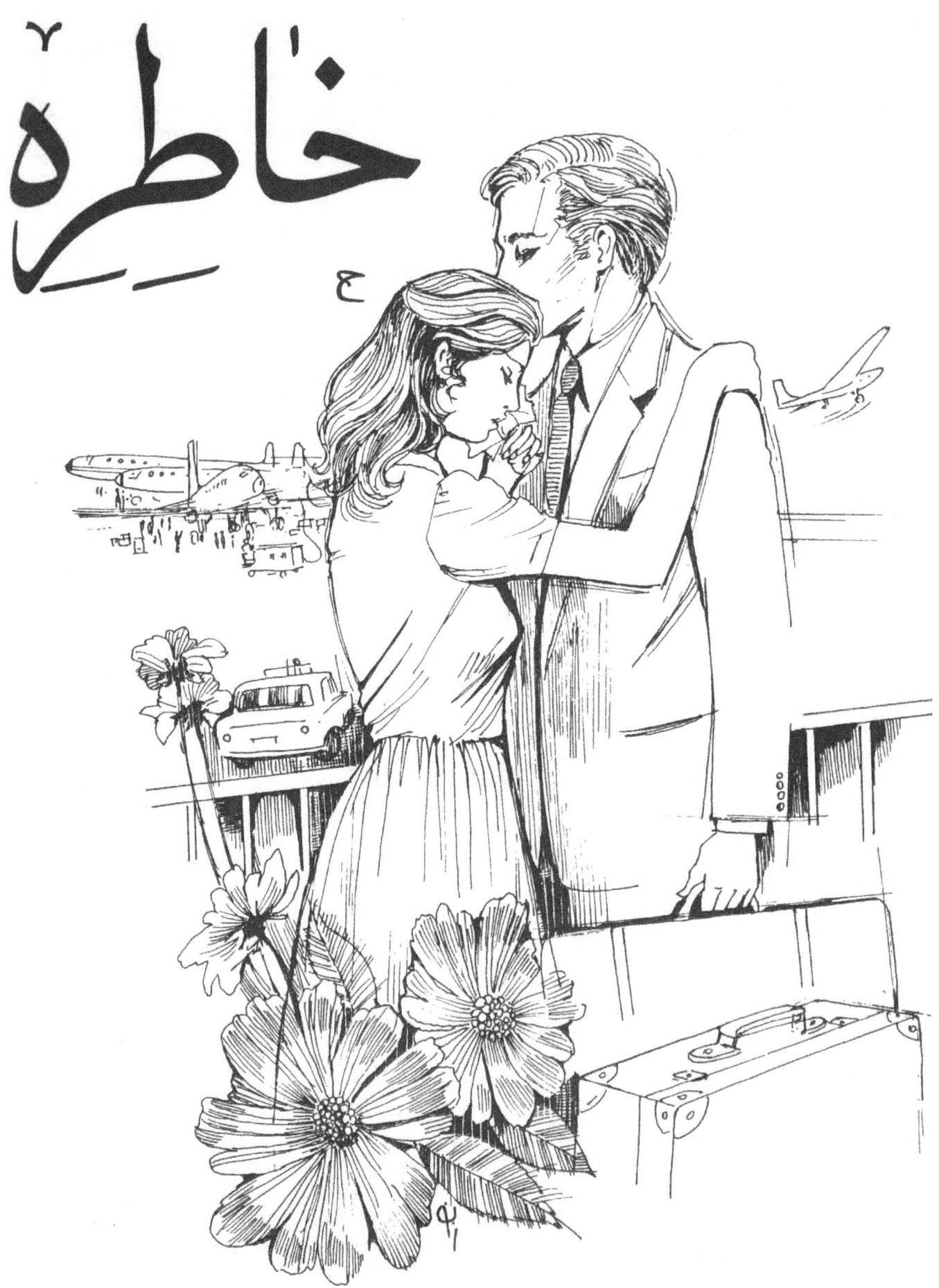

خاطره

چه خوب شد که مرا با بدان نسنجیدی
چه خوب‌تر که چو گل در کفم نرنجیدی
مرا چو خار بدامان گل نشاندی باز
کنار توده انبوه گیسوان چیدی

شبی است آمده‌ام باز در کنار اشب
صحیفه در کف و می در گلو خمار اشب
بیاد موی تو افسرده‌ام چو برگ خزان
بیاد چشم تو در اختران شمار اشب

بکُنج خلوت و آرام آرمیده غزال
چنانکه در دل خاکی فرو کنند نهال

به صُبحدم که بهر لاله چشم میدوزم
فراشت نکنم این یکیست فرض محال

تو آتشی که بخاکستری نهان شده ئی
تو ماه من که به ابر سیه گران شده ئی
بهر گلی که نگه میکنم گمان دارم
توئی که بر سر هر بوته ئی عیان شده ئی

بیا که من ز تو امید زندگی دارم

بیا بگردن خود تار بندگی دارم

گمان مبر که کسی غیر دوست نشناسم

ترا همیشه چو شمعی بتیرگی دارم

کنونکه دورتر از پیش گشته ام تو بناز

کنونکه در کف من نیست گیسوان تو ناز

کنونکه ناله ندارد اثر به اندوهم

بخاطر تو بهر هرزه ای نگویم راز

بشام پیش یکی دوست قصه‌ات گفتم

غم درون خود از فرط غصه بشکفتم

ولی محال که راز درون عیان سازم

با سنگ دل کنمی خوش که باز در سفتم

رفیق من چو شنید این حکایت از من دوش

گرفت بغض گلویش که راز دل مفروش

به غصه کرد نگاهی و گفت ناشی چیست

بخنده گفتمش آری سروش بود سروش

سروش بود که معنای دلبری فهمید
سروش بود که از گفته ام نمیرنجید
سروش بود که راز نهان باو گفتم
سروش بود که بر غصّه هاش میخندید

دگر بدلبر دیگر نمی شوم می نوش
بدامن گلِ دیگر نباشدم آغوش
گلم یکی و وفایم یکی و عشق یکی
مرا سروش یکی بود تا ابد ز سروش

نیرنگ

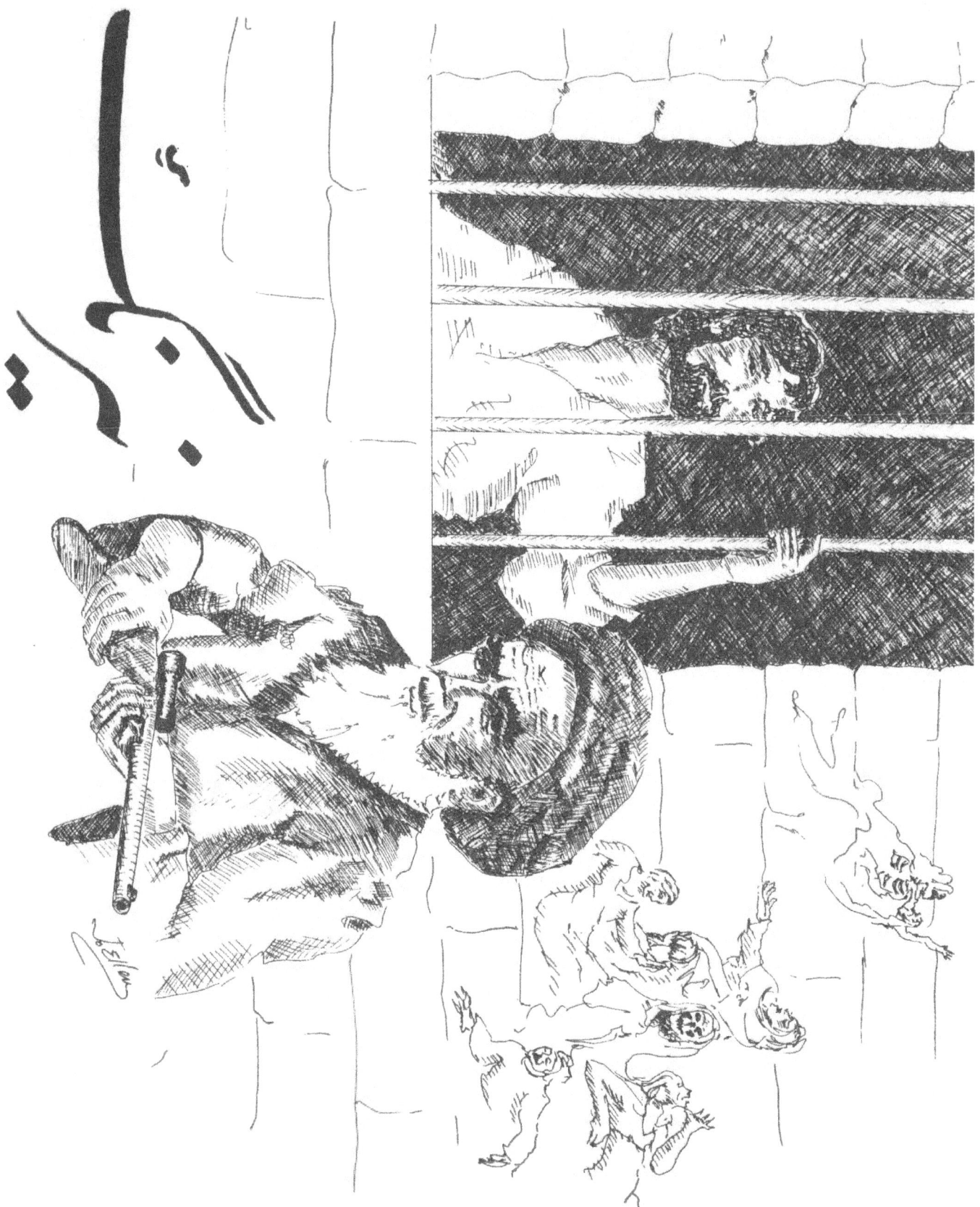

نیرنگ

مسلّم آنچه گفتم بود آن راز نهان من

ولی راز نهان من وداع جاودان من

ز صیّادم مگو دیگر که او را میشناسم من

که بیش از ربع قرنی بوده زجر خاندان من

بزیر بار سنگین جدائی سوختم مردم

چه ضربتها بسر آمد ز دست پیلبان من

همه بستند درب گوشها چشمها و دل

کسی نشنید آلام من و درد نهان من

درست اینکه باید چون رسن محکم بهم تابیم

من و او و تو و یاران خوب قهرمان من

تواضع، راستی، مذهب، وطنخواهی

بدوزخ بردن صیاد دون از آشیان من

زمین این وطن را سخت در آغوش بگرفتن

فرو انداختن لامذهبان را از آسمان من

من و تو گر بهوش آییم از نیرنگ غربیها

بهم پیچیم چون زنجیر ایران جاودان من

درایوا ۱۹۷۲

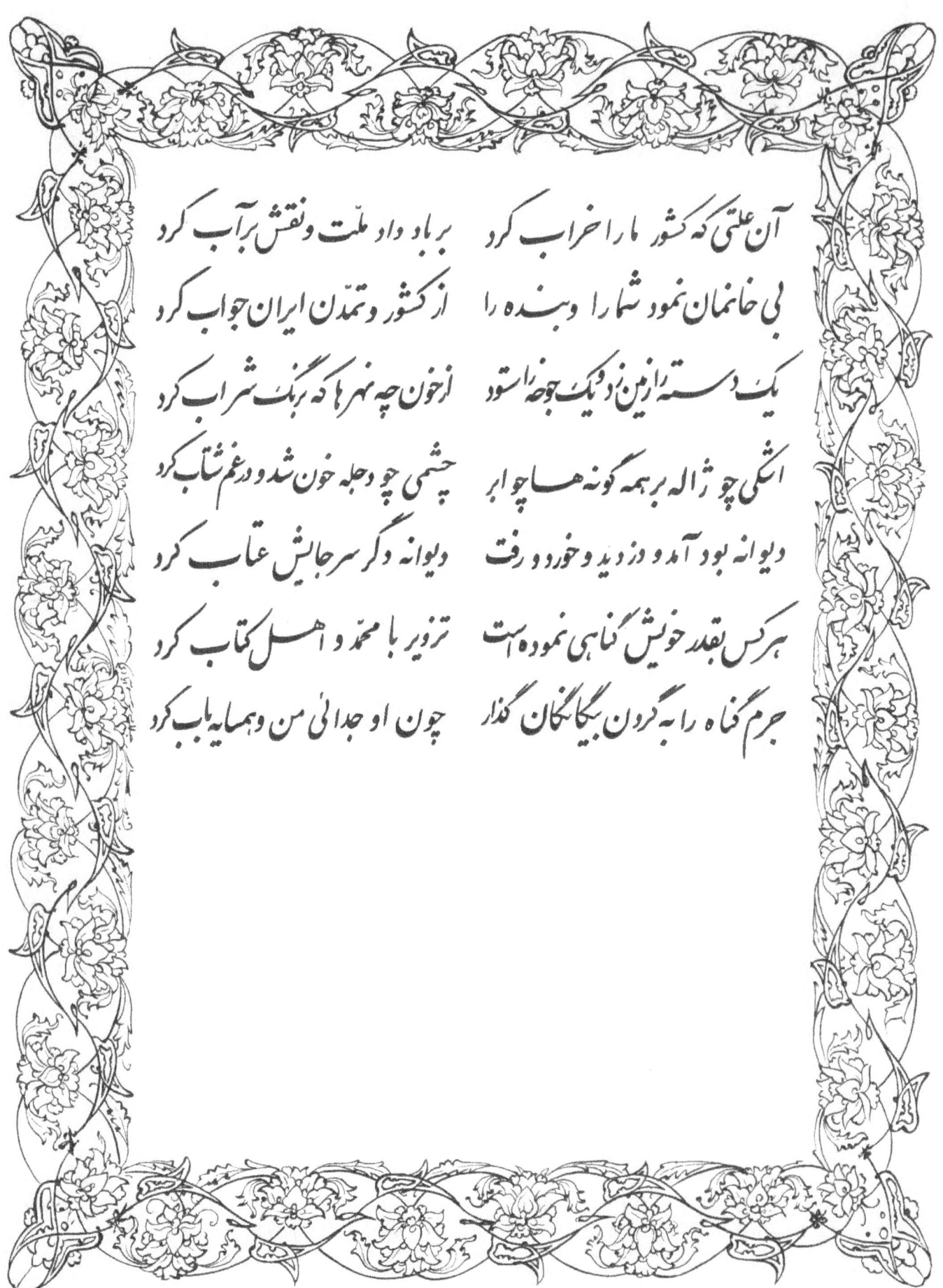

آن علتی که کشور ما را خراب کرد — بر باد داد ملت و نقش بر آب کرد

بی خانمان نمود شما را و بنده را — از کشور و تمدن ایران جواب کرد

یک دسته را زمین زد و یک جوجه را ستود — از خون چه نهرها که برنگ شراب کرد

اشکی چو ژاله بر همه گونه‌ها چو ابر — چشمی چو دجله خون شد و در غم شتاب کرد

دیوانه بود آمد و دزدید و خورد و رفت — دیوانه دگر سر جایش عتاب کرد

هر کس بقدر خویش گناهی نموده است — تزویر با محمد و اهل کتاب کرد

جرم گناه را به گردن بیگانگان گذار — چون او جدائی من و همسایه باب کرد

فداکار

این منظومه در دو سالِ پیشه‌وری سروده شد

فداکار

دی با دلی فسرده و زسینه پر از غم

در فکر غوطه خوردم از بهر کشور جم

دیروز شاد و خندان امروز دیده گریان

برگو سببش کیست کاینگونه شد سرش خم

فرزند گر تأدیب نی بهر حرف و تخریب

آوخ که کند او را بنیاد و سوخت پرچم

باید کنون بنالم بر حال کشورم

زیرا که از مقامش هر روز میشود کم

ما خواب و دزد بیدار ما مست و دزد هشیار

ناچار ز اشک ناودان گردد زمین پر از نم

از گفتن و شنیدن ایران نگردد ایمن

باید عمل نمایی کآسوده گردی از غم

آیا مگر که جان داد یا بر تنش روان داد

محزون چنین نبوده بی یار و پور و نعیم

آن زورق شکسته ز امید بود رسته

بگسست و ناخدا مرد اندر فراقش از غم

غرق خیال بودم گوئیکه خواب بودم

بیدار گشتم از خواب دیدم وطن بماتم

بیدار شو نظر کن در کشورت گذر کن

بنگر عیان بهر سو پاشید اجنبی سم

ای جانشین بابک ایران بسنگ شد حک

چون نام کشور جم در دهر گشته مبهم

بگذار تا بمیرند آن دشمنان ایران

وارونه آن بنائی کز ظلم گشته محکم

بار دگر نظر کن بر قهرمان خبر کن

زین ملک دفع شر کن فاتح توئی مسلم

فتحی خروش در پاپندست بهر فردا

گوید بجنب و جوش آگوشش نماد ایندام

تهران، زنانیکه پیشه‌وری تبریز و آذربایجان را گرفت

سه دهه شد

اشک وداع

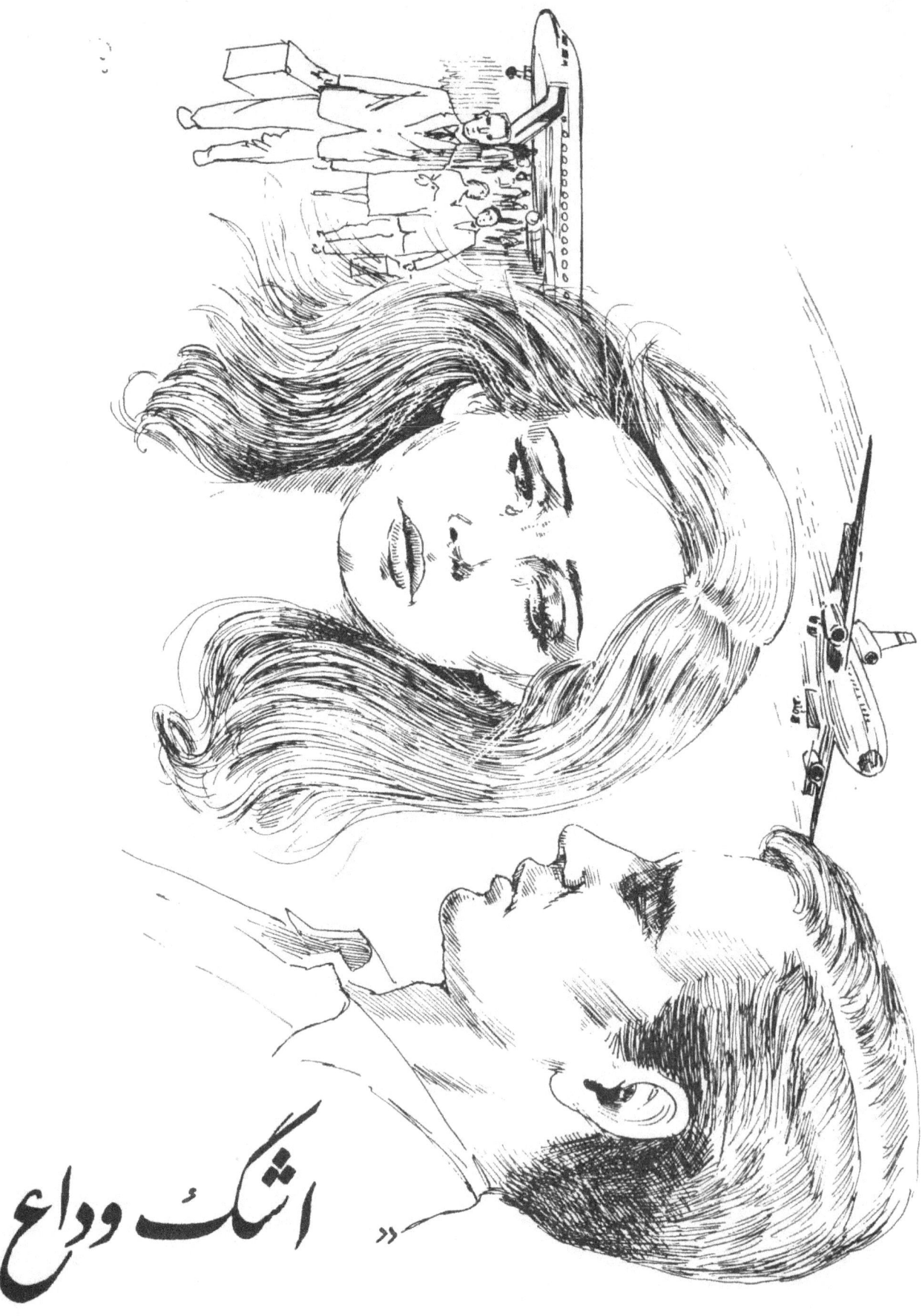

اشک وداع

ناله کردی زار و مژگانت بهم تا خو گرفت
تار و پودی بود و چون توری دو چشمت رو گرفت
اشک حسرت ریخت تا طبعم بره آهو گرفت
سیل اشکت بیشتر شد دیده جادو گرفت

وای بر من وای بر من چشم مستش تار شد
نرگس شهلای محبوبم شبی بیمار شد
مژه‌ها در چشم او هر دم فرو چون خار شد
شوری اشکش نمک بر زخم دل آزار شد

خوابشد از روشنائی هر زمان اندر فرار

آبشد از گریه پیه چشم یارم از قرار

چشم مستی خواب کی باشد روا اندر بهار

خاطرم آسوده کی باشد ز شهلای خمار

ناله بس افسوس بس اندوه بس نازم بخواب

شکوه کم کن درد جانرا بزن از دیده آب

خواب کن خواب ای گل و بگذر دمی از پیچ و تاب

مست گردم گریه گر بینم بچشمت چون شراب

یاد دارم جمله شبهائی که مهتابم نخفت
در دل شب شکوه خود بر مه و اختر نگفت
بود منظور رش خدای و بازخش گردید جفت
ناله بس با آسمان میکرد و این اندیشه گفت

ناز دیده، ناز کم کن صورت من باز کن
چشم گریانم ببین مهر مرا اعجاز کن

بر سر دو شم نشین بر آسمان پرواز کن
با دو چشم اشکبارم کمتر از این راز کن

خاک بر چشمان که اشکم جمله بر دامن رواست

خاک راهش توتیای دیدهٔ دیرآشناست

غمزه‌اش خود چارهٔ هجر و دوای دردهاست

کاش میدید این چنین اشکی که هر دم کار ماست

آری آری من ز هجران قصه‌ات باور کنم

اشکهایت نیز هر دم بر دو چشم تر کنم

یاد آن مهر و وفا و یاد آن آذر کنم

باختر تا خاور این نقش اندرین دفتر کنم

هرگز آن مهر و وفا اندر دلم خاموش باد

هرگز آن اندیشه ها کز صحبتت مینوش باد

ای خوش آن چشمی که گریان شب ز شام دوش باد

باز دارم آرزو تا جای من آغوش باد

سبزه و صحرا و باغ و کوه و دشت افسانه ام

اختر و ماه و دل مرجان او کاشانه ام

من بگرد شمع خوبان تا ابد پروانه ام

جای خوبان لانه ام قلب حزین شد خانه ام

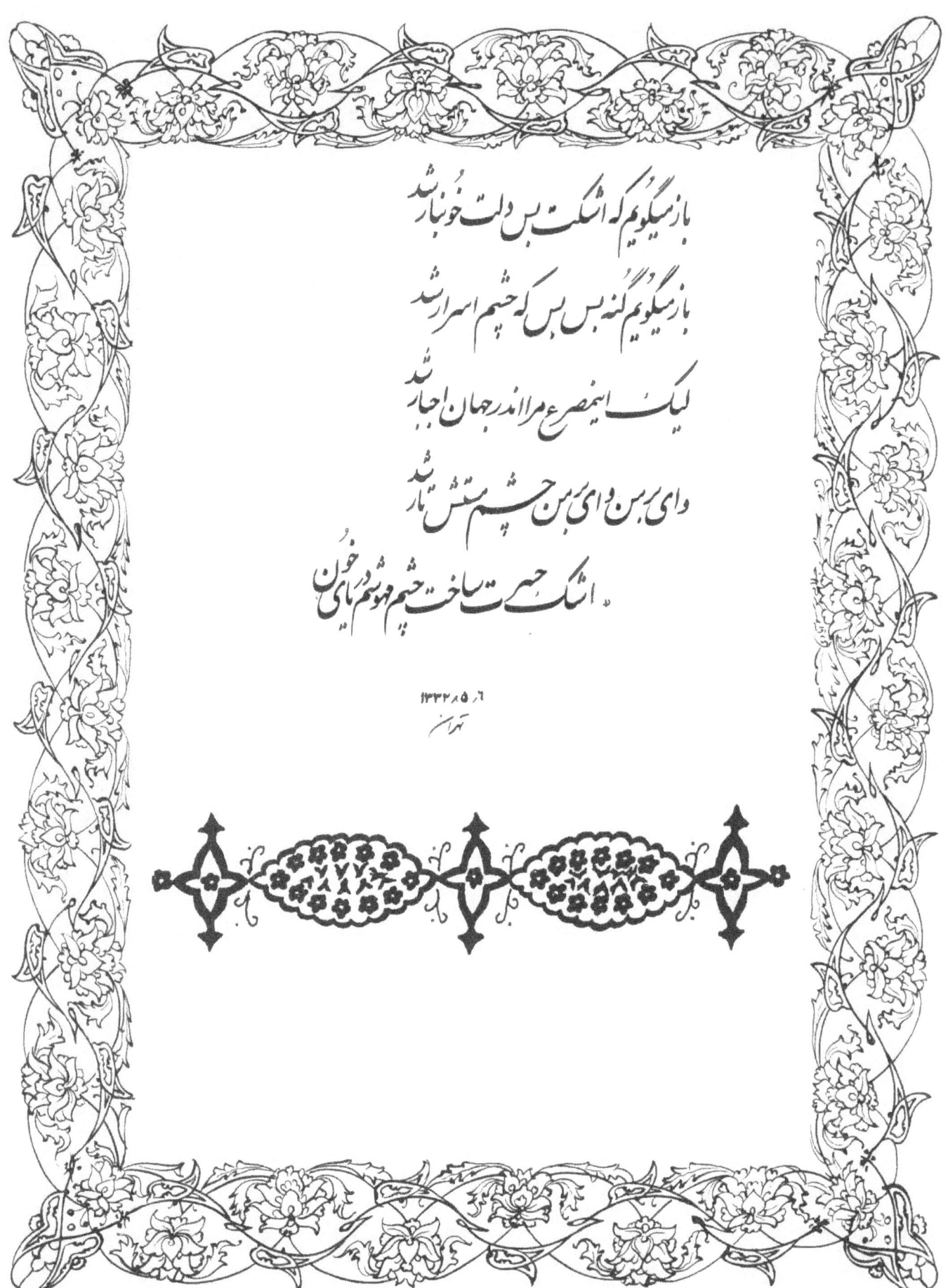

باز میگویم که اشک بس دلت خونبار شد

باز میگویم گنه بس بس که چشم اسرار شد

لیک اینمصرع مرا اندر جهان اجبار شد

وای بر من وای بر من چشم مستش تار شد

اشک حسرت ساخت چشم مهوشم دریای خون

۶/۵/۱۳۳۲

تهران

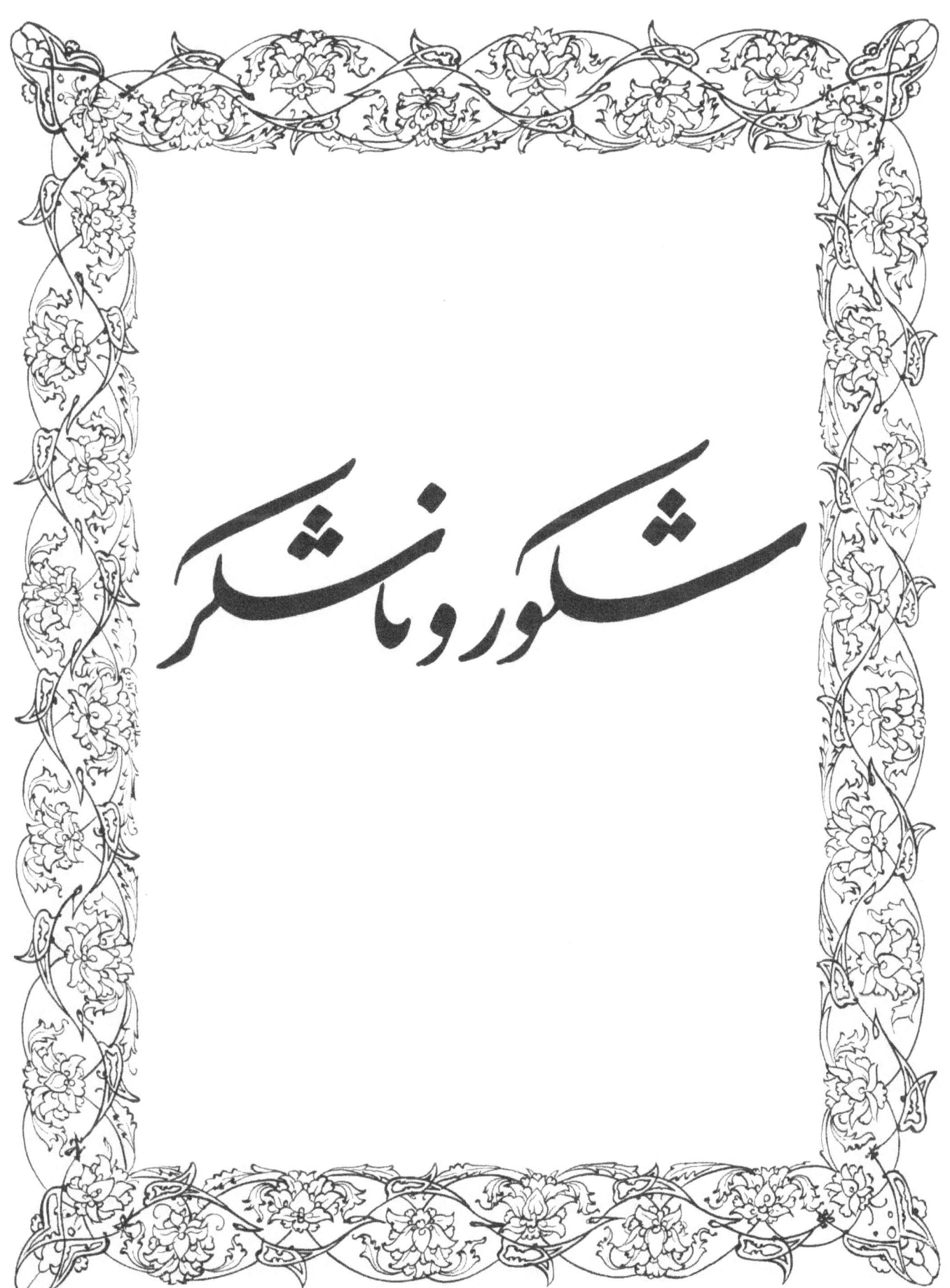

شکور و ناشکر

این شعر مقایسه ای است بین زندگانی خسته و زندگی پر صبر

آنهائیکه منتظر هم لقاء عشق و شکر به درگاه خداوند رضا داده اند

شکور و ناشکر

در بهار سال بیست و یک شدم

بهر تفریح از کنار جویبار

راه می‌پیمودم از پهلوی نهر

تا رسیدم در کنار کوهسار

بودم آنجا تا به نزدیک غروب

زان پس از آنجا گشتم ره سپار

اتفاقاً گشت طوفانی پدید
ابری اندر آسمان شد آشکار
باد با خود توده ای خاک از زمین
بُرد و بالا کرد بس گرد و غبار
گه به چشم رفت و کارم زار ساخت
گه به مو داخل شد و گشتم فگار
در همین اثنا صدائی پُر خروش
رعد و برقی می شنیدم در بهار
ابر، خود آن عقده از دل باز کرد
قطره باران گشت بر من آشکار

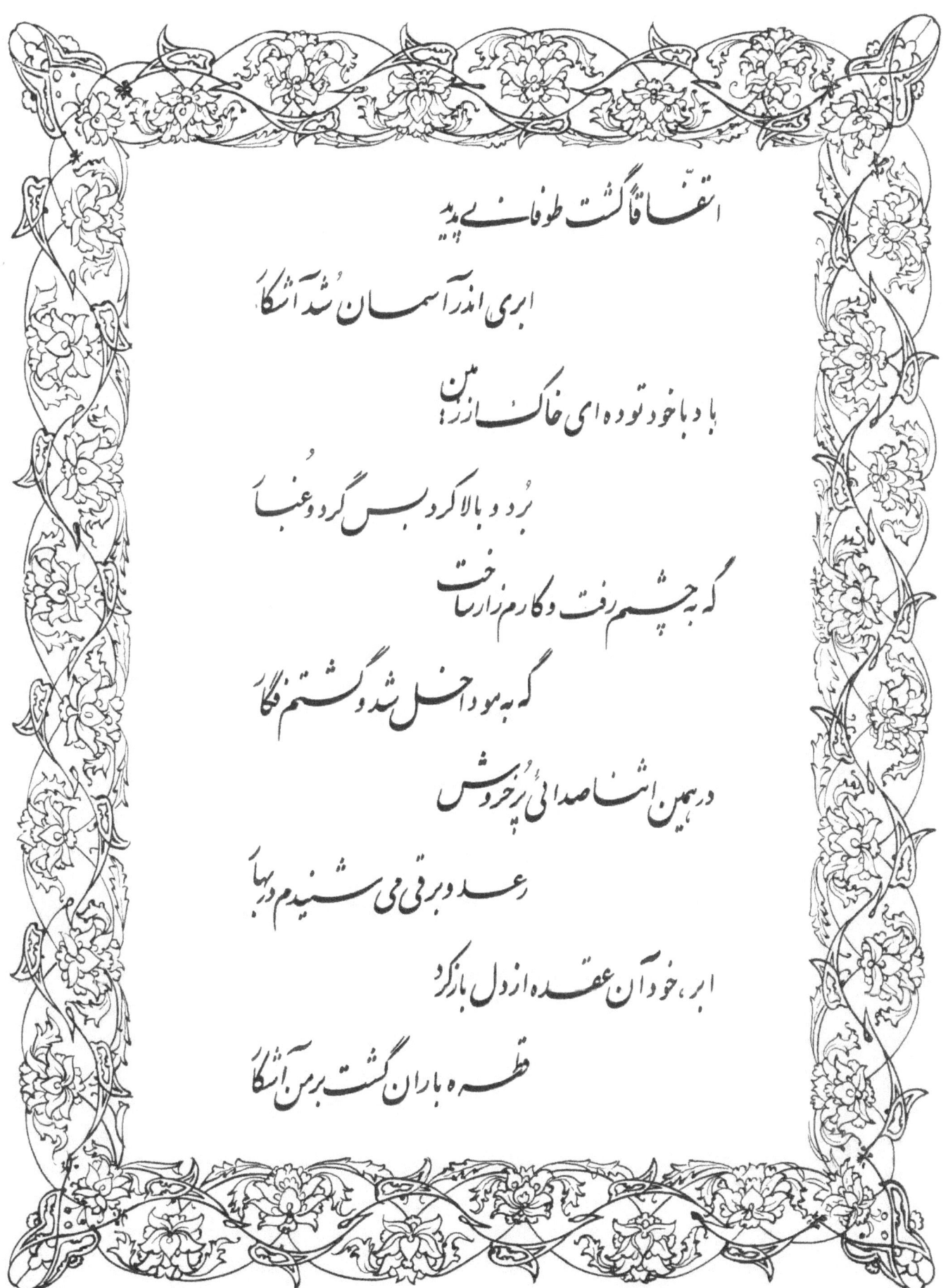

پیش می‌آمد که من گفتم بخود

وای شب تنگست و کارم گشت زار

در همان هنگام طوفانی دژند

سخت تابردی ز من صبر و قرار

رحمت حق باد و باران نیک بود

لیک ایرادی زدم بر کردگار

از چه رو کارم در اینجا زار کرد

بهر من آن خوبخو پروردگار

ناگهان چشمم به کوی کوچکی

اوفتادی کش بُدی اندر کنار

پیش میرفتم شتابان تا رسم

سوی آن کوی و شوم اندر دیار

تا رسیدم دیدم آن کوی خراب

نیست جز اصطبل انعام و حمار

در بن اصطبل دیدم کلبه‌ی

کز خرابی داشت سیمائی نزار

نیم کلبه طاق را دارا نبود

نیم دیگر سقف دار و استوار

اندر آن نیم دوم بنشسته بود

پیره مردی زار و طفلان بیشمار

مادر پیری بحال مُضطرب

دیدم اندر حُجره‌گه ایشان شُما

یک چراغ کوچکی مَیسوخت سخت

زندگانیشان بُدی پُر رنج و بار

ریزش باران هم از نیم اُطاق

می چکید اندر زمین و آن حصار

پیر خود غمگین و طفلان هرکُدام

جُوع خود را مینمودند آشکار

مادر از غم بر سؤال کُودکان

مُژده اغذیه را دادی شُعار

صبر را سازید پیشه کودکان

گر کنید امشب شما صبر و قرار

آن برادر کو هنوز اندر ره است

با گدائی رفته امشب سوی کار

او بیاید لقمه نان میاورد

با غذاهای لذیذ بی شمار

تا خورید از آن غذا هر یک بسهم

آنچه خواهید از کم و از بی شمار

بالنتیجه هر کدامی را بحرف

خواب میکرد آن زن والاتبار

پیش خود گفتم ز بارانی برآ

شکوه کردم آنچنان با شهریار

نزد من این داستان معلوم کرد

تا نباشم این چنین بی اعتبار

بعد از آن گفتم خدایا شکر تو

آنچه دادی بر من اندر روزگار

بعد از آن گشتم میان انجمن

جزو مردان شکور و باقرار

ای خدا با بینوایان یار باش

یار آنان و رفیق جان نثار

صدف

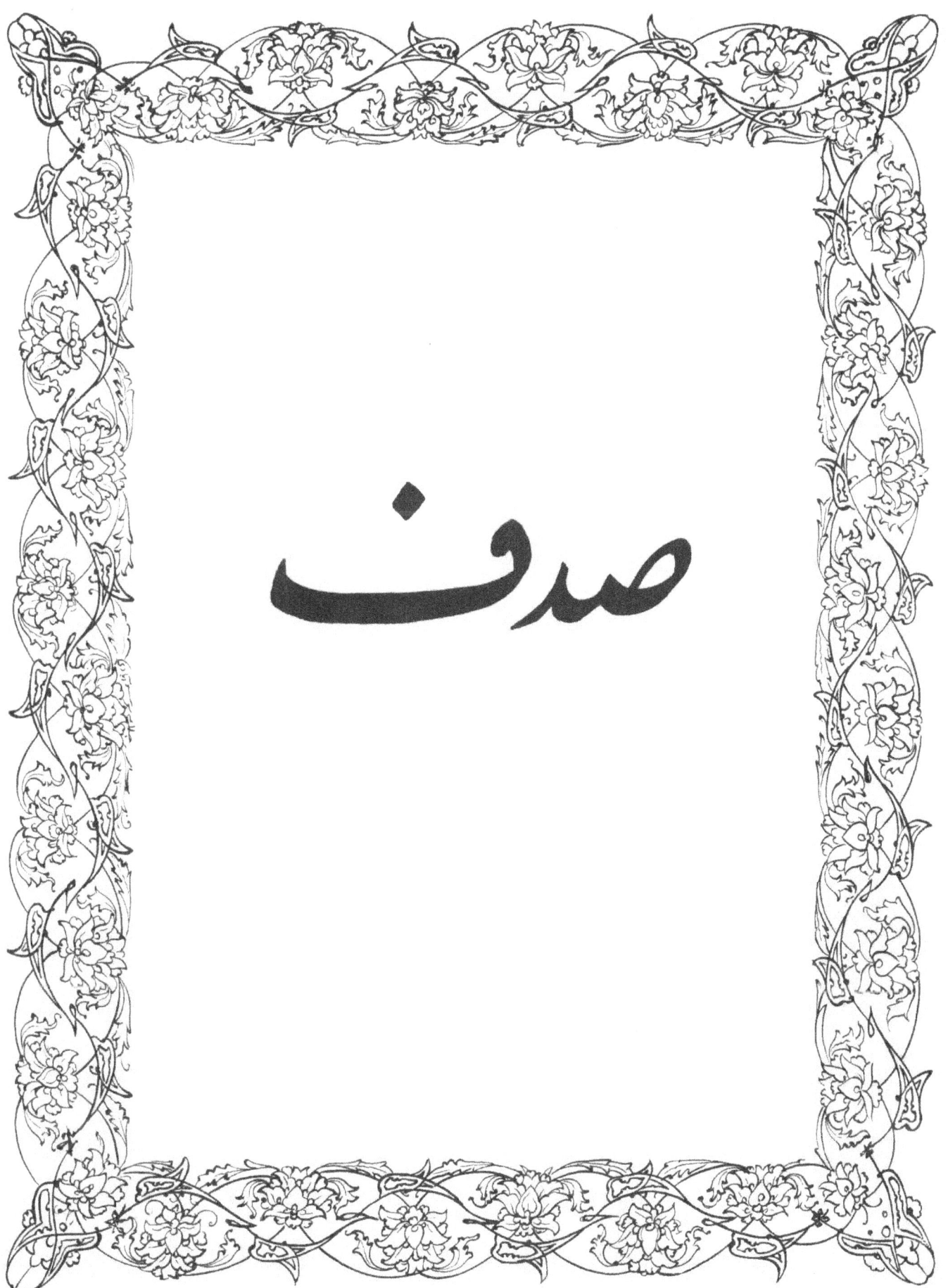

صدف

دوش گفتم به نگاهی دل من شاد کنی
وعده‌ای دادم و گفتم که مرا یاد کنی

بعد یک ماه از اندوه دلم باز شود
شاید از رنج و غمی خاطرم آزاد کنی

باز بینم به نظر هر روی آهوی ترا
لب لعل و قد سرو و شکن موی ترا

لاله گونه و تیره نگه و ناز سخن
صدف صورت و آن دیده جادوی ترا

گفتم این وعده گناهیست ولی پای منست

دیدن تو بنگاهیست ولی رای منست

ترس رسوائی از دیدن یاران داری

محل رنج و خطاهاست که آن جای منست

من همانم که تو دانی نظرم با تو یکی است

غیر سیمای تو چشمان من اندر ره کیست

لیک دانم که ترا نیست بمن مهر و وفا

وین ندانم که دل گمشده‌ات عاشق کیست

کیست کو سایه بروی تو فکنده است بناز

کیست آورده چو من بر سر تو دست نیاز

کیست کو را نظری هست بآغوش تو باز
گو که من بگذرم از سوزش این راز و نیاز

خاطره آسوده کنم راه دگر سر گیرم
چهره آسوده کنم دامن تو بر گیرم

راه دیگر بسپارم که بمقصود رسم
چشم گریان کنم از راه و نظر بر گیرم

قادرم بر همه کس مهر برانداختنم
قادرم چون تو بپای دگری ساختنم
قادرم چون تو گزینم گلی از باغ دگر
بره او دل و دین و سر خود باختنم

پرده بردار و بگو رهزن چشم تو کجاست

پرده بردار و بگو کیست که اندر ره ماست

پرده بردار و بگو راست که محبوب کیُ

راست برگوی که مهر من دیوانه خطاست

گوی بر من باُمیدی که نشستی بجاست

گوی بر من که دگر کس بره من پیداست

گوی بگذار دل و دیده که این آب نماست

پرده بردار و بگو قاتل مهرم بکجاست

تو که مرموزی و عقلم سر راهت نرسد
میروم دیگر از این شهر که پایت نرسد
سر ببالین غم و دیده بدامان گناه
وای بر من که بجز وصف تو رایت نرسد

گفتم آغشته بخون دیدهٔ غمدیده کنم
شاید آسوده ترا از این دل رنجیده کنم
فارغ از من شوی و مهر بیاران ورزی
میروم ترک دل و جان ستمدیده کنم

میروم باش برای دگران غمخواری
قهقهه خنده بزن باز بهر ناکس و کس

میروم خنده بزن باز بهر کهساری
تو بمان باز برای دگران دلداری

۳۴/۵/۵

حُسن فروش

این ماه نشان از مهٔ رُخسار که دارد
این حُسن فروشی بخریدار که دارد

دل می برد آن طرّهٔ زُلفان پریشان
می پُرسی که این گرمی بازار که دارد

این آتش سوزنده و آن آهِ دل افروز
از آتش پُرسوزش بیمار که دارد

با زلف سیه جلوهٔ مهتاب ربوده است
این تاری مُبهم ز شب تار که دارد

با پیچش چشمان چه نموده ست خدایا

با جادوی خود منبع اسرار که دارد

ای سرو ندانم که درین لعبت طناز

زیبائی و آن قامت و گفتار که دارد

طاوس صفت راه بمرغان بریده است

این مرغ ندانم ره و رفتار که دارد

میگفت که من آیت زیبائی دهرم

من در عجبم گفته و اقرار که دارد

فهمی به جهان غیر تو بسیار گذشته است

لیکن چو دل زار تو دلدار که دارد

تشبیه من

تشبیه من

وه چه تشبیهی بسازم ماه شد تشبیه من
تا برت دود دل آرم آه شد تشبیه من

بسکه خوبی خود ندانم با چه تشبیهت کنم
روشنی بخش دلی، پس ماه شد تشبیه من

بوسه‌ی شیرین و شیوا از لبان دادی مرا
تا فرو رفتم بزاری آه شد تشبیه من

بر سرم تا سایه افکندی ندانستم که گفت
یاورم بودی تو والله شد تشبیه من

خرمن عشقت گهی سبز و گهی زرد است لیک
خود نمیدانم چگویم، کاه شد تشبیه من

فهمی دلخسته دیگر زاری و شیون چرا
تا که در زلف سیه اکراه شد تشبیه من

باور

از دل پُر درد من هر دم نوای ناله خیزد

وز دو چشم خونفشانم چون مه دی ژاله ریزد

اشک من آشوب من شور بُکُن شاخ امیدم

بو که بعد از مرگ من از خاک عشقم لاله خیزد

مردمان امروز مستند وز مان نوشیده جامی

از محبت وز دوستی کی بجا مانده ست نامی

جمله مأیوسند و مفتون جمله محزونند و دلخون

گسترانیدند از بس در ره دلداده دامی

تیر مژگانم چو زوبین پلک من آزار داده

پلک چشم چادری بر بستر بیمار داده

چشم من خفته است از دیدار مهرویان ولیکن

گفتگوهای رقیبم در دو چشمم خار داده

گفته بودم راست باشم صورت زیبا نبینم

شاخه ای از خرمن گلهای بستانها نچینم

صورتی جز چهر او، نامی بجز نامش نپویم

تا ابد بر پای دلدارم بسوز دل نشینم

آه از من آه از من راستی باور ندارد

آه از من آه از من ایده ام یاور ندارد

۱۹۸۱

اشتباه

این شعر داستانی است که نشان میدهد چگونه قلبها بر بنای قلبی دیگر میشکفند

و بیشتر اوقات اشتباهی بیش نیست

اشتباه

روزی ترا در معبری دیدم که تنها میروی

سنگین و تند و باحیا، خندان و رعنا میروی

آمد بخاطر تا مگر گیرم بمعبر راه تو

گویم من و قلب و سرم هستیم خاطرخواه تو

گویم که من میخواهمت، دلخون شدم از روی تو

سرگشته مست و میکشم هر لحظه یاد کوی تو

گویم که به به نازنین پیراهنت زیبا شده

سُرخ و شرابی و گُلی همرنگ قلب ما شده

گُویم خریدی گُل بخر، امّا گُل سینا چرا

مینای من عاشق شدی بر نام خود مینا چرا

گُویم اجازت ده مرا تا خانه‌ات همره شوم

گُویم ترا از عشق خود، بر مهر تو آگه شوم

دستی بسر بُردم که تا مو را مرتّب تر کُنم

آنگه نظر بر کفشها تا گَردشان کمتر کُنم

سُرعت گرفتم در رهش تا بگذرم از پهلویش

هر لحظه قلبم در طپش هر دم نگاه من سویش

نیرو ز پایم رفته و قلبم چو دریا می‌طپد

تنها همی دانم که جان دنبال یارم می‌دود

ناگه رسیدم در برش بعد از کمی گفت و شنود

او گفت و من گفتم ولی سیمای محبوبم نبود

سالیست من در اشتباه هردم بدنبال گلی

هر صبح در اندیشه‌ئی هر عصر گرد سنبلی

۹،۸،۳۲

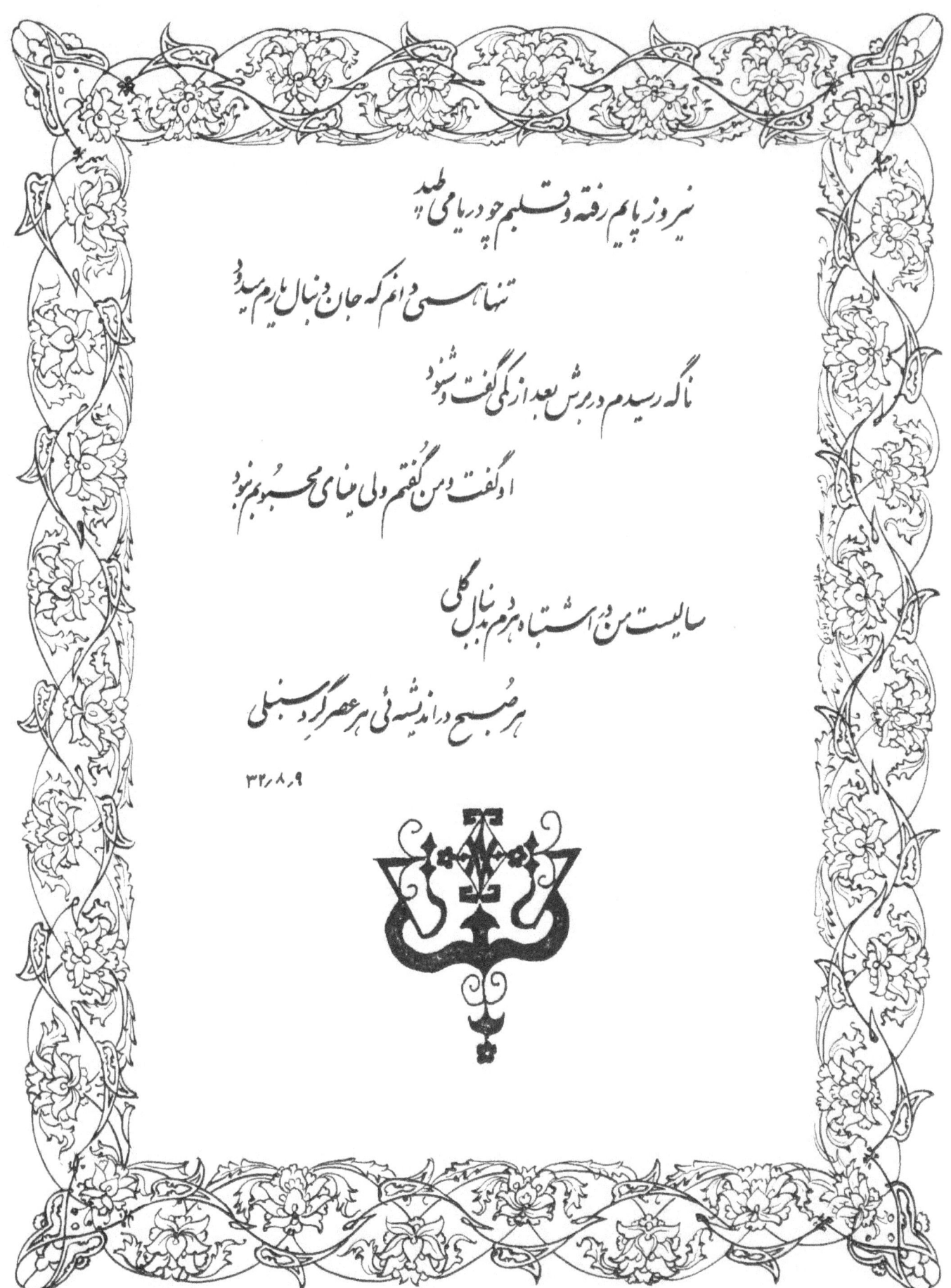

حسرت

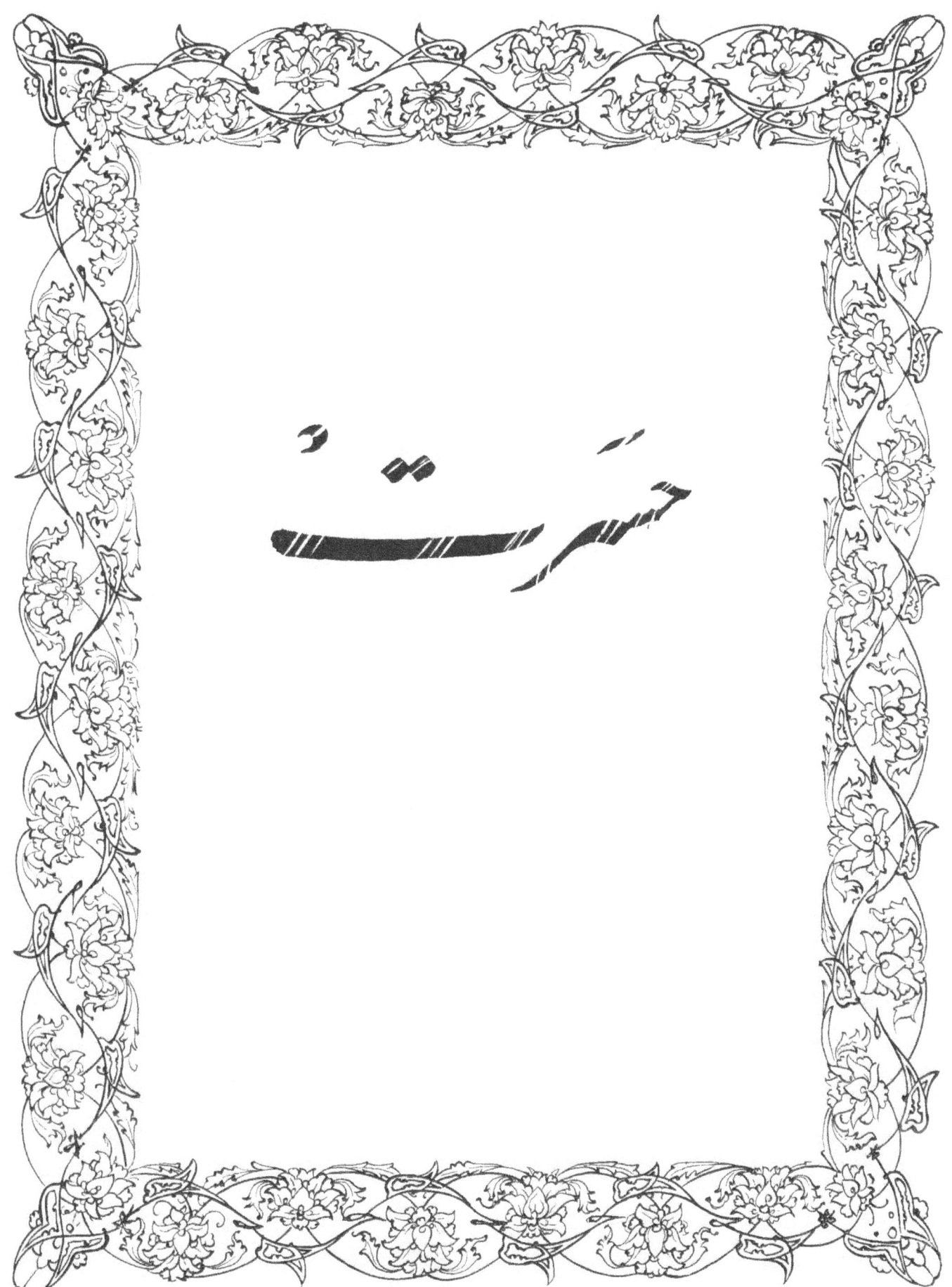

حسرت

کاشکی شاهد و شمع و شب تارم بودی
مونس خاطر غمدیده و زارم بودی

موی چون زنگی و لب شکّر و دندان چو صدف
مژه چون نیزه به چشمان خمارم بودی

قامت کینه نگاهت غم و رخساره گناه
وای بر من که بر این طعمه چه کارم بودی

دوست نامحرم و دشمن هم از اینکار خبر
محرم راز فقط پنجره تارم بودی

گفتم ای ناله که میسوزی و خاموش نباش
کاش با ناله تو او به کنارم بودی

گفت دشمن که ترا خوار نمودیم و خوشیم

دوست خندید بگفتم که تو یارم بودی

دام گستردی و خوش رفتی و افسوس که من

کی درین مهلکه زین بعد قرارم بودی

شکوه سر دادی و گفتی که فرار از که کنم

گفتم از دست تو باشد که فرارم بودی

همه گویند ندارم اثر از مهر و وفا

تو چه دانی همه را دیده ز کارم بودی

نوش بودی و چنان نیش بجانم شدی

خاطرت جمع تو تنها گل و خارم بودی

حسرت مهر و وفا را نچشیدی بتمام

ورنه امروز چو آزاده کنارم بودی

تهران ۲۲، ۹، ۳۳

نیمه شب

نیمه شب

شبی راه و گذارم راه او شد
دل گم گشته ام در چه فرو شد

دل دلداده ام آکنده از عشق
بدنبال غزالی بور مو شد

اطاقش گرم و تاریک و مصفا
ولی یارم به بستر خفته تنها

کنار بستر او ایستادم
تو گوئی پای من افتاده از پا

سیاهی شب از مشکین نگاهش
چو پنهان بود از دیدار بازم
فشردم چشم و مژگان باز کردم
که تا بینم دمی چشمان نازم

چه گویم با گل مغروق در خواب
وفا و عشق من بر آب رفته

گل مژگان سیاهم خواب رفته
دل در پیچ و تابم تاب رفته

چو اندوهم بتاریکی سر آمد
غبار حسرتم بر پیکر آمد

نگه کردم به سیمای لطیفش
نگاهی کز نگه‌ها برتر آمد

عذار و صورتش سیماب دیدم
خداوندا مگر من خواب دیدم

نرمی پیکرش سنجاب و قاقم
همه گیسو چو زرناب دیدم

دمی غلطید در جانش مرادم
چو افتاد و دیگر رفت یادم

نمی‌دانم چگویم شرح این راز
فقط دانم که از بهر تو زادم

نگه افتاد بر ساق بلورش
بر آن ساق و سُرین و موی بورش

همه اسرار هستی فاش گشته
خدایا چشم بد بادا بدورش

ملایم روی بستر آرمیدم
کنار بسترش خود را کشیدم

نمیدانم دگر بعد از لمیدن
چه کردم یا چه گفتم یا چه دیدم

بآغوش بتی افسونگر آنشب
فتادم مست و مخمور و پریشان

در آغوشش بخواب ناز رفتم
تو گوئی بستری چون موج لرزان

نهفتم لب بلبهای ظریفش
میان بازوانی گرم و زیبا

نخفتم لحظه‌ای بیدار ماندم
که تا بیدار گردم یار رعنا

خداوندا گنه کارم تو دیدی
سخنهای من و او را شنیدی

ندانستم چه کردم لیک دانم
خداوندا تو او را آفریدی

تهران ۲۵،۸،۳۳

مُستمند

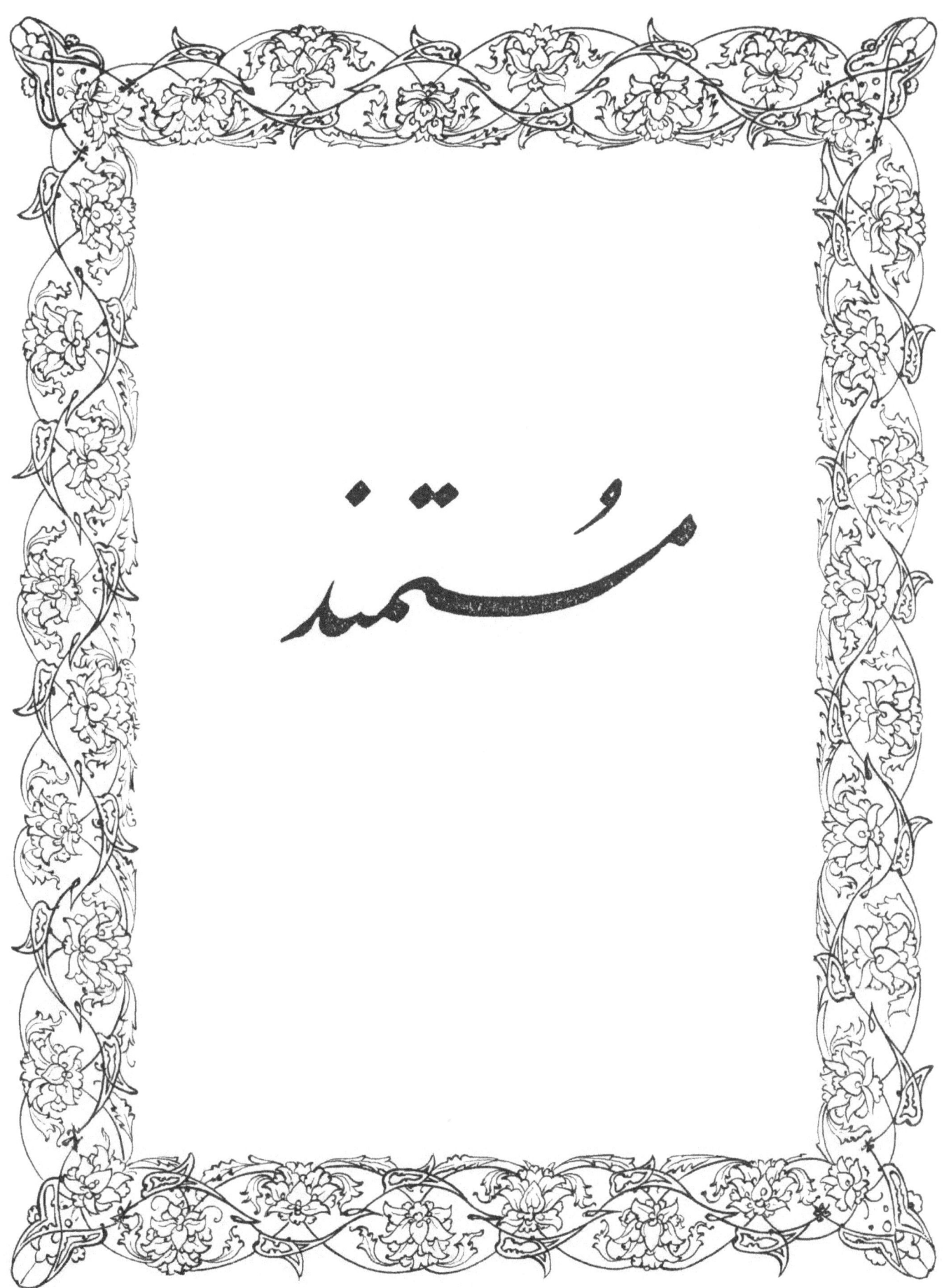

به حضور مستمندان که رساند این دعا را

که بجرم مستمندی نخوری فریب دارا

تو ز شیخ شهر هرگز ننموده ای سؤالی

که چرا نکرده اجرا ره و حکم انبیاء را

به تو مستمند هرگز نرسیده بیت و مالی

که ز بیت و مال مردم نرسد ترا دوا را

به دمشق ره نداری نه بمکه و مدینه

ره شیعه بسته گشته ز نجف ز کربلا را

زن و دخترت فکندند به سر سیاه جامه

همه عقد شیخ در مال و چنین بود نسا را

تو همان غلام بودی و همان غلام هستی

که به نام تو چه ثروت که رسیده ناخدا را

تو شدی فدای دولت نه فدای ملّت ما

به بهشت ره نداری چکنی ره رضا را

بخدا قسم که جانت ز کفت برفت و دانی

که رئیس فرقه بسته سخن تو بینوا را

تو بگو سخن نگویم بزبان که حاضرم من

تو بگو که نشنوم من همه نغمه خدا را

تو بگو که ره پیما و دو دست خویش بربند

همه را قبول دارم همه را کنم من اجرا

ولی ار بمن بگوئی که ز عقل دیده برکن

نتوانم آن پذیرم ز تو و ز عرش اعلا

ره شیخ راه حق نیست ره دل شیاطین

بخدا پناه بر تا بردت ز دل بلا را

۱۹۸۳ آمریکا

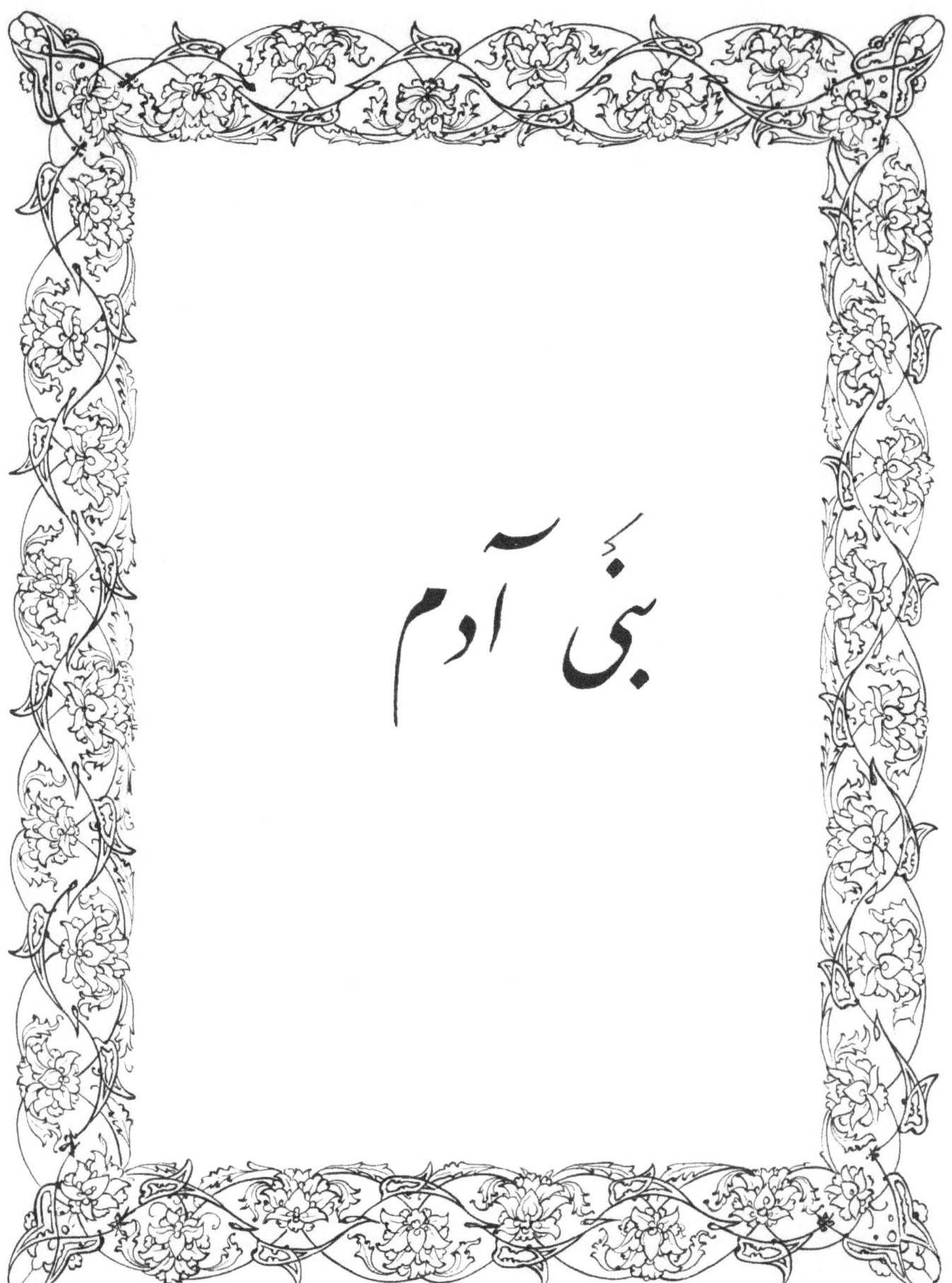

بنیٔ آدم

بنی آدم

کسانیکه با دانش و زیورند　　مزین بآئین پر بها گوهرند

مسلّم بدین نکته واقفند　　بنی آدم اعضای یکدیگرند

که در آفرینش ز یک گوهرند

چو گردون کند تیره بر مرد کار　　و یا کار مردان شود سخت زار

یقین است و جز این نباید شمار　　چو عضوی بدرد آورد روزگار

دگر عضوها را نماند قرار

مرا دیدن ناخوش شادمی　　کند سخت بسیار در عالمی

توان گفت با لحن زیر و بمی　　تو کز محنت دیگران بیغمی

نشاید که نامت نهند آدمی

مقیاس

فرامش بکنیم وجد و سرور و شادی دیرین
چو با تهنافته بینیم، بکنیم بر خویش صد نفرین
یکی نازد به سیم و زر که اندر سیم پیچد بر
کلاه و زین مرکوبش شود از سر پا زرین
یکی اندر ثنای دیگران کرده فنا خامه
یکی نانی بلب دارد که جوعش را دهد تسکین
یکی نادان تن دارد لباس از جامه شاهان
یکی او عاقلست و تن نموده جامه چرکین
سیه گردان خدایا صافی و پاکی ما مردم
که هم از صافی و پاکی گذشتیم و هم از این

نمیدانیم کاین ثروت ملالت دارد و نکبت

نمیدانیم کاین ثروت نموده مردمان ننگین

نمیدانی بدان جاه و مقام و منزلت اینجا

سبب شد صد هزاران جنگهای مدهش و خونین

نمیدانی که از آئین و دین برگشته راه ما

شده محکمتر اکنون از حصار و باروی سنگین

ز نوش جاه و مال و عیش رنگین تر شده سفره

چرا، زیرا که اندر این بود شهدی بسی شیرین

چو اندر کشوری از سر بپا بدبخت خوابیده

چه امیدی که از جائی شود جائی همی تأمین

چه امیدی که مردم در طمع دوزند چشم خود

چه امیدی که بیگانه شود در کار ما بدبین

چه امیدی که مشعلدار آزادی شود ظالم

چه امیدی که پرچمدار دینداری شود بیدین

چه امیدی که بوی نفرت از مردم شود ظاهر

به خوب و زشت و زیبا و لعین خوانند صد نفرین

چو رأس مردم نادان بود نادانتر از آنها

ز شاگرد آنچه خواهی از معلم خواه بی تمکین

خدا را میکنم قاضی که جز او نیست کس عادل

خدا را میکنم منصف که او راهست قهر آئین

بشهری کاندراو قمری بترسد از نوا دادن

بشهری کاندراو ترسد به گل بلبل کند تحسین

بشهری کاندراو حیوان بُد دشواری غذا دادن

چه امیدی که انسانش گرسنه‌تر شود از این

روا باشد که آگه سازی از اندوه مردم را

روا باشد که گویی دزد، دزد ست و گدا مسکین

۳/۴/۳۰ - طهران

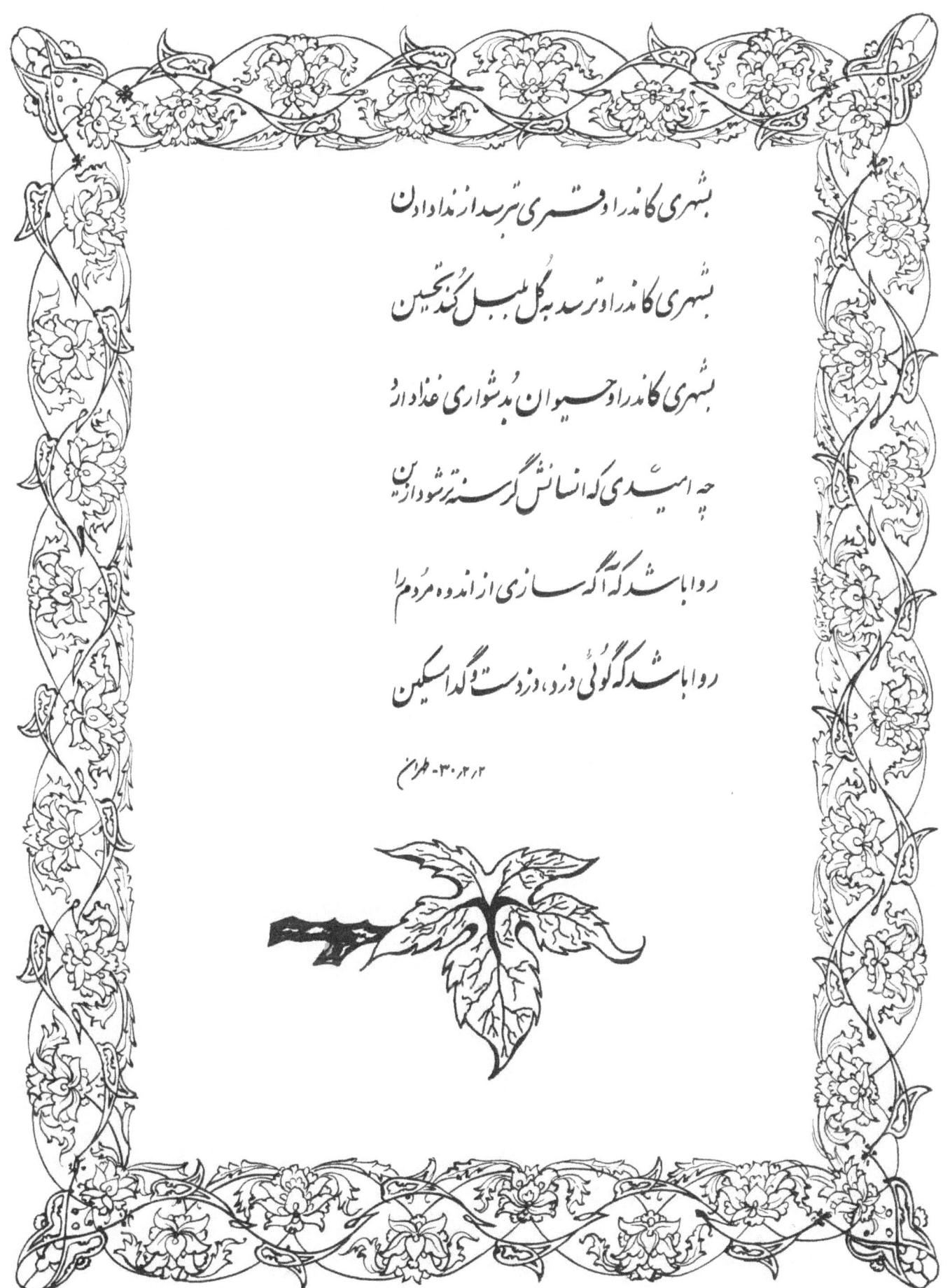

کشتی آرزو

کشتی آرزو

غریق فکر به بستر درون شدم دیشب
گرفت دیدهٔ من آرزوی گونه و لب

صدای نالهٔ نی از شه گاه مینالید
که من بخواب شدم لیک چشم جان میدید

که من درون بلم در میان آب زلال
بفکرتم چه کند دل کجا رود آمال

بلم خزید بدریای سهمگین جنوب
مرا غزالی اگر در کنار بود چه خوب

صدای موج چه خوش میزدم طنین در گوش

شنیده می شد با نغمه دل خاموش

کمان هاله ماه و کمند زلف نگار

چه میکنند بحال پریش و فگار

به آسمان چو نگریم آب خنده کنم

که در بهار نهالی ز عشق زنده کنم

کنون که آب بمن من به آب میبالم

بآب و نور چو یک زرناب میبالم

خدای من همه آشوب در نگاه من است

ولی چه سود کنون این نگه گناه من است

بیک نگاه شدی رام من هنوز از نگار

کجا شدند و کجا شد نگاه آتشبار

بیک نگاه من آرزو ز صد غزاله مست

بدام بود ولی جملگی شدند ز دست

نهال عشق بقلبم نشست و بار نداد

ثمر نداد، چو آن را بمن بهار نداد

همیشه نیست که فصل نشاندن گلها

چنانچه نیست بویرانه جای بلبلها

خدا که پرده اسرار چشم زارم بود

نگاه روشن من شمع انتظارم بود

کنون که نیمشب است و هوا کمی روشن

بیا به کشتی و بر آتشم بزن دامن

بیا بیا که دگر چشم انتظارم خست

حدیث عشق مرا میبرند دست بدست

بیا بیا که تو محبوب بودی و محزون

که می تپید دلم در کنار جوی خون

بنور ماه رخ مهوشت نمایان کن

دل رسیده ام از این وصل شادان کن

بنور ماه لباست گرفته برق طلا

که نقره فام رخت با طلا شود اعلا

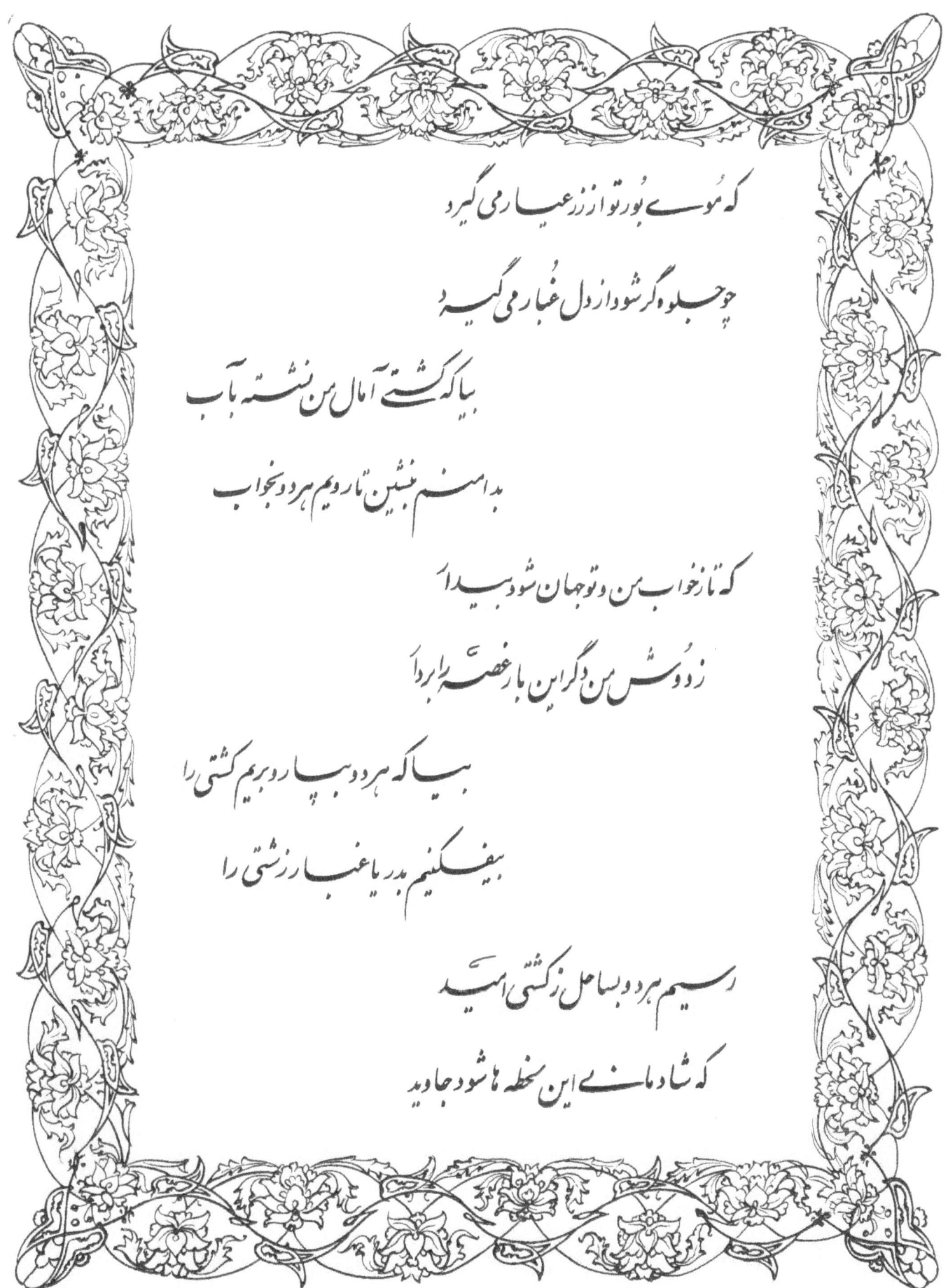

که موی بور تو از زر عیار می‌گیرد

چو جلوه‌گر شود از دل غبار می‌گیرد

بیا که گشته آمال من نشسته بآب

بدامنم بنشین تا رویم هر دو بخواب

که تا ز خواب من و تو جهان شود بیدار

ز دوش من دگر این بار غصه را بردار

بیا که هر دو بپا رو بریم کشتی را

بیفکنیم بدریا غبار زشتی را

رسیم هر دو بساحل ز کشتی امید

که شادمانی این لحظه‌ها شود جاوید

بریم همه و شکایت به بحر از آمال

که زندگانی دنیا بسی است رنج و ملال

بیا بکشتی من، راه راست میپویم

خداه گواه، دلت هرچه خواست می‌جویم

چو ناله‌ام همه افسون شد از زمین و زمان

ز دور دخترکی خوش نمود چهره عیان

رسید دلبرم از ساحل و بکشتی شد

دلم دوباره بسنگر غبار و زشتی شد

چو صدق ناله و فریاد رفت از یادم

کمند او بکف و دل به چشمکش دادم

بگردنش بزدم دست و بعد بوس و کنار

که صبح بود و کسی گفت تا شوم بیدار

چو چشم بسته گشودم نبود کشتی و آب

نبود آنچه گذشت از برم بغیر از خواب

صدای ناله نی باز آمدم در گوش

همان صدای که هوشم ربود از کف دوش

۲/۶/۳۱ - طهران

نیایش مادر

دیگر فرهنگ‌ها نیز احترام پدر و مادر را نگاه داشته‌اند ولی پس از آن از دیدگاه خود

پیشینیان شور و حسی مخصوص دارد و این اشعار گواه آن است

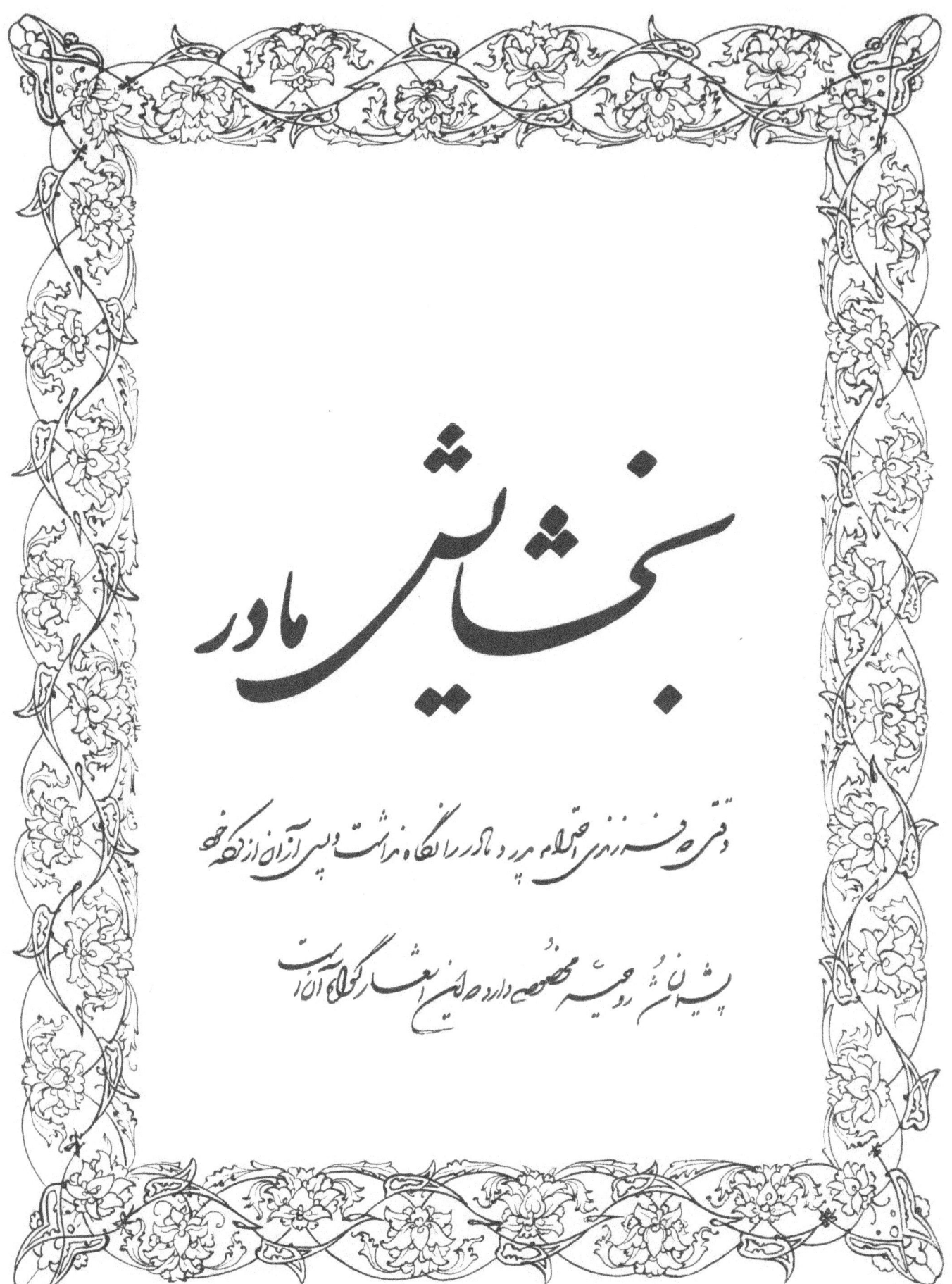

بخشایش مادر

یک روز که بود آسمان تار

از خانه برون شدم پی کار

دیدم پسری غمین و نالان

بنشسته بگوشه خیابان

اشکش ز بصر فتاده پائین

قلبش ز جهان گرفته صد کین

رفتم به جلو نمودم اظهار

گفتم که ز غصه پرده بردار

اشکت ز چه روشده سرازیر

قلبت ز جهان چرا شده سیر

گفتا که صباح روز پیشین

از مادر خود شدم چو غمگین

او را به خطا ز پای بستم

گیسوش کشیدم و گسستم

مادر چو بدید حالتم گفت

ای میوهٔ دل گلشنم آشفت

الحق که چه لطف ما نمودی

تو حق مرا ادا نمودی

احسنت بتو، یگانه اولاد

من چون بشنیدم این حکایت از کار تو سخت گشته ام شاد

از خانه برون شدم به خجلت

از کرده خود شدم پشیمان

با گریه و داد و آه و افغان

روز دوم است کز ز ذلت

در خانه نرفتم از خجالت

این علت و حال دیدگان است

کز شیوهٔ مهر مادران است

باشد که کسی دهد نویدم

بخشایش مادرم امیدم

این شعر ترجمه‌ای از یک داستان انگلیسی است

فقیر و دیو

یکی مرد بیچارهٔ دربدر
گدائی همی‌کرد در کوی و بر

بدوش اندرش آسمان بد لحاف
زمین بالشی بود در زیر سر

هزاران خدایا طلب داشت او
نبودش جز آهی سیهگون ثمر

همی‌گفت کای مردم زر طلب
مرا نیست در دست سیمی و زر

مگر زاده آدمی نیستم
که بر قتل من بسته باشد کمر

یکی گفتش ای دربدر پیش آی
منم جن ترا می‌شوم راهبر

بنه کیسه خویش بر دست من
که تا پر کنم آن ز سیم و زر

گدای طمعکاری تجربه | طمع کرد و بنمود بر او نظر

که از سیم و زر پُر نما کیسه ام | که ما را نباشد جُز آهی ثمر

جوان گفت این کیسه را پارگی است | چو ریزد زمین زر شود خاک بر

طمعکار گفتا بریز آنچه هست | نخواهم که ریزم بدور این گهر

جوان ریخت تا رفت از کیسه جان | زمین ریختن خاک گشتن همان

وزد در محشر

این داستان ترجمه ای از یک داستان خارجی است به زبانهای گوناگون

نوشته شده و لکن بصورت شعر تقدیم میشود

دُزد در محشر

دوش در خواب بدیدم محشر

محشر آن بُود نه این محشر شر

محشری بُود و هزاران ز دروغ

جمع گردیده به هم کرده شُلوغ

در کناری دگری بُود بهشت

آفرین باد بر آن آنکه سرشت

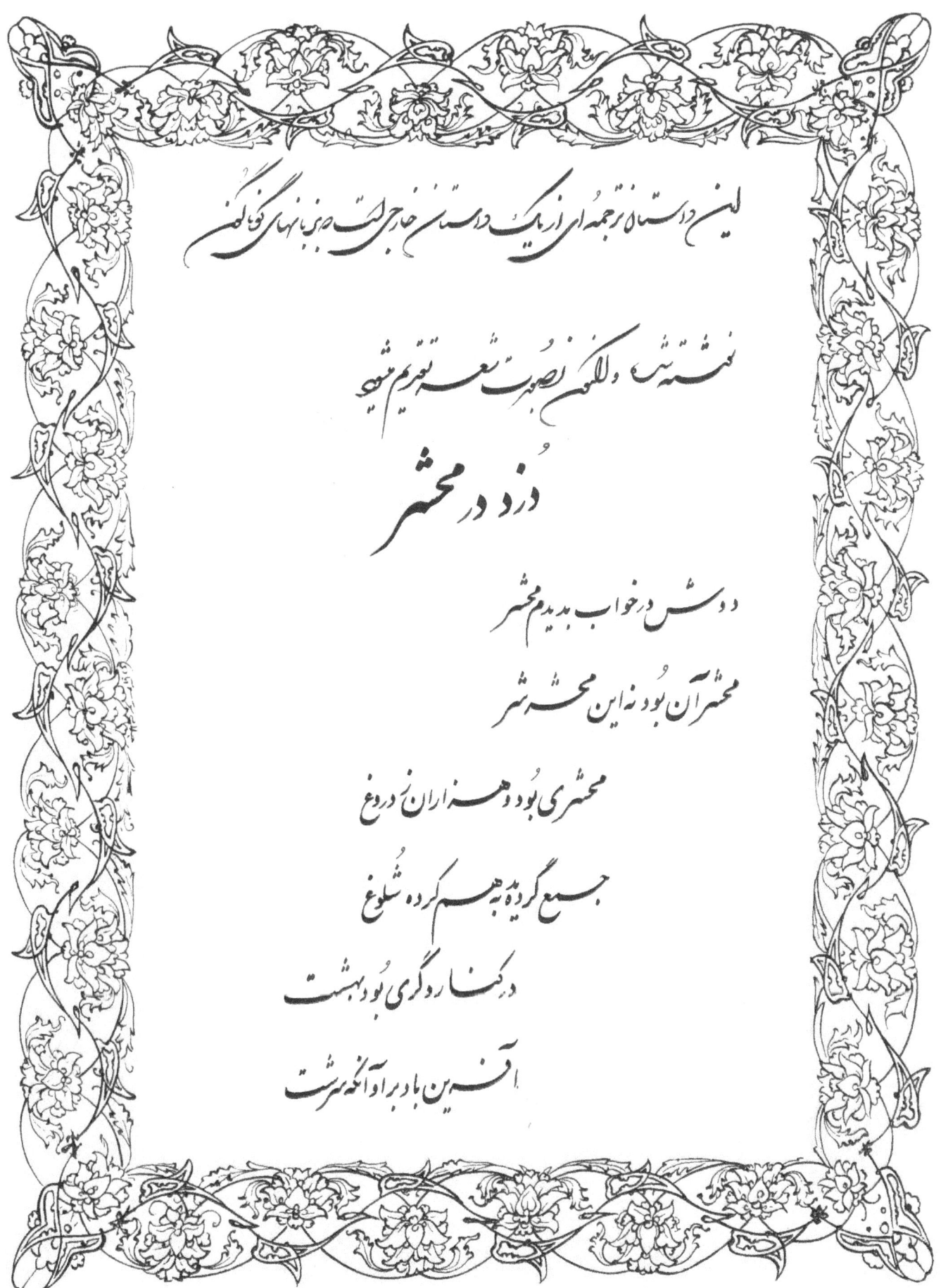

در کنار دگری دوزخ بود

دوزخی زآتش چون برزخ بود

که ز نورش همه محشر حق

گوییا برف شده یا ابلق

جوجه ای چهره سیه در یک سو

ایستاده به سیه از پا انبوه

دسته ئی دیگر خوش خلق و حمید

با سر و صورت و موهای سپید

ناکسان را همه فریاد و فغان

زآتش دوزخ و اطوار زمان

هر دمی ناله و فریاد از نار
خشمگین از خود و افتاده فگار

بین آنها دو برادر دیدم
هر یکی را دلی آذر دیدم

دستها را بهوا کرده بلند
شیون از آن دل پرخون زنند

کای خداوند کرم کرده به ما
ایندو را ز آتش خود ساز رها (خلّصنی من النّار)

در کف پای یکی دیدم کفش
دیگری کرده بپا پاره ورفش

آن برادر که همیداشت فساد

در پی دُزدی آن کفش افتاد

تا بوقتیکه بیاید ملکی

همه دو را بُرد بسوی فلکی

که در آن جا همه بُودند براه

راه سختی بدل درد و گناه

ناگهان کفش سیه را برُبود

آن برادر که پی دُزدی بود

همه دو را سُوی جهنّم برُدند

نار و آذر چو غذا می خوردند

گفتم آنگو نشود راست همان

هم سوگند به هستی زمان والعصر ان الانسان لفی خسر

نیش عقرب نبود از غرضی

عادتی کرده، و دارد مرضی

مرضی دارد و بی درمان است

اینهم از خاصیت انسان است

پس بدرگاه خدا توبه کنیم

آنچه کردیم دگر آن نکنیم

بهار

بهار

طرف چمن پُر از گُل از لاله وز سُنبل   هر لاله خورده داغی پروانه در چپاول

نیش ظریف کرده اندر کلاله گُل

ببین بروی درخت تقّه زیبای ناک

خیری و ختمی شده دو دلبری در جهان   کاج و صنوبر چو سرو در بغل دیگران

بنفشه و یاس را زینت دست شهان

کرده جهان آفرین بر همه رُخ آنکا

تا که بفرمان او هر چه که خواهد کُند   بلبلک خوش نوا چهچهه بجد کُند

بر سر هر شاخه ای دست بغارت کند

دو پیکران وهُودش رفت و بیاید بهار

نظم زمانه بر روی هندوانه   بست ز کوه و زبحر نقشه محرمانه

با قلم صنع او خامه هنر زمانه

زده خط استوا بر روی نصف النهار

سیب و آن تاک سبز شاخ آویخته   سیل از آن کوهها بدره‌ها ریخته

ناف ظریف ختن بمشک آمیخته

مکن تو حیرت ازین جهان چون لاله

عاشق اینهاستم بسته بدنیاستم   رسته زغمهاستم چشم بدرهاستم

شاهد لطف خدا ترش پرپاستم

خواهم ازین پس شوم حامد پروردگار

بیگانه

شب است و در هواپیما نشسته ماه من خندان

به ماه آسمان خندد که می‌بیند مرا اینسان

به پشت ابر پنهان شد مه اندر آسمان اما

نمی‌داند که ماه من شده همخوابهٔ شیطان

که اندر آسمان داند که می‌خندد غزال من

که می‌داند امشب ماهتابم می‌شود پنهان

برو بیگانه را بر من پسندیدی و می‌دانم

تو با بیگانه‌ای همدم تو با بیگانه‌ای شادان

من از بیگانگان چون آشنایان تو اند امروز
خبر میگیرم از یارم که تا قلبم شود تابان

نشسته در هواپیما چو یک پرنده بی غم
روی هر جا که خواهی رو ولی هجران نشد آسان

بیا لختی نشین با من میان کلبه ماتم
که از دوری تو جانا چو آتش گشته ام سوزان

اگر بار دگر یابم ترا در بستر سینه
زنم صد بوسه بر آن پیکر سنجابی عریان

جام گلگون

جام گلگون

در میخانه زدم باز ندیدم آنجا
سوی بتخانه شدم باز رسیدم آنجا

نرگس دوست بمیخانه و بتخانه نبود
که من گمشده آغاز بدیدم آنجا

باده و ساقی و ساغر همه از من مأیوس
که چرا رخت ز میخانه کشیدم آنجا

جام گلگون شراب از سر مستی میگفت
که من از عشق بدین خانه رسیدم آنجا

همه بدبختی من بر سر دل بود که من
همه شب با دل خون خفته خزیدم آنجا

چشم اسب تنگ تاخت مرا در جا
صبح بیدار من از خواب پریدم آنجا

خانه میخانه و ما در خم مستی مدهوش
غم بد امانم و یکباره خمیدم آنجا

عاقبت نرگس دلدار بمسجد دیدم
وه که از دست دلم باز رهیدم آنجا

گفتم ای یار تو و مسجد و ما وای خدا
گفت از خانه تاریک جهیدم آنجا

دیگر از مستی دمی گفته فرو بند که من
یار میخانه ام و رخت کشیدم زآنجا

بی جان

قامت را بمثل سرو گلستان خواندم | چشم جادوی ترا شمع شبستان خواندم

لب و دندان تو چون غنچه و سوسن دیدم | روی زیبای ترا اختر تابان خواندم

زلف مشکین ترا صف شکن نافه چین | رخ رخشان ترا جلوه رضوان خواندم

روی رضوان ترا جای گنه کار چه بود | زچه رو مسکن شیطان بگلستان خواندم

از وفای تو به نزدیک رقیبان حسود | هر چه آمد بزبانم همه شایان خواندم

لیکن از لعل لبت هیچ بپایی نرسد | گوییا اینهمه تمجید به بیجان خواندم

فتحی از جور رقیبان چه کنی شکوه که دوست | حق صحبت نکند حفظ چو آنسان خواندم

۲۷/۱۰/۲۸

تهران

بوسهٔ مرگ

بوسه مرگ

گفتم بیار خویش بیا در کنار من
بُرده‌ست زندگی همه صبر و قرار من

محزون و دلشکسته به پایم نشست و گفت
مرگ است آرزو و امید و بهار من

گفتم چرا ز محفل ما میکنی فرار
گفتا ز زندگیست پیاپی فرار من

گفتم که در بهار و جوانی ز چشم مست
از مرگ کم سخن بمیان آر یار من

گفتا که از بهار و جوانی مگو سخن
بوده‌ست روز مرگ جوانی شعار من

گفتم صلاح نیست که در جمع دلبران
جائی روم که چون تو نباشد کنار من

گفتا که در میانه غوغای دلبران

از مرگ گوی تا شودت یاد زار من

گفتم سخن بسست من از مرگ دلخوشم

گفتا بیا کنار من ای گلعذار من

رفتم کنار تا که برم بوسه ئی ز لطف

گفتا دو بوسه بر ز رخ مرگبار من

اینرا بگیر مرگ مراهست یار من

۱۸/۵/۳۱

به به چه خوب

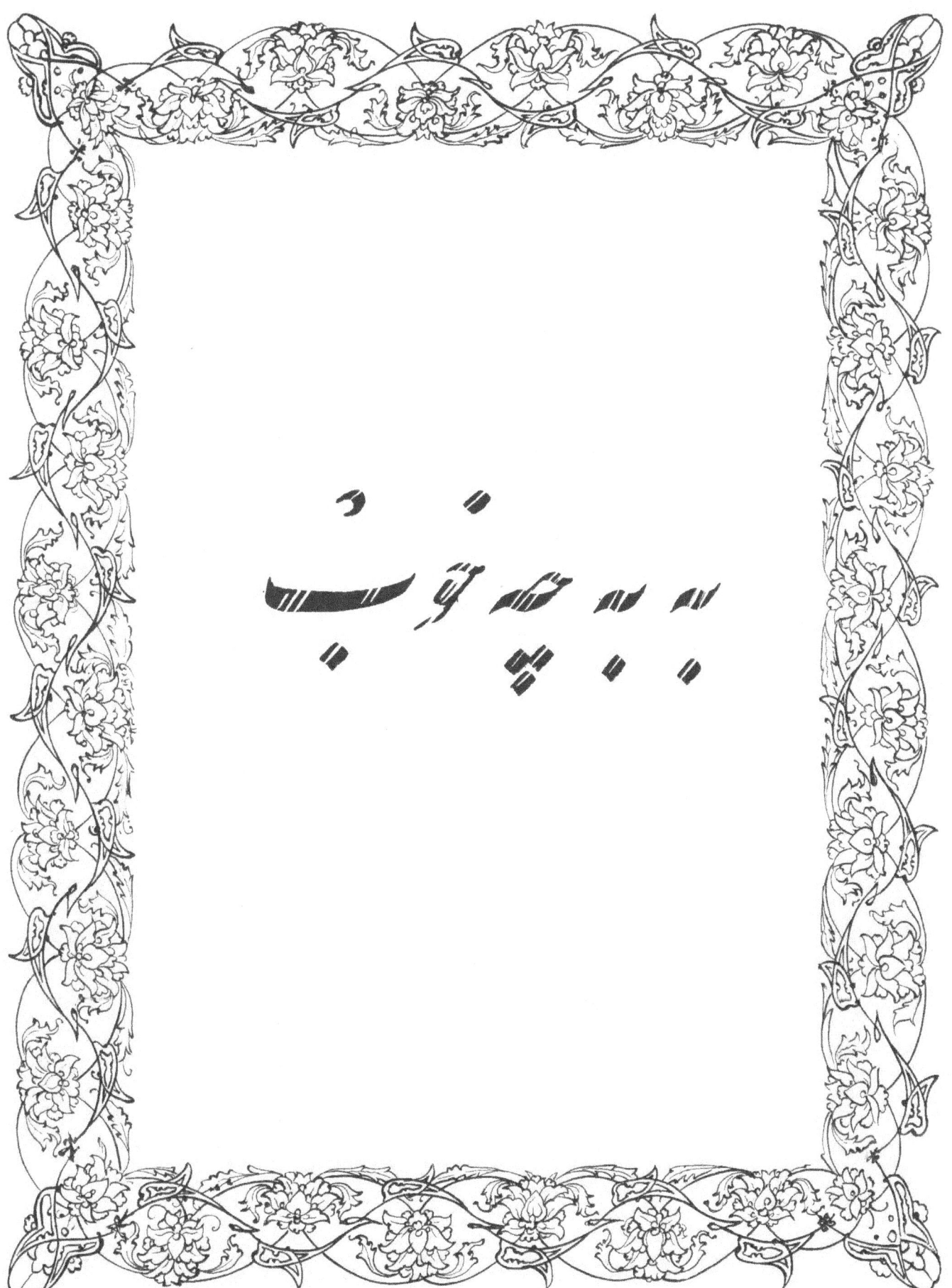

به به چه خوب

آمدی بالین ما به به چه خوب — درد دلم کردی دوا به به چه خوب

ساربانی کاروانت گر کشی — لحظه‌ئی در این سرا به به چه خوب

زنگ ایمانی اگر در گوش ما — نغمه سازی و نوا به به چه خوب

بلبلان را جمله بیدم ساختی — تا که خواندی نغمه را به به چه خوب

مرغکان آزاد کردی از قفس — گرگلی مارا رها به به چه خوب

گلشن روی تو رضوان منست — همچو رضوان خدا به به چه خوب

بر سرم نه دست زیبا و ملوس — از ره مهر و وفا به به چه خوب

یاد سیمای تو از دل دین ربود — با همه لطف و صفا به به چه خوب

گر سؤال ما روا سازی دل — چون سؤال یک گدا به به چه خوب

فقی ار دریوزگی را پیشه کرد — در بر چون اغنیا به به چه خوب

پاسخی به نامه خانم مهین بانو ملازم دوستان خوب محبوب بیگرد والا کمالش حسبه

ستایشی نیز داشت

سودا

تو حق شاعر شیرین سخن ادا کردی — تو آمدی و قدم روی چشم ما کردی

بچشم جادوی طناز و آن لب شکرین — دل رمیده ما با خود آشنا کردی

تو قدر مهر و وفا دانی آنکه میدانم — بپاکبازی دیوانه اکتفا کردی

بهر چمن که رسیدم گلی نمودم مست — چو باغبان تو گلی را ز خس جدا کردی

کلام تو سخن دوستی و مهر و وفاست — چو بلبلی که بگلبن دلی دوا کردی

بدان گل رخ و سودا لبت بنازم من — که در حریم وفا یادی از خدا کردی

خطا بود که اگر من ترا دهم آزار — بپاس آنکه در ایندم بمن وفا کردی

چراغ خموش

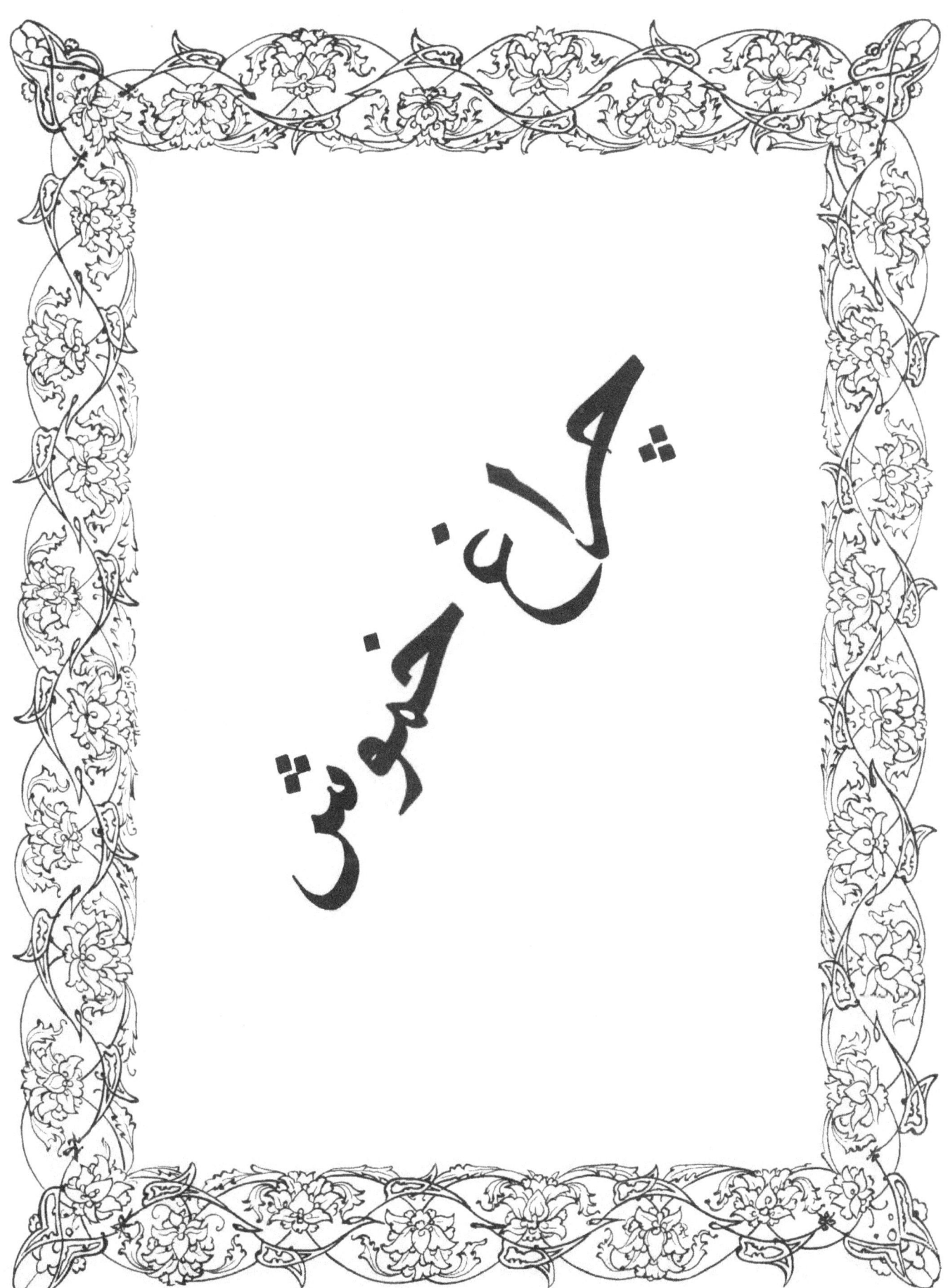

چراغ خموش

بهار عمر تو پروانه را پریشان کرد   چرا که غنچه و گل باز ناز و افغان کرد

ز شمع روشن رویت بسوخت بال امید   بسوزد آن رخ کاو جور و کین فراوان کرد

ز ساربان من بیدل چو نا امید شدم   بگفت دلبر تو خیس ز اشک دامان کرد

بگفتمش ز چه ره آمد و کجا گم شد   بگفت مهوش تو عزم راه حرمان کرد

ز ابر دیده من اشک غم فرو ریزد   فرو هلد ز دلت خون که اشکباران کرد

ز کاروان بهشت خواستم نشانی تو   جرس بگفت که معشوقه کوچ سامان کرد

چراغ عمر من آن روز شد خموش ولیک   چراغ غصه تو گوئی که دل چراغان کرد

توقعی از دل خون باز رود چشمان را   هزار شکر که دوری ز مهر یاران کرد

دیروز و امروز

دیروز، امروز

دیروز سر رهت گرفتم
گفتم که تو ماه آسمانی

خندیدی و گفتی اینچنین است
گفتم که مگر خودت ندانی

سیمای ترا من از سپیدی
مهتاب شب سیاه دانم

اندام ترا من از بلندی
در مرتبه تا به ماه دانم

با آنکه اسیر هجر بودم
جان را بسکوت میرهانم

هر لحظه بیک نگاه ساده

عشقم به ثبوت میرسانم

موی تو طلای حلقه این

انگشتر زیب پنجه من

از حسرت موی بور یارم

انگشتر من شکنجه من

چشمان تو ای چراغ راهم

محفوظ، تو از گزند مباش

گاهی نظری، نگاه گرمی

بر جان من نزار ایکاش

یک لحظه سخن چو ساز کردی

شیرینی توست بر زبانم

ترسم که اگر دوباره گوئی

چون شهد شود همه دهانم

گفتی نروم بگرد عشقت

گفتم که دل است و آرزوئی

گفتی که اگر روی چه یابی

گفتم که مگر ز تار موئی

گفتی که ز عشق دیده بردار

کاین طعمه غذای عاقلان نیست

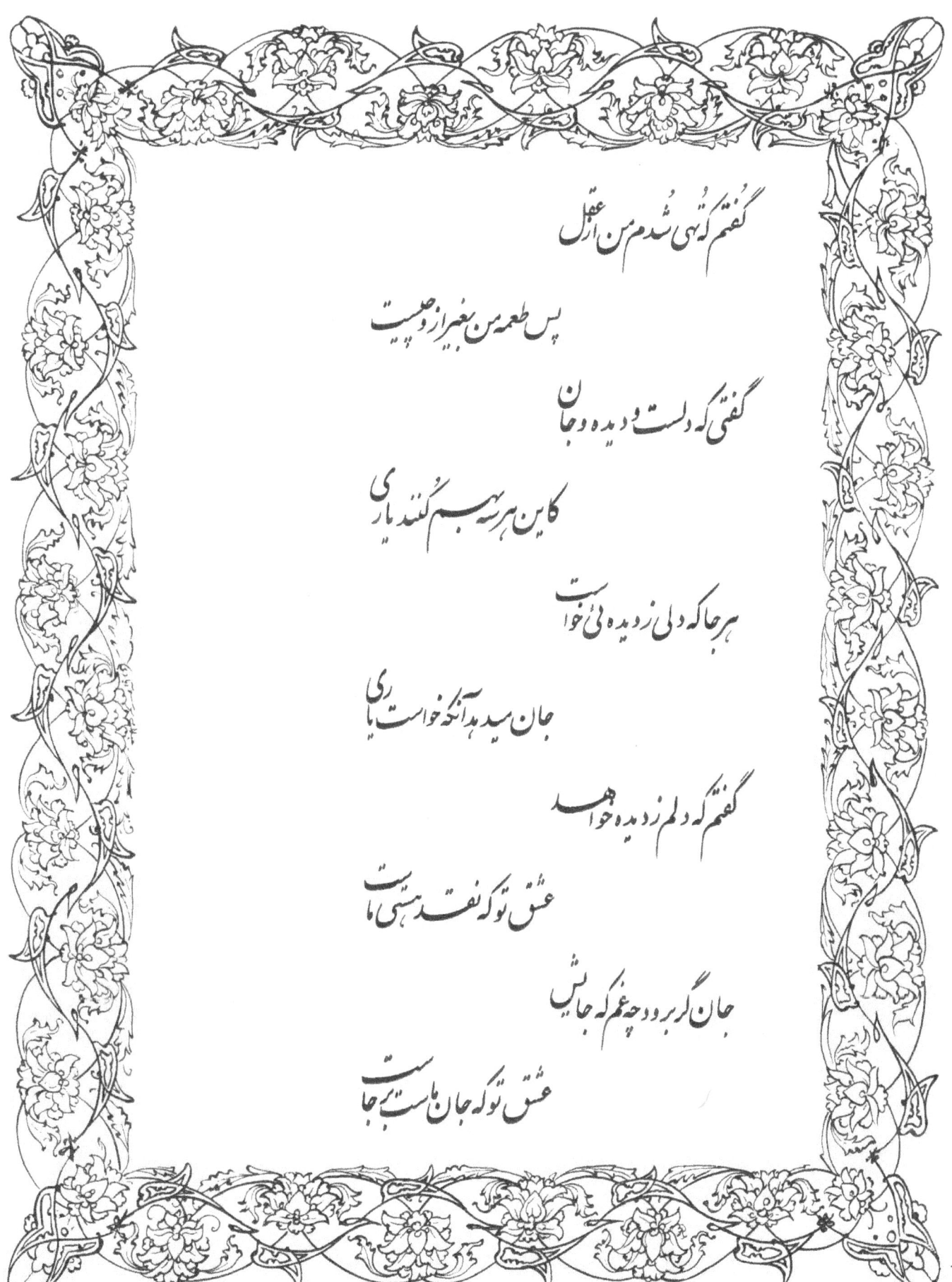

گفتم که تهی شدم من از عقل

پس طعمهٔ من بغیر از و چیست

گفتی که دلست و دیده و جان

کاین هر سه بهم کنند یاری

هر جا که دلی ز دیده ئی خواست

جان میدهد آنکه خواست یاری

گفتم که دلم ز دیده خواهد

عشق تو که نقد هستی ماست

جان گر برود چه غم که جایش

عشق تو که جان ماست بر جاست

گفتی که سر رهت نپایم

زیرا که تو آبروی داری

شاید که کسی تُرا ببیند

با من که گذر بکوی داری

گُفتم که من آبروی خود را

بر پای تو ریختم براهت

آن آبروی تو نیست از ماست

بگذار بریزد آن گناهست

رنجیدی و رفتی از بر من

در گفتهٔ من چه بُود بازآی

خندیدی و بُردی آبرویم

از صحبت من چه سود بازآی

رفتی و نگاه آتشینت

مانده‌ست بجان غمگسارم

غافل که بیک نگاه ساده

مژگان تو ماند در کنارم

گفتم که اگر به چنگم آئی

صد بوسه زنم ترا بگونه

لیکن بکجا بچنگ آئی

یابم بکجا ترا چگونه

امروز اگر به بینمت باز
عذر گنهم کنی فراموش

شب میشود و دوباره چون قبل
گیرم سر و پیکرت در آغوش

تهران

۹/۸/۳۲

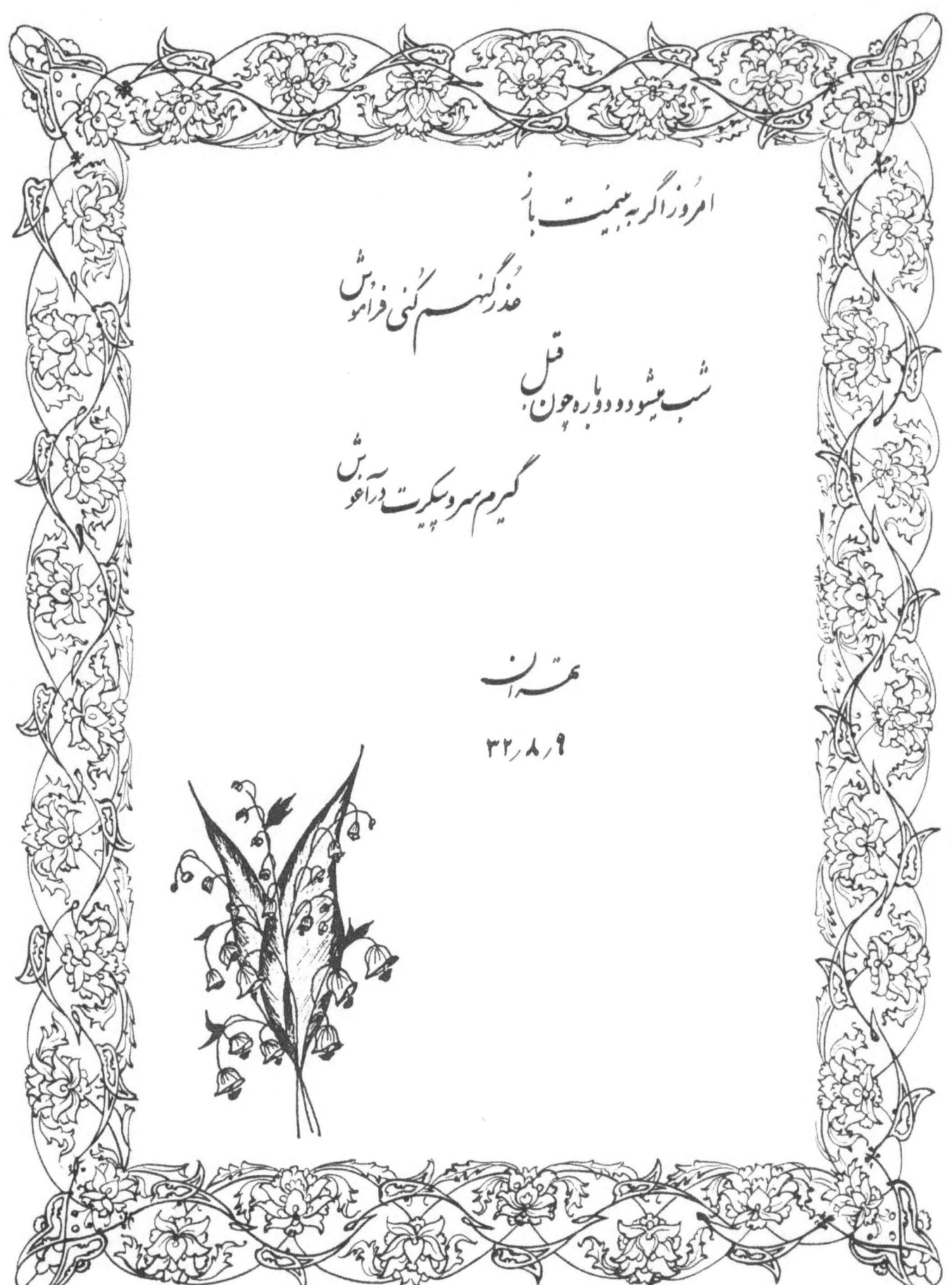

افسوس

افسوس

همدم خویش همه عمر رقیبان کردم — خاطر از رنج و تعب باز پریشان کردم

راستی کردم و هر راز بگفتم به رقیب — دوستیها که بدین گرگ فراوان کردم

راز دل گفتم و زین کار دلی خوش کردم — دامنی خشک در این آتش سوزان کردم

هرچه گفتند به خلوت بشنیدم ز آنها — هرچه گفتند مگو یکسره پنهان کردم

باز بعد از همه یاری چه زیانها دیدم — راستی مشکل چندست که آسان کردم

سوءظن بر که برم دشمن من بود چو دوست — من غافل چه وفا بود که یکسان کردم

بارها گفته‌ام و بار دگر میگویم — که ره خویش همه عمر به ایمان کردم

راز ما را همه بگذارد در آئینه دل — که من اینکار همه از بیم رقیبان کردم

۳۳/۸/۲۵

تهران

کارگر

این شعرها زمانی سروده شده حزب توده، مردم ایران را سال‌ها اغفال کرده

به‌خصوص کارگران را

در این اشعار بارها گوشزد شده که کارگران ایران بالاتر از آنست که در زیر

لوای کشوری خارجه درآید و مرام آنها شناخته شود.

کارگر

الا ای که با بخت و اقبال و فر

فرو ماند کار ار نگردی نظر

براحت همه عمر در تخت ناز

به عیش و طرب روزها سر به سر

هم آسوده بال و هم از غم تهی

هم از رنج دور و همت خوش بسر

کله باشدت دیبه رنگ رنگ

میانت ز زر بسته نیکو کمر

ترا نیست گویا خبر از فقیر

نداری ز حال ضعیفان بصر

ترا بستر خواب از خز بود

بلی خز بود لایق نامور

بزیر سرت بالش آگنده پر

خزف نیست زیر سر کارگر

نگویم که از عقل و دین کوتهی

مگر نیست غیر از تو دیگر بشر

مگر خواب راحت همی بس تو راست

و یا خواب ناید بَرِ کارگر

یکی زهر در جای شهدش بلب

یکی کام زهرش شود نیشکر

یکی در دواج پرند آرمید

یکی با تب و لرز در زیر ابر

یکی کودکش در بغل چون پری

یکی طفلش از مُضطری درگذر

بدستِ یکی پوستین پاره ای

یکی دیگرش دست در روی زر

یکی را کند آفتاب آتشین

یکی چتر دارد ببالای سر

مساوات یعنی چه؟ یعنی همین

اگر هست این تُف براین شهر شر

مگر کارگر آخر انسان نه ای

و یا نیست داور تو را از اَسر

تو مزدور زحمتکش بی لباس

تو بیچاره مُفلس رنجبر

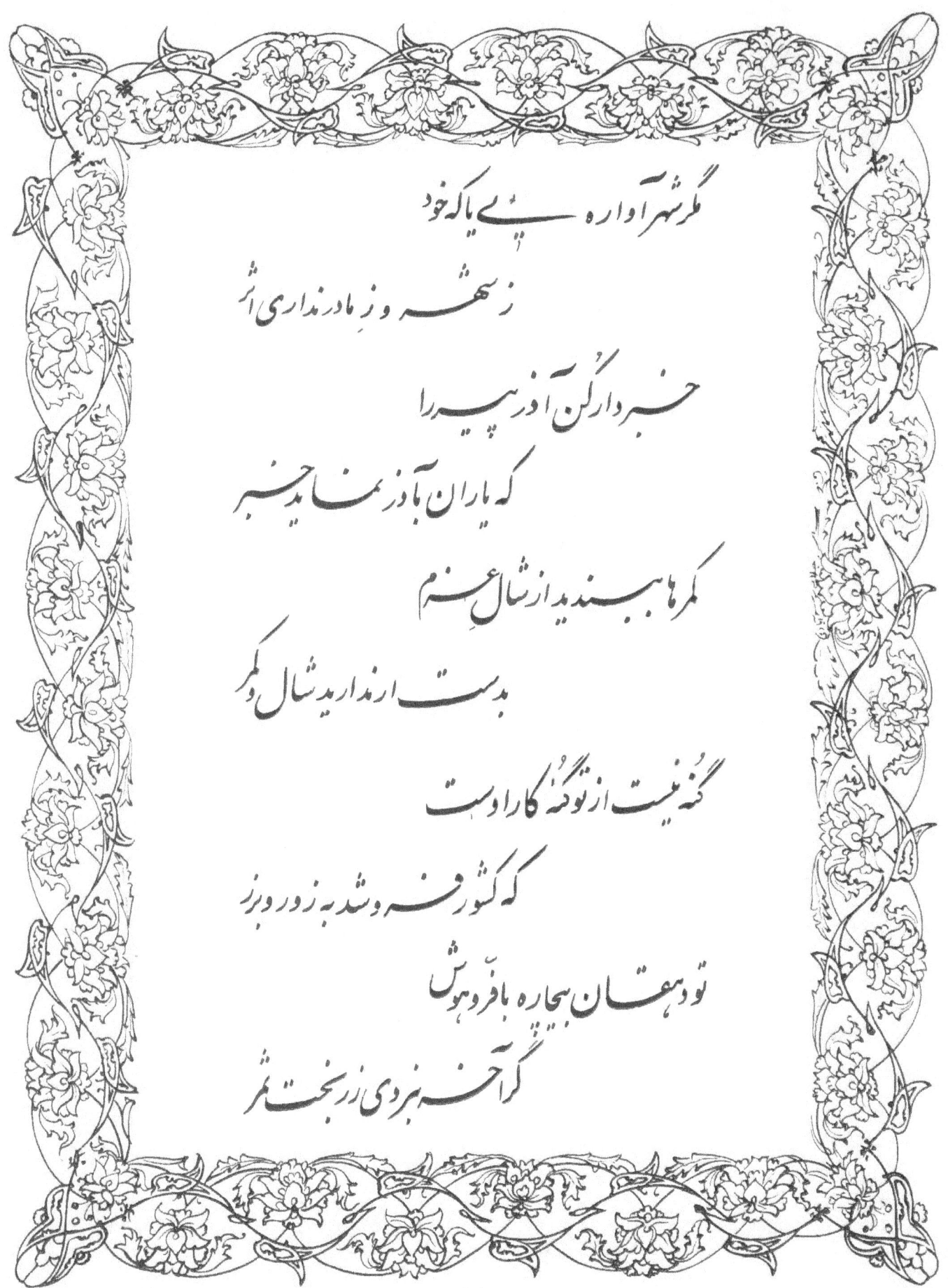

مگر شهر آواره سپی یا که خود

ز شهر و ز مادر نداری اثر

خبردار کن آذر پیر را

که یاران بآذر نماید خبر

کمرها ببندید از شال عزم

بدست ارندارید شال و کمر

گنه نیست از تو گنه کار اوست

که کشور فروشد به زور و بزر

تو دهقان بیچاره با فرّ و هوش

گر آخر نبردی ز رنجت ثمر

میالای دیگر به غم کودکت

بر این کافران ننگ باشد گهر

تو را هست داور پناهنده چون

پناهندهٔ مور از شیر نر

به فتحی که از روی رأی و خرد

بدین نظم گردیدتان راهبر

نشاید که کوته کنی پند او

اگر مهر او نیک خواهی اثر

گُل بنفشه

گل بنفشه

پنج گلبرگ برویت چه تماشا دارد
تو بنفشه چو بنفش است رخت جا دارد

در میان رخ تو خال طلایی بینیم
همچو ماهی است که بر روی تو غوغا دارد

هم گلبرگ آرایش بالای تو بود
پره زیر طلا مسکن تنها دارد

همه شامی که مه از هاله بدر می‌آید
همچو آن هاله تو صد دل شیدا دارد

پخش گردیده بهر سو چو یکی تیر شهاب

که به شب های بهاری همه ره پا دارد

زرد گر میشود آن روی چو خورشید خوش است

که چو خورشید تنی یکّه و تنها دارد

مخملی یا که ز ابریشم خوش رویائی

چه کسی مثل تو در حُسن معما دارد

همه آرای جهان هست بنام تو چه کس

چو تو اندر دل ما بهتر ازین را دارد

خواستم طعنه زنم بر تو که این عمر کمست

چند روزیست که این جلوه تماشا دارد

بلبت گوی که ماهور نوازد در جان

بر رخت گوی که با دوست مدارا دارد

ز فلوت فلک این راز عیان کن جانا

که چو فتحی چه کسی درک زلیخا دارد

باد و باران

باد و باران

این شعر ترجمه‌ای از داستانی انگلیسی است

باد و باران مشکل راه تو شد بر خانهٔ من

وای بر من وای بر من

سرد بودی خیس گردیدی میان لانهٔ من

وای بر من وای بر من

لعنتی کردم بباران تا که خیست کرد و لرزان

ناز دلها، جان جانان

باد هم دشنام بگرفت از دل دیوانهٔ من

وای بر من وای بر من

آمدی در خانه کندی لباست را سراپا

خیس بود از شانه تا پا

باد هم کُشت آن چراغ و آتش کاشانهٔ من

وای بر من وای بر من

تا که بگرفتم به بر آن پیکر عُریان صافت

زیر ظُلمت روی ماهت

باد و باران زادروی رفت از کاشانهٔ من

وای بر من وای بر من

باد را گفتم چراغ خانه را خاموش کردی

خوب کردی

ور تو باران خیس کردی دلبرم را

آه، آه، آشوب کردی

وه چه حالم خوب کردی سیرم از محبوب کردی

Angel

فرشته

فرشته

این شعر نامه‌ای است
به یک زندانی از طرف زنی نوشته شده

فرشته آسمونی
بالاتو بستند بخدا
تو زندونم اسیر شدی
چه وقت دیگه باز میتونی
پرواز کنی با اون بالا

...

اگه بالات بسته میشد
یکی روزی بازش میکرد
اما شکستند بالتو
دیگه دیگه نمیتونی

بپری باز روی هوا

...

الهی، الهی اون دستاشون خرد میشد

انگشتاشون می شکست

آه من بچیامون رو قلباشون

رو مغزاشون می نشست

زندون تو دیگه همان گورته

فرشته جون

چشمای من، چشمای من،

خونه پرنورته

نازدانه

نازدانه یکی بود و آنهم خانمی بود سراپا احساسات، هنر، معنویت فهمیدگی و لطافت و...

نازدانه

رفتی و رفت آنهمه آمال و آرزو

رفتی و رفت از گل پژمرده رنگ و بو

رفتی و رفت نرمی آن بازوان گرم

افتاده باز در دلم آهنگ گفتگو

گفتی بهر کسی که در آغوشم آمدی

بردی دوباره از من دلداده آبرو

گفتم که دامنت ز کفم رفت خوش که رفت

گفتی که حسرت دل و دامن بتار مو

شب گشت و در به خانه ببستی به روی من

من تا سحر به یاد تو و آن خجسته رد

در باغ مستیت لبم از لب نگشته سیر

همواره میکنم لب لعل تو جستجو

لبخند مهربان تو با من چها نگفت

وقتی که روی سینه فشردی مرا گلو

از دست من پیاله گرفتی ولیک من

نگذاشتم مرا که دگر بشکنی سبو

ای نازدانه نازمن از ناز کردنت

دیگر نماند در دل فرهاد گفتگو

نازنین

ای عزیزم با تو رازی دارم از بخت سیاهی
کز دو چشمان سیاهی مانده بر من اشک و آهی

خرمن گیسوی یاری آتشی افکنده بر من
آتشی افکنده بر این دامن پر از گناهی

یاوری خواهم، رساند بر حریم خانه یا
سایه می خواهم که گیرم در حریم آن پناهی

در سرم عقلی نمانده کاتش عشقم بسوزد
آتشم از سر برون افتاده در زیر کلاهی

راه بر من داد همچون راهبان در نیمه شبها

پای بر من زد چو کفشی بشکند ساق گیاهی

چشم بر لبخند نازش دوختم باور نکردم

چشم خمارش سپارد دیده ما را بچاهی

تا بَرَد از مُلک ایمان یعنی مردم نوازی

من ندارم هیچ امیدی بیک راهی گواهی

آنچه دانم نقشهٔ روی دو پیشانی فتاده

نقشی از گام نیازی نقشهٔ نقش سیاهی

شادزی تنها امیدم شادی قلب تو بوده

شادزی لیکن مکن ما را فراموش از نگاهی

نازنین بادام چشمت میوهٔ باغ امیدم

دلنشین امید عشقت وه چه امیّد تباهی

آشیان

مسلّم آنچه گفتی بود آن راز نهان من
ولی راز نهان من وداع جاودان من

ز صیّاد دم مگو دیگر که او را میشناسم من
که بیش از ربع قرنی بوده زنجیر خاندان من

به زیر بار سنگین جدائی سوختم مردم
چه صبر بی‌بها بسر آمد ز دست پیلبان من

همه بستند درب گوشها و چشمها و دل
کسی نشنید آلام من و درد نهان من

درستی آنکه باید چون رسن محکم بهم تابیم

من و او و تو و یاران خوب قهرمان من

تواضع، راستی، مذهب، وطن پیمان بگیر دگر

بدوزخ بردن صیادِ دون از آشیان من

زمین مملکت را بار دیگر در بغل گردان

فرو انداختن لامذهبان را ز آسمان من

من و تو گر بهوش آییم ازین نیرنگ غربیها

بهم پیچیم چون زنجیر ایران، جاودان من

نامه

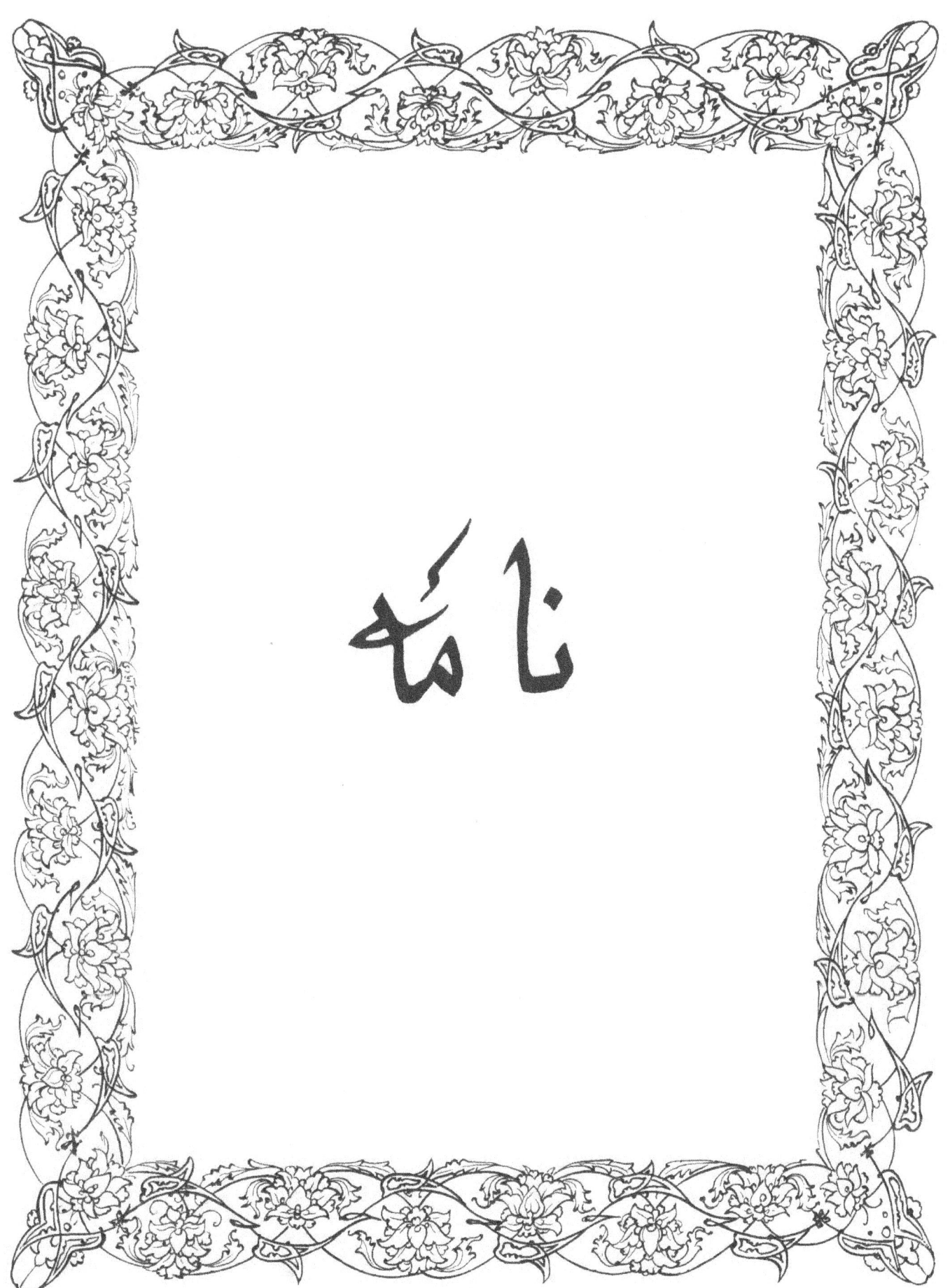

دوست داشتم که نامه های او در آمریکا باعث تسکین و آرامش روح پر از

غصه ام بود، پس از ۱۶ سال دوری از ایران نامه های او مرا دلگرم میکرد

تا اینکه نامه ها از او رسید که از حرفهای بیزار و از نامه نوشتن خسته شده

و بهانه دیگری در کار بود و لذا این اشعار سروده شد.

شش سال رفت و حسرت آمدن نگار   داغ دل و امید و قرارم شد

هر هفته نغمه از قلمی شیرین   میخواندم از تو و همه کارم شد

گر نامه تو بود دو روزی دیر

پرسیدم از کسان حکیم تدبیر

روزی که دست مهر بهم دادیم | او قصد و عزم کشور دیگر زد

گفتم برو خدای نگهدارت | اما بجان خسته‌ام آذر زد

گفتم برو که تا دل و جان دارم

در پای عشق دوست نهان دارم

او رفت و نامه ئی که از او آمد | امید بخش دیده زارم شد

هر روز بعد خواندن کاغذها | پاسخ بنامه های نو کارم شد

هر نامه بوی عشق بدنبالش

در نامه عکس رستم حالش

سالی گذشت و از تو بجز نامه دیگر خبر نبودم و آگاهی
در لای نامه هات پس از کاوش عشقی نبود و مهر به همراهی

اشکم چو لاله بر روی تصویرت
قلبم بزیر تیزی شمشیرت

امروز نامه دگری آمد اخبار آن گزارشی از نوشت
در لابلای جمله شنیدم من بیگانه کرده زمزمه در گوشت

هرگز که مهر او نبود جانسوز
هرگز که عشق او نشود پیروز

یادْ

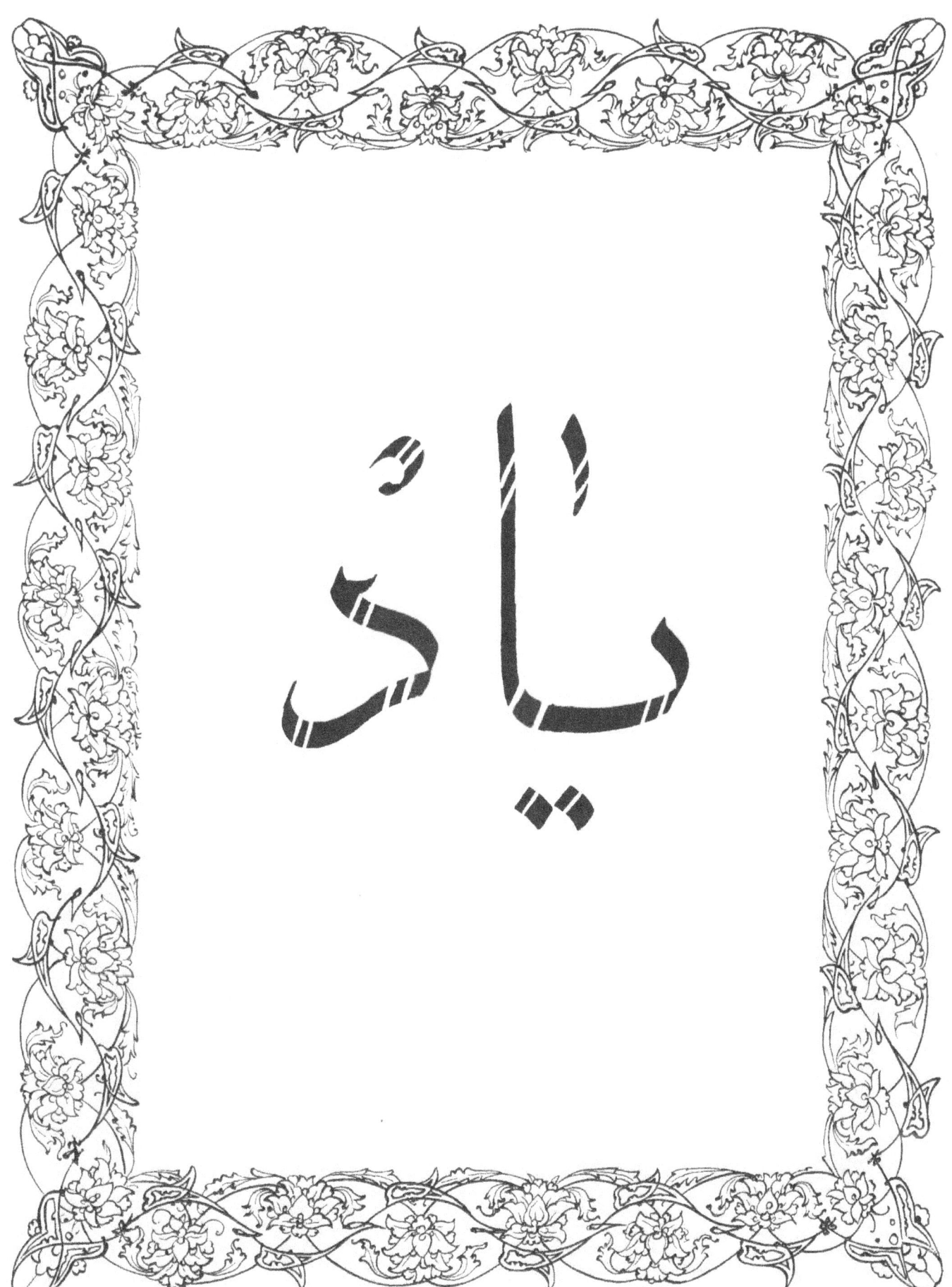

یاد *

دوباره مُوی بُورش یادم آمد

ز حسرتهای دیرین دادم آمد

بیاد یار مهرُوی رسیده

زمُرغ از قفس آزادم آمد

دوباره صُحبت از موی و میان شُد

بچشم مُوی بُور او عیان شُد

بزیر خاک زرّ ناب کردم

چه سُودی بُود کآخر سر زبان شُد

بیادم آمد آن ایام دیرین

بیادم آمد آن مژگان مشکین

بیادم آمد آن لعل گهرفام

که دادم من براهش دانش و دین

کنون خوابیده ئی افسرده در خاک

کنون افتاده ئی چون شاخه تاک

طلائی موی تو پوشید تا حال

روم آسوده تا دامن کنم چاک

هنوزم یاد ایام جوانی است

هنوزم یاد آن مهروی جانی است

تو رفتی لیک دلدارت همین جاست

هنوزم جلوه گاه عشق فانی است

طلا بینم توئی در پیش رویم

دفا بینم توئی هر لحظه سویم

تصور میکنی مردی تو هرگز

بپای چشمه دامان تو جویم

چو نامت می برم آید سروشم

سروش غیب می آید بگوشم

بریز از زهر بعد از خویشتن جام

بیا کز دست تو جامی بنوشم

تو دانی راستیهای نگاهم

تو دانی سوزش سوزان آهم

اگر در دهر صدها ماه باشد

خداوندا من آن مهپاره خواهم

نگه‌ها در برم ارزش ندارد

نفس‌ها در دلم سوزش ندارد

بغیر از یاد آن موی طلایی

دلم با دلبری جوشش ندارد

تو رفتی دیدگانت باز مانده

تو رفتی آن صدای ساز مانده

تو رفتی لیک از نازت چگویم

به گلشن جلوه گاه ناز مانده

پکی چون نام زیبای تو آرد

دل زار مرا پاپی تو آرد

بره هر دم گذارم پای خودرا

ببالین تو دجاپی تو آرد

بیا از یاد من بیرون شو امشب

چو اشک چشم من جیحون شو امشب

همیشه لیلی مجنون دلانی

دمی دیگر تو هم مجنون شو امشب

خدارا خوش نمی آید بسوزم

جوانم، آرزو دارم چه سوزم

خداوندا چو شب گشته ست روزم

همیشه فکر تو، یاد تو دارم

۳۳/۸/۲۲

تهران

نااُمیدْ

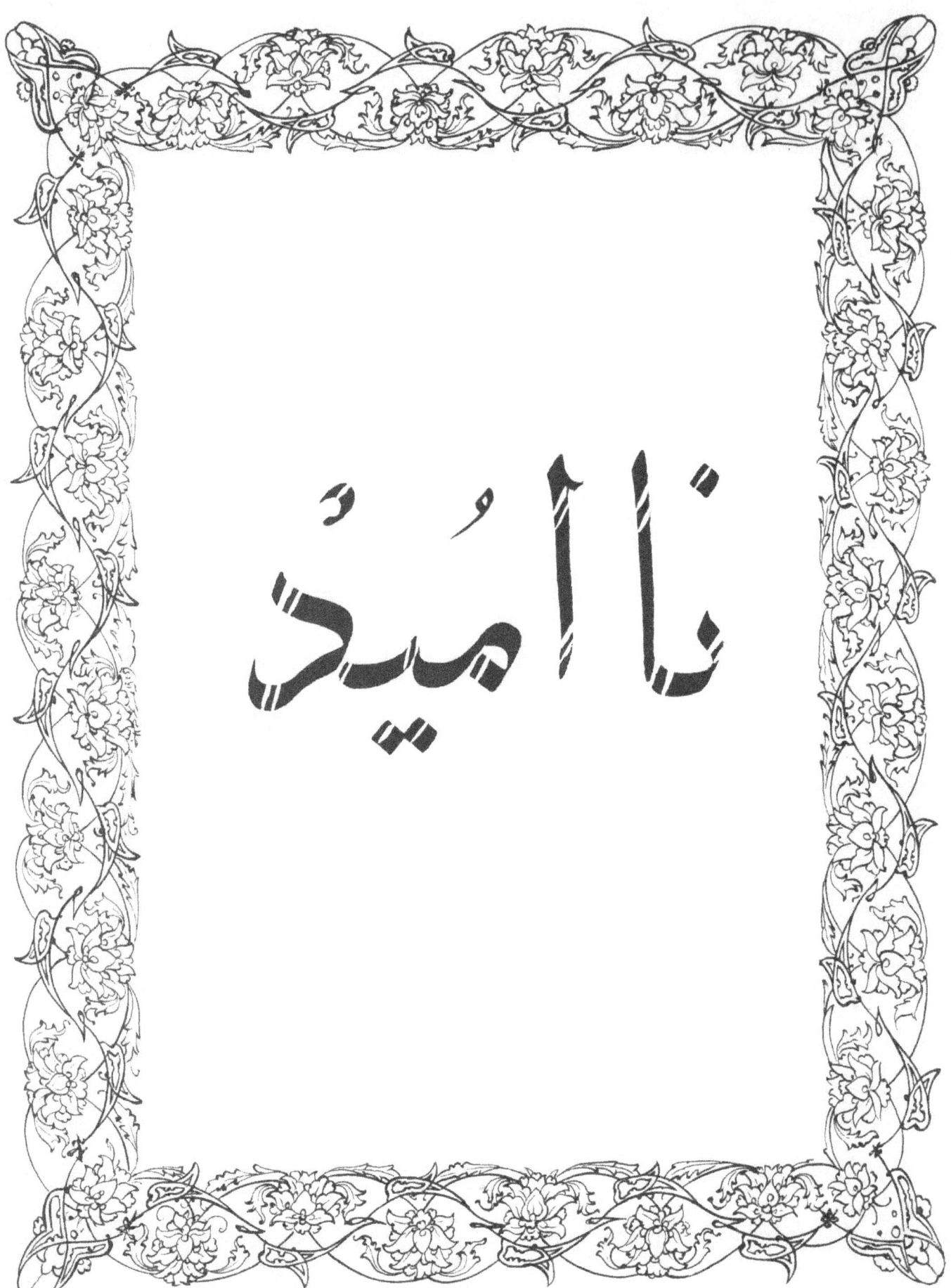

نا اُمید

ای غزالی که ز بُستان گل ما پیچیدی

کاش می‌آمدی و مهر خُدا می‌دیدی

اشک چون سیل من اندر پی هر پایت بود

تو نمی‌دیدی و جز فخر کرا می‌دیدی

زیر پایت نبود خاک مگر چشم من است

کاش بر روی زخم جای دو پا می‌دیدی

مستمندی که گدائی سر کویت داشت

لااقل کاش که او را چو گدا می‌دیدی

کاش روزی که تو از کوی جفا دور شدی

آب و جاروب من از اشک و صفا می‌دیدی

روزهائی که گلِ راه تو من پیمودم

تو ز قلب و ز دلم مهر و وفا می‌دیدی

چیدن غنچه نباشد ثمر اینهمه مهر
گر درخت دل من سایه چه تا میدیدی

تا که بادام دو چشم تو ز من قهر نمود
چه خوشیها که ز من گشت جدا میدیدی

خواستم منع کنم زین عمل نیک ترا
باز گفتم که نه فریادرسا میدیدی

کاش روزی که رخ از روی تو من برکندم
در خم راه همان لرزه پا میدیدی

نه همین روز ز جور تو بود رویم زرد
کاش هر روز رخم زرد چو کاه میدیدی

نشود سرخ ز شرم دل فتحی رویت
سنگدل کاش مرا سوی خدا میدیدی

گر تو فریاد بمیزان عدالت کردم
ز بیانم لغت و اصنما میدیدی

مهر ایران

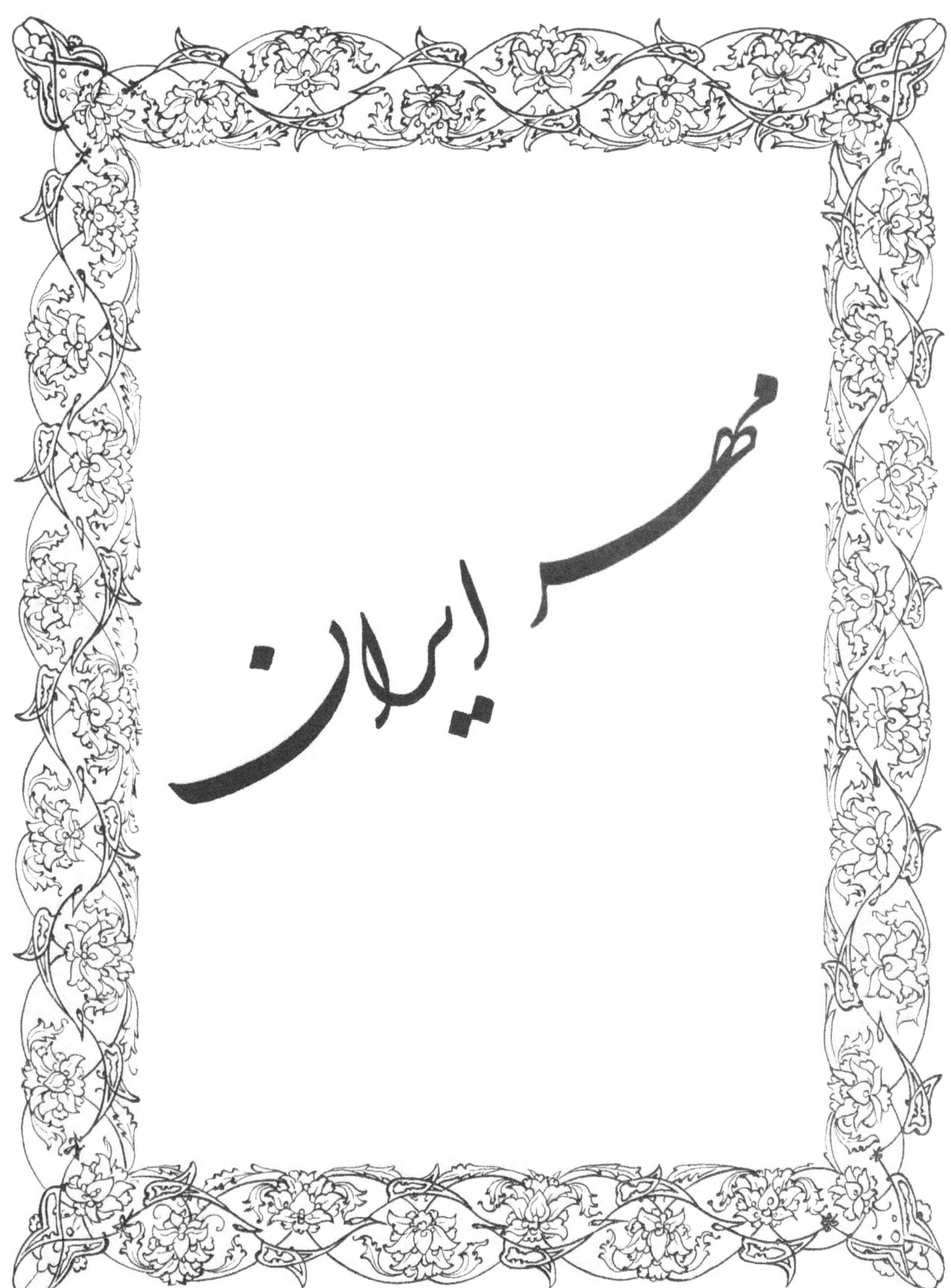

مهر ایران

نامور خاکی که اهریمن در او بی‌خانمان شد
مسکن و آرامگاه دادگر نوشیروان شد

مهد زردشت پیمبر جایگاه سام و آذر
آن مکانی کاندرو زآذر جهان به ز جنان شد

خاکپای اردشیر و رستم و گودرز و دارا
سجده‌گاه و معبد شاهان ساسان و کیان شد

همچو فردوسی که او از مهر ایران گشت نامی
همچو سعدی کاندرین پهنا او ماندن جا شد

حافظ شیرین سخن پرورده این آب و این گل
این ثنا زاده این ملک شد گر طبع چنان شد

بسکه من بر صفحه کاغذ نوشتم حال دل را
آن ورقها دسته دسته بر سر مجنون گران شد

تیزی مژه زبس شد خیره بر کاغذ ز چشمان
زخم زد مجروح کرد و گریه بر کاغذ روان شد

فتحی از مهرت چه گوید هرچه گوید نیست کافی
مهر تو در دل عیان شد بر سر شعرم بیان شد

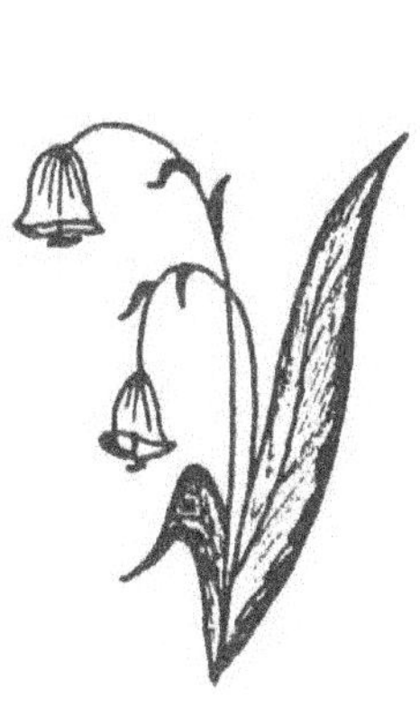

وطن

فرزند وطن بشنو از دیدهٔ دل وز جان
ویرانه کنون بنما مقیاس بدان ایران

اسلاف که خود هر یک سرمشق هنر بودند
با عقل بر این صحنه ماندند همه حیران

خورشید زمان بودند هر یک صنم دوران
بنگر که چه شد حالش امروز در این دوران

دیشب که سروش غیب خوش زمزمه میکردی
در گوش شنیدم گفت هرگز تو مشو پژمان

در شادی او یکدل هستیم همه شادان

در نوحه و الحانت هستیم همه پیچان

پندار که دهقانی یکشاخه در او بنشان

شاید که ز تو ماند بهری ز پی اخوان

ای مرد وطن او را یاری بده چون مادر

شاید که ازین یاری مادر شودت شادان

یاران همه در ماتم از دوست مشو فارغ

شو متحد و یکدل بنگر همه در زندان

از مرگ ندارم باک باشیم همه از خاک

ایران تو مشو ویران چون نیست ترا خذلان

این چرخ مدوّر را بیش است جفاکاری

فتحی تو جهانرا خود آئینه عبرت دان

طُرِّهْ

ط

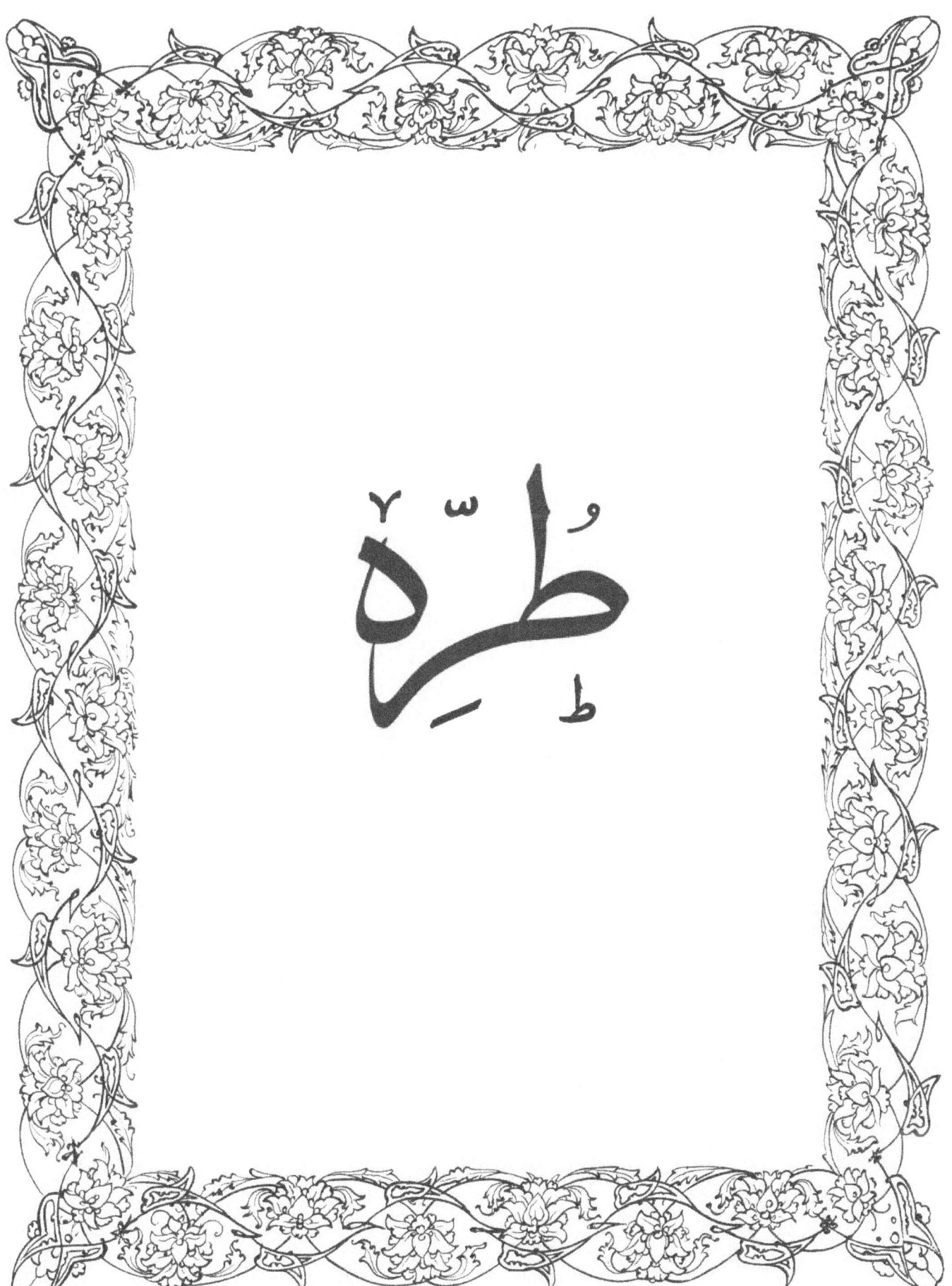

طرّه

جهان و آنچه در اوست داده‌ام بر باد — به طرّهٔ سر زلفت هر آنچه بادا باد

ربود لعبت تو رونق زلیخا را — هزار یوسف از این راه داده‌ئی بر باد

اگر که جام جهان خوبتر بود ز جهان — دلی ترا به دو جام جهان نخواهم داد

خراب کرده ولی اشک دیده‌ئی جانا — خراب خانهٔ من بلکه خانه‌ات آباد

تو در برابر من ای غزال من غافل — ز دست دوری تو بی سبب کشم فریاد

به رهن عشق سپردم امید دنیا را — ازین نوید مرا لحظه‌ئی بماند دلشاد

فکنده‌ئی تو مرا در قفس ولی شادم — که بی سبب دل من رفت در پی صیاد

به پیش غیر تو را دید فستحی بنیاد — تمام شور و شعف جمله از دلش افتاد

زلف پیچانی

دلا چو یار تو گشته است زلف پیچانی
پریش تر شده دل در خم پریشانی

کمند گیسوی پرچین و تاب در بر من
از آن بهست که از ابهم به پیچانی

تراز چشم همه راز آشکارا شد
ز پرده کرده برون رازهای پنهانی

مرا تو سست مخوان ای غزال خوش سیما
که نیست بیهده گفتن ره مسلمانی

عجب که آتشی افروختی بسینهٔ ما
نهان شدی عوض آنکه دود بنشانی

همان نگاه تو بیدار کرده دین و دلم
خدا گواه که این راز را نمیدانی

خدای چهرهٔ گلگون سیاه گرداند
اگر که صورت زیبا زما بگردانی

امیدوار بخوبیت میشود فتحی
چو سخت کم نظری و چو سست پیمانی

۱۸/۱۲/۲۸

«دام عَوام»

دام عوام

گرچه مرغ دل من تازه بدام افتاده است — لیک نی در خم هر دام عوام افتاده است

زلف افشان سیاه تو بدل رخنه نمود — گرچه این خانه ز ابلیس حرام افتاده است

چشمهای نمکین تو ببالای رخت — چون شرابیست که اندر ته جام افتاده است

بی سبب نیست که دین و دل هر رهگذری — بسر زلف پریشان تو رام افتاده است

ابروان تو ببالای دو چشمت ماهی است — که شب اول مه بر سر بام افتاده است

خال سیمای تو از بسکه کند جلب نظر — چو اذان سحر از ماه صیام افتاده است

تو چه اشام ورا روز نمودی فتحی — که ترا نقشه او روز چو شام افتاده است

تو میان سمن و همسر چو گل و من خارم — خوش بگو دوست ترا ایل کدام افتاده است

۱۸/۱۱/۲۸

شکوه

یار پیمان خود از گوشه پیمانه بریخت تا که اندوه فزون در دل دیوانه بریخت
مهربانی و وفا و همه عشق مرا پشت پائی زد و با خنده مستانه بریخت
آخرین قطره خونی که در آن قلب بود بهر پرسش بردم و او در بر بیگانه بریخت
باز بودم همه در صید کبوتر اما این پرنده بخدا پایه ز کاشانه بریخت
گفتم ای دل تو مکن شکوه که از راز درون تا خبردار شوی بلبل این دانه بریخت
همه شب چشمه چشمم ز فراق رخ دوست چه گهرها که به بالین تو چون ژاله بریخت

فخری از دوست پسندی که روانشاد کند
بین چسان خون دل شمع ز پیمانه بریخت

چمن

بهر سوی چمن بینم گلی افتاده بر راهی
ولی مهر و محبت نیست در گلها بهمراهی

بسی زیبارخان سرمست بینی در گلستانها
دل زیبارخان از عشق عاری در گذرگاهی

برون سینه‌ها زیبا درون سینه‌ها بیجان
نه بر اشکی کند رحمی نه بر دادی نه بر آهی

ندارد جز طلا فکری ندارد جز خطا گامی
نکرده غیر عیبی هیچ تعبیری از الهی

فراوانست زیبائی درین کشور ز حد بیرون
فراوان نیست مهر و عشق و الطافی بدلخواهی

ولی از نفرت و کینه بری هستند این گلها
گدائی در ره علم و غنی مسلک چو یکتاهی

آمریکا ۱۹۸۳

شاهین

امروز میان نامه‌هایت
یک نامهٔ دیگر به چشم من خورد
از صفحهٔ کهنه و غبارش
قلبِ من داغ‌دیده افسرد
در نامه نوشته بود یارم
من از تو کجا شوم فراری
یا از تو کجا برم شکایت؟
پیش که دوباره بی‌قراری

امروز رسید نامه‌ی یار

کز خاطر من غبار غم بُرد

آزاد ز بار غصّه‌ها شُد

آن‌دل که به یک نگاه افسرد

من یاد تو می‌کنم شب و روز

با یاد تو روزها شمردم

با یاد تو عمر من تلف شُد

سوگند به عشق پاک خوردم

در نامه نوشته بُود دیگر

جز دوست ره دگر نپویم

دردِ دلِ زارِ بی‌قرارم

با زکس دیگری نگویم

صد غصه که در نهاد من بود

با اشک کجا شود سرازیر

آن عشق و محبت و وفا را

دانی که همی شود جهانگیر

ای ناز من از دو دیده برخیز

فقدان شب سیاه بنگر

یاد شب خوفناک و تاریک

یک بار دگر بیا تو در بر

صد بار که نامهٔ تو خواندم

یکبار دگر هوس کنم باز

چون سرو همیشه پیش رویم

در دیده من چو شاخه ناز

رفتی تو و اشک من سرازیر

از مژه بروی گونه‌ها شد

با پرش مرغ آتشین بال

از هجر تو ماتمی بپا شد

ای مایهٔ زندگانی من

ای موی طلا خزان کشیده

رفتی تو و نامه‌ات بجا ماند

از بهر دو چشم داغدیده

آرامش من سروش من بود

با خاطره‌ات خوشم شب و روز

می سوزم و باز میگدازم

با یاد تو من خوشم ازین سوز

در پاسخ او نوشتم آری

عشق است که او خلل نگیرد

شاهین محبت و وفا را

هرگز نشنیده ام بمیرد

غوغا

غوغا

بیا نگار که ترک خطا نمودم من
در آستان تو از بس جفا نمودم من

کنار سبزه و باغ و نگاه مهوش مست
بیا بیا که چه نیکو صفا نمودم من

بسنگ و کوه و نگاه و حوش و ناله یار
بگیر ناله من چون خطا نمودم من

مسوز جان مرا ای نگار از عشقت
که آتش دل غمدیده وا نمودم من

بیار باده که از مستی و پریشانی
دگر محبت و یاری رها نمودم من

به پیش آی که تا صورتت ببوسم من

بروزگار جُدائی چه ها نمودم من

من آنکه روی تو دیدم بقهر با دل خویش

نشستم و ره بادِ صبا نمودم من

بریز باده که از چنگِ بلبُل و گُل ناز

دلِ غمین خود از جان جدا نمودم من

بمُوی بُور تو آنگاه عشق من بالید

که صورت تو بمویت طلا نمودم من

بگو بعاشق بیدل چرا بگاه صفا

جفا بمجلس خوبان روا نمودم من

لا فتی الا علی لا سیف الا ذوالفقار

بمناسبت تولد

حضرت علی ابن ابیطالب (ع)

خرم امروز همه دشت و دمن پیدا شد　　مست بلبل ز گل و باغ و چمن پیدا شد

زنده از تو تن این ملک کهن پیدا شد　　دشت خوشبوتر از ناف ختن پیدا شد

گوئی امروز جهان گشته جوان

ابر بر روی چمن ژاله لرزان ریزد　　ژاله چون لعل بروی گل و ریحان ریزد

باد با نغمه جانسوز ز مشرق خیزد　　چهر گل پاک کند خار ز دامان ریزد

آب سرچشمه دل گشته روان

شکن زلف گل از شانه سر از زیر شده — گوییا شانه مویش کمکی دیر شده

آتشین قلب وی از بلبل خود سیر شده — جعد موی سیهش دانه زنجیر شده

رفته از نو بتنش تاب و توان

مژده دادند که عید آمده برخیز و بیا — مژدگانی بده امروز جهان کرده صفا

در جهان پای نهاده علی شیر خدا — شکر کن گشته ای از بندها سجده نما

علی آن مظهر رؤیای زنان

علی آن مظهر عدل و شرف و دانش و دین — علی آن حامی دلبسته بآئین مبین

علی آن عارف ربانی با حصن حصین — علی آن ملجا و ماوای یتیمان زمین

رهبر و مرشد هر پیر و جوان

مادر پیر جهان فخر کند بر گل او
یکطرف جمله دلها طرفی هم دل او

مرحبا بر روش و تربیت کامل او
لطف بیحد ز خدا، خالق ما شامل او

دانشش فتحی ناگفته نمان
هرچه گویند کمست آن بگمان

مقصد زندگی

روزها آمد و رفت و شب ما باز سحر شد

سالها آمد و رفت و دی و مُرداد سپر شد

عشق‌ها آمد و رفت و هدف تیر زمان شد

مهرها آمد و رفت و چه فراموش گهر شد

بادها سبزه و گل را بربودند ز بستان

کوهها برف عظیمی که بسر داشت هدر شد

ماه و خورشید که سرگشته و حیران من و تو

هر دو از آمد و رفت من و تو نیک خبر شد

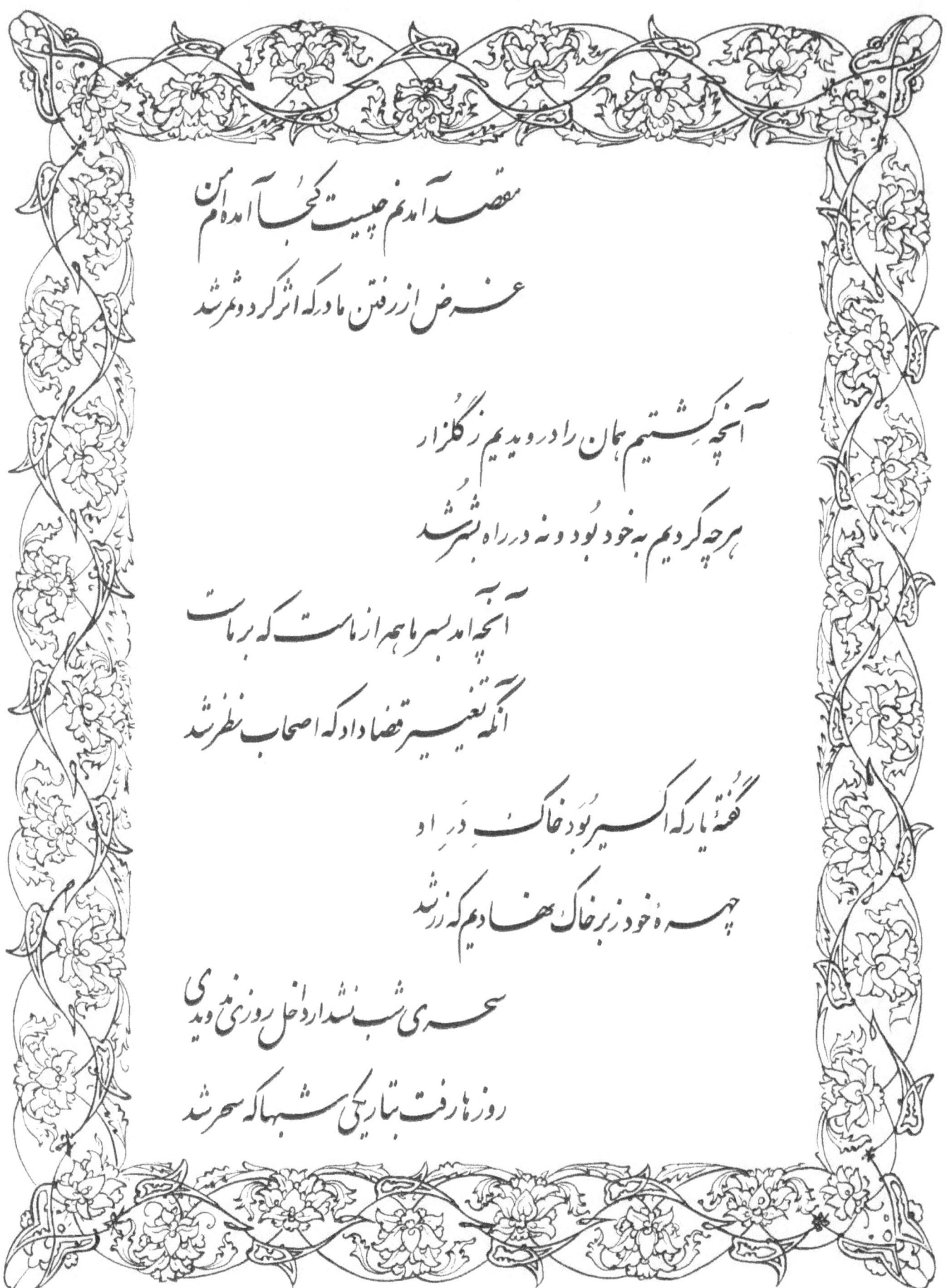

مقصد آمدنم چیست کجا آمده‌ام من
غرض از رفتن ما در که اثر کرد و ثمر شد

آنچه کشتیم همان را درویدیم ز گلزار
هرچه کردیم به خود بود و نه در راه بشر شد

آنچه آمد بسر ما همه از ماست که بر ماست
آنکه تغییر قضا داد که اصحاب نظر شد

گفته یار که اکسیر بود خاک در او
چهره خود زبر خاک نهادیم که زر شد

سحری شب نشد ار داخل روزی ندیدی
روزها رفت به تاریکی شبها که سحر شد

پاسخ معرّفی

فدایت باد جانم ای معرّف — سخنهای تو شادم کرد و حیران

در این محفل میان دوستان شاد — ولی محزونم از آلام ایران

تشکر می کنم از آن عزیزی — که سر تا پا محبّت بوده کارش

خداوندا نگهدارش بحرمت — که حرمت باد بر اهل و تبارش

به منصب‌ها رسیدم لیک دانم — ندارم آنچه در حقّ نبوغ است

تو گفتی آنچه در من پر فروغ است — ولی در حقّ اینجانب دروغ است

آذربایجان

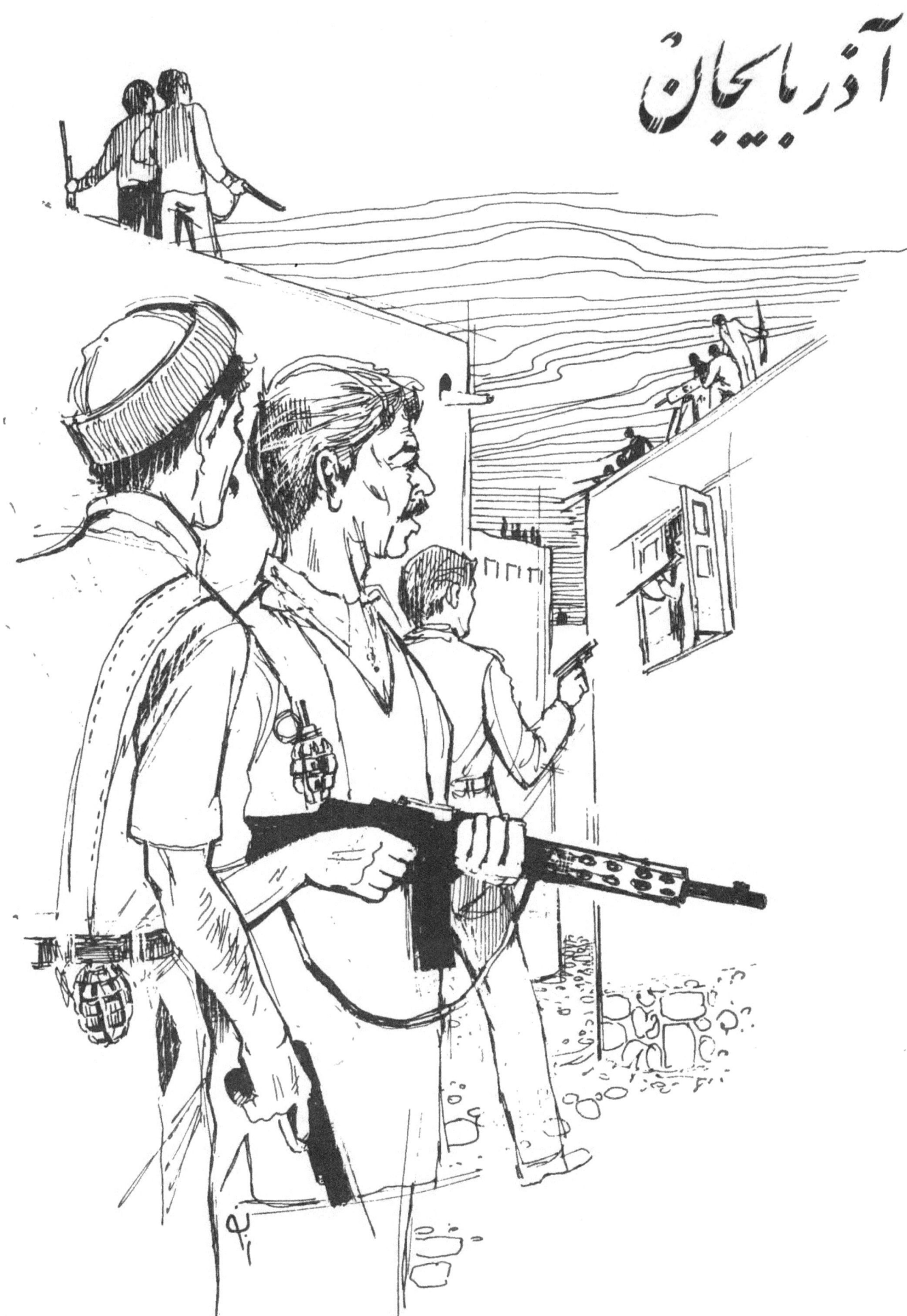

این شعر زمانی که پیشه وری میخواست آذربایجان را از پیکر
ایران جدا کند سروده شد

آذربایجان

آنچه بینی همچو ابری سایه بر ملک کیانست
سایهٔ مردان ما مردان آذربایجان است

جان فدا کردند از قدیم از بهر ایران مرد میدان
مرد میدان را نشاید گول زد تا جر بجان است

گر عدو از فرشان خواهد بکاهد تاج ایران
سر دهد در این تکاپو مرد میدان جهانست

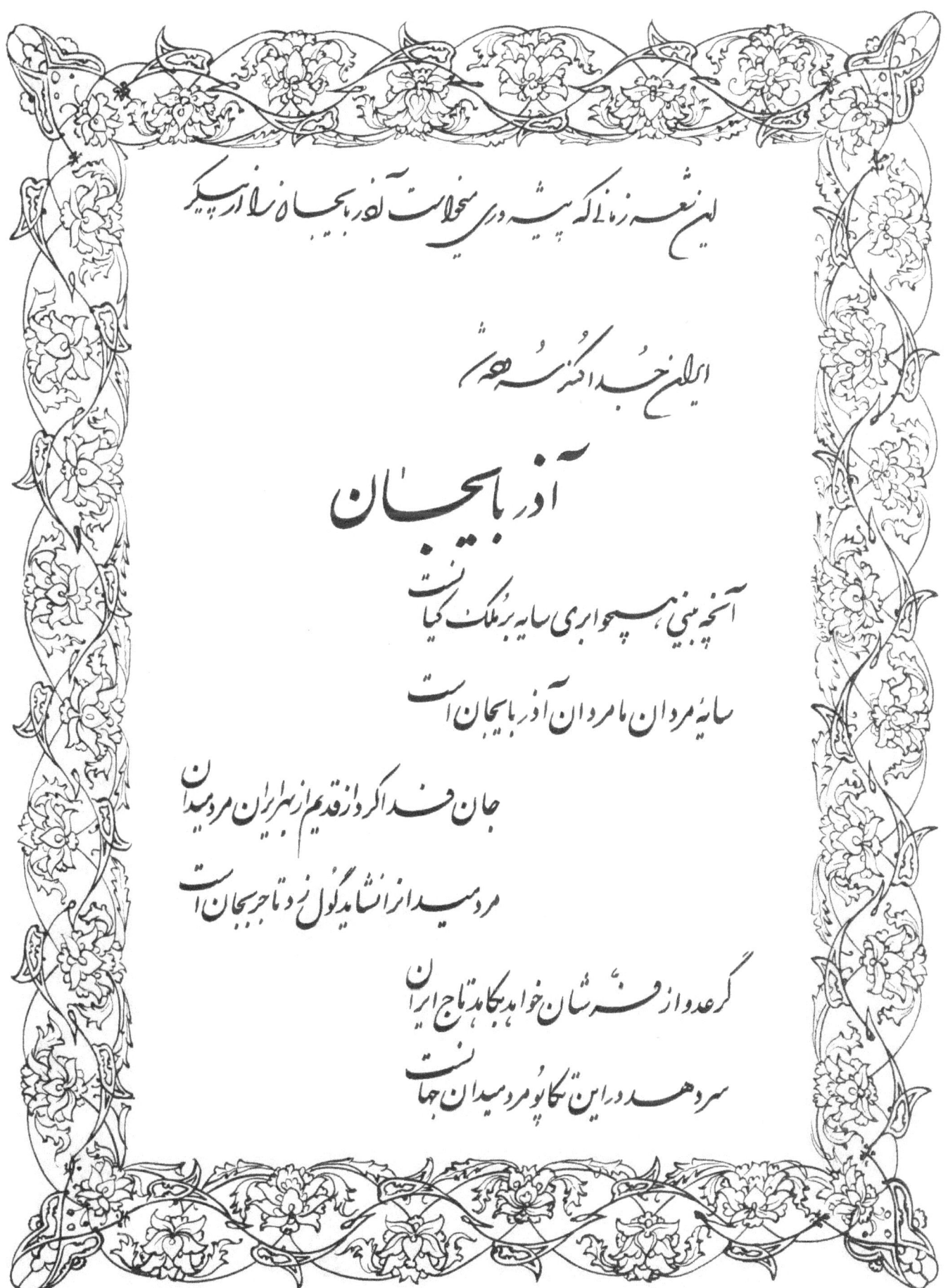

صد هزاران بار آذربایجان افتاد در چَه
صد هزاران بار از چَه شد برون لب کمانست

دشمنان را افکند در گور و مدفون سازد آنان
خویشتن در بند دشمن نفکند مرد زمان است

خون بریزد هر زمان تا کشورش محفوظ باشد
خون این مردم برای ضبط میهن رایگانست

مردمی سخت و قوی یک رأی و پُرکین بهر دشمن
گرگ را میدرد و بر برّگان همچُون شبان است

آذرآبادان همیشه شاد باش و شادکُن زی
تا سلاحت جان بُوَد ترس از برای کودکانست

نابهنگام

هجده سال گذشت از همه عمرت هاله — ریخت باران گلوله بسرت چون ژاله

حفره ها ساخت بقلب تو چو دالان سیاه — مادرت کرد بمرگ تو چه سوزان ناله

تلفن کردی و گفتی که حلالت بکنند

رحم در محبس تاریک بحالت بکنند

بجوانی تو که تدبیر نمیدانستی — خواب گفتم بتو تعبیر نمیدانستی

گفتم این حادثه سخت است ترا انگیزد — تو نفهمیدی و تسخیر نمیدانستی

تا که تسخیر ندانستی و زندان رفتی

از دل مادر بدبخت و پریشان رفتی

دفتر عشق که بعد از تو ز دستم افتاد — بزمین خورد و ورقهاش پراکنده فتاد

لانه چلچله ویران شد و بر آب برفت — غنچه پژمرد و گل باغ همه رفت زیاد

تو مگر دشنه سلاح نخوردی باور
که زلف گردن خود را ببریدی به تکبیر

ماه اول که تو پنهان شدی از خانهٔ من — چه کشیدم چو ندیدم تو بکاشانهٔ من
هرچه پرسیدم و دنبال تو بگردیدم — نشدم آگه از آن دختر جانانهٔ من

هیچکس بر من بیچاره نگفت از نشانی
یا تو در گوشهٔ تاریک آن زندانی

آن شب قدر که کشتند ترا یادم هست — تیرباران تو در کنج خفا یادم هست
هیچکس فکر نمیکرد که بمیری زود — دخترم خاطرهٔ عشق و وفا یادم هست

تو شهید ره آزادی مردان گشتی
تو فدای عَلَم کشور ایران گشتی

دیوار

دیوار آجری ره ما را ببست — یکباره از نظاره ما چشم یار رست

ثبت است آن نگاه با عماق مغز من — دیوار گر بلند رود گاه و گاه پست

وقتی که آن دو چشم فسونگر دلم ربود

دیوار چین برابر من می‌کند سجود

از مادرش که گریه او را به دیده دید — فریادهای دخترک خویش را شنید

وز خواهرش که جمله حسد بود کار او — عشق درون خواهر خود کرد ناپدید

من صد هزار شکوه از آنان کنم بجا

تا آنکه روزگار عدو را کنم سیاه

دیوار یادگار ز حبس و ز رنج ماست — یادآوری ز خاطره‌های شکنج ماست

دیوارهای خانه با فلاک سر کشید — سرپوشی از کنایه به تاراج گنج ماست

دیوار را بریز بپائین تو ای رقیب

سیمای یار را بمن بی‌پرده کن نصیب

دریاچه‌ئی که نور شفق را شکسته دید — باران و باد و موج بمرغان خسته دید

قوس و قزح نتیجه باران و نور بود — کز آسمان رسید و بدریاچه رسته دید

ما هم برای دیدن نوری از آسمان

افتاده‌ایم خسته بدنبال این و آن

هر در بروی ما بگشودند لولیان — بستند راه راز سوی دیگر از نهان

دیوار را که سد ره عشق شد مدام — بگذاشت در میانه و گفتا بصد زبان

کاین دوست کار و بار ترا میکند خراب

پس بهتر است تا که ازو گیری اجتناب

هر ایده‌ئی که خشک و خرابست و بی‌بها
هر نقشه‌ئی که نیست صداقت در او بجا

هر سد راه را که تمدن در آن نبود
هر خانه‌ئی که نیست در او صحبت از صفا

در چشم من همه دیوار محبس است
بی مغز و جاهل و مثل نار نارس است

«۱۹۸۷»

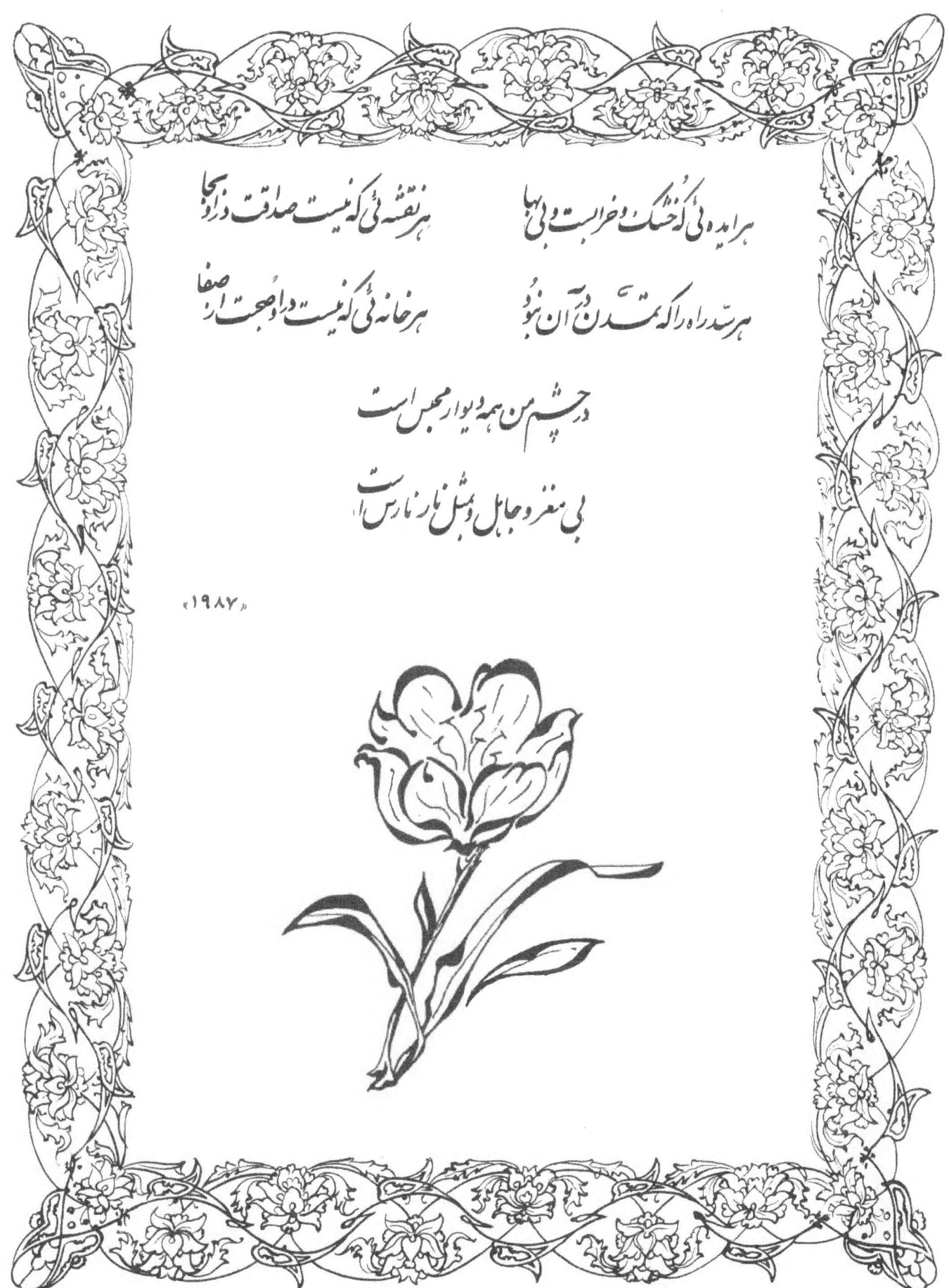

رحم

رحمت بر آنکه رحم بنوع بشر نمود
خاک سرای ظلم همه زیر و زبر نمود

در خدمت بشر شب و روزش تمام شد
عمر عزیز را پی خدمت هدر نمود

بیمار را نجات ز درد و مرض بداد
بیچاره را ز رنج و تباهی خبر نمود

دست ضعیف را گرفت و غمش نهفت
بر حال بینوا و یتیمان نظر نمود

از کارکرد بیوه زن زار و مضطرب
سودی نبرد و جمله از آنها ضرر نمود

تا آنکه درد بیوطنان را دوا کند
در گوشه و کنار جهانها سفر نمود

عشقی که داشت جمله حقیقت در آن عیان
مهری که کرد بر همه دلها اثر نمود

بیم کسی نکرد بهنگام امر خیر
در حفظ بینوا تن خود را سپر نمود

گفتا که بندگان خدا جمله آدمند — الحق که در جهان همه عمرش هنر نمود

خدمت بنوع کرد و بهشت خدا خرید — خرم کسی که عزم خدا در کمر نمود

بوسید خاک را و سرش بر زمین نهاد — از خاک راه دوست چراغ بصر نمود

دورادور

من از این کشور و مردم زر و زیور نمی‌خواهم

من از این زرپرستان دیبه و گوهر نمی‌خواهم

من از این کشور آزاد آزادی نمی‌جویم

درین خوش‌صورتان دل یکی دلبر نمی‌خواهم

فزون از حد لطافت، راستی، خوشباوری‌ها را

پسندم تا که جان دارم از این بهتر نمی‌خواهم

ز رنگ و بوی جانپرور ساز عشق و حسرت و رؤیا

من از آن‌ها هوس دارم فقط پیکر نمی‌خواهم

بسپردم تخته جانرا بدست لعبتی بی جان

شکست آن تخته را در دم که جان بی زر نمیخواهم

گذرم تا باینجا شد دلم خونین به یغما شد

معما ها معما شد، معما تر نمیخواهم

بده بر مادرم پیغام داغ این جدائی را

که در این خانه ویران دگر بستر نمیخواهم

همه گفتند و باور کردم و اُفتادم اندر چَه

دگر در ظُلمت چه مُرشد و رهبر نمیخواهم

کسی کو بشنود شعر من و لرزد دلش داند

که من از لُعبتان شهر یک همسر نمیخواهم

برو ای روسیه بگذار ما را در غم فردا

که امروزم گذشت و از تو خشک و تر نمیخواهم

دگر از منبر و مسجد فرود آمدن نارم

در این وادی ز شیخ شهر من منبر نمیخواهم

چه شد آن زهد و تقوی با که گفتی راستیها را

خداوند جهان گوید که من کافر نمیخواهم

«۱۹۶۸»

عرش

جان من و جان او به عرش اعلا شدند　　چو مرغکی خوش صدا به آسمانها شدند

نخوانده رمز زمین ندیده سر ازل　　راهی راه خدا اگیره شیدا شدند

قصهٔ مریخ را زهره به امواج گفت　　بار دگر مشتری گفت که اغفا شدند

پای بشر روی ماه مهر سکوت گرفت　　بار دگر در بهشت آدم و حوا شدند

روح من و روح تو اشک جدائی بریخت　　تا که درین کهنه دیر یکه و تنها شدند

چون بفضا ره نداشت باز بچنگال اوفتاد　　باز ز انوار حق هر دو هویدا شدند

ایکه ز روز ازل چشمهٔ کوثر بدی
تشنه لبان را بیاب حال که از پا شدند

سراب

یک دوست دارم گیسو سرابی

مرد شریف پر اضطرابی

هر لحظه از علم ملعبه حدیثی

از دانش و شعر نو شده شرابی

کاری که دارد کاری سنّزه

راهی که رفته راه ثوابی

افکنده مهرش بر راس دلها

پوشانده غم را چون حبابی

وقتی زعشرت سر داد بزمی

غم بُرد از دل وز چشم خوابی

تا با تو هستم آسوده هستم

ناکامیابی با کامیابی

مردانه هر کس آمد به مجلس

مهمیز بردل در پا رکابی

گوهر شناسم در بارهٔ او

حفظش خدایا از پیچ و تابی

تا کردم این شعر تقدیم راهش

نشناخت آن را چون زرِّ نابی

آوخ که این دوست چون زر پرستان

از دوست بگذشت همچون شهابی

بیچاره این دل کز آشتباهش

هر روز دارد افسرده خوابی

بزم

دیشب دوباره مجلس بزم ما — خالی ز جای پای تو جانان بود

در گوشه اطاق پذیرایی — در دیده‌ام دو چشم تو پنهان بود

گفتم چرا که او نکند یادم

گویا که از خیال تو افتادم

صد بار گفتمت که به بزم ما — تنها تویی که عشق و وفاداری

تنها تویی که شور و شعف ریزی — تنها تویی که عشق و وفاداری

چشمم بدر که کی تو ز در آیی

کی زنگ در زنی و شرر زایی

لیک آن خیال مُرد و نفس قاصد وقتیکه در کنار نبودی باز

سرد و خموش بزم منِ مدهوش گفتم که با چه کس شده او همراز

با کیستی که گفته پری خوئی

با من مکن دگر ظری روئی

گویا که روزهای خوش پائیز در کوه و دشت رفته کنون یاد

آن خنده‌ها و قهقهه‌ها از عشق وان نغمه‌ها و ضجه و فریاد

یکباره گشت جمله فراموش

یا او که کرده زمزمه در گوش

بیدار باش ای مه مستانه آنها که دور روی تو بیچه خند

تنها تو نیستی که ورا جانی بر هر که لعبت است زند لبخند

اینرا بدانکه حیله بسر دارد

غیر از تو نیز یار دگر دارد

در این دیار آنچه فراوان است — زیبائی و ملاحت و دلدار است

چشم خمار و روی نکو اینجاست — ساق و سرین مرمر و میخوار است

لیکن وفا و مهر و صداقت نیست

بر دختران نشان بکارت نیست

آنکس که عشق ورزد و جان خواهد — پیوسته در نظارت یزدانست

آنکو که در وفا نزند گامی — همکیش دیو و پیرو شیطانست

آنکس بکوی ما گذری دارد

کز عشق و راستی خبری دارد

من انتظار را نپسندم لیک — چون چشم شمع گریه نخواهم کرد
امشب گذشت و صبح دگر آمد — من زآن گذشته مویه نخواهم کرد

امشب به بزم ما نشدی تابان
دیگر به قلب ما نشوی مهمان

۱۹۸۲

رؤیا

شبهای دراز یاد رؤیا چه کنم
با دیده بسته گفتگوها چه کنم
با دیده باز اشک پنهان نشود
بنشسته غمین کنار دریا چه کنم
بگذار بگویند همه عیب حقیر
از طعنه بیگانه که پروا چه کنم
امروز همه آنچه گفتم از دست برفت
دیگر سخنی برای فردا چه کنم

دیگر نگذارم آن فسونگر به کنار

از خنجر مژه دل مداوا چه کنم

گر مست سرم لیک چو سرد است دلش

از سردی او شکوه ز گرما چه کنم

شبهای دراز بی عبادت چه کنم

بی کوکب عشق عرش اعلا چه کنم

طبعم بگناه کرده عادت تا یدوست

درمان چنین عدوی بی پا چه کنم

گویند خدا گناه را می بخشد

او بخشد و من ز حق والا چه کنم

بیگانه نشد همدم و بیچاره دلم

کافتاد بدام سحرِ دُنیا چه کُنم

شب‌های دراز رفت و خوابیم هنوز

رؤیای سرِ سرکش شیدا چه کُنم

زندگانی

«تصنیف محلی بزبان ساده»

زندگی همش وباله

زندگی خواب و خیاله

زندگی برای ما نیست

زندگانی حقیقی مال خدای لایزاله

روزگاره، روزگاره

زندگی مثل سرابه

گیسوی پرپیچ و تابه

خواب آشفته روزه

اخگره، آتشه، استراحت دراو محاله

ریگزاره، ریگزاره

باغچه‌ای بی‌آب و برگه

کوچه‌ای تاریک و تنگه

آینه‌ای تیره و تاره

ساعت، سرعته، دشنه‌ای پای نهاله

دغداره، دغداره

غنچهٔ بی‌رنگ و بوئی

سایه افتاده سوئی

برفکی در آفتابه

ابر باده، گردباده، مثل باران مثل ژاله

آبشاره، آبشاره

بهتره در این زمونه

که هیچ کس نمی مونه

به چنین دنیای فانی

که اسمش هست زندگانی، خنده کرد بجای ناله

آره آره   آره، آره

طرهٔ گلرنگ یار

دامن او در کنار

زندگی خوشگوار

هیچ دل بیقرار، چون فاله، بیزاره، بیزاره

زندگی همش وباله   زندگی همش وباله

(دو بار تکرار می شود)

مرگ سلیمان

قصه‌ئی در کتب حق ز سلیمان دیدم

از شه با هنری دیده گریان دیدم

آن سلیمان که همه قصر بلورین را ساخت

وه که در پای اجل دیده حیران دیدم

قصرها ساخت که از شیشه و مرمر زینت

شهر را گفت که من روضه رضوان دیدم

تکیه میداد بتاج و گله و دیبه و عاج

به عصائی که نشان داشت ز کیهان دیدم

کس نبودش اجازت که به قصر آمد و رفت

تا نبودش اجازت ز سلیمان دیدم

روزی آمد که جوانی بدر قصر شتافت

گفت نی حاجت و حکمی که ز دربان دیدم

تا سلیمان رخ او دید بغضب دید چو ببر

چون شدی داخل این خانه که ثرمان دیدم

گفت من پیک اجل هستم و داخل گشتم

در دل شه‌ همه من ماتم و عصیان دیدم

گفت جان ده بمن و در بغل خاک بنه

تخت شاهی بدگر کس ده و فرمان دیدم

خواست تا خواهش دیگر کند از پیک اجل

لحظه‌ای رفت و سلیمان همه بیجان دیدم

ایستاده ز جهان رفت و عصائی به کفش

کس نشد باخبر از مرگ فروزان دیدم

چند روزی بگذشت و خبری نیست ز شاه

نگران مردم شهر و ده و سامان دیدم

موریانه بجویدند عصای شه را

تا که افتاد زمین پیکر عریان دیدم

خانه ویران شد و قصر و کله و دیبه برفت

مانده بر جای عصای شه شاهان دیدم

عاقبت دست اجل بفشرد حلق ترا

هر که هستی نکند فرق با ایمان دیدم

تو سلیمان نه‌ئی و تخته سلیمان چه کنی

که ترا شرم ازین عرصه جوشان دیدم

مملکت بردی و دادی همه باج گران

بسرت خنجر و در قلب تو پیکان دیدم

درس عبرت ز سلیمان شه شاهان باید

که در این ملک نپاید همه انسان دیدم

۱۹۸۳م

حفرهٔ بزرگ

این حفرهٔ بزرگ چه ژرف و عمیق بود
مجاری خدا به خدا بس دقیق بود
دیدم نشانی از ابد و از ازل در او
تنها تمیز حق به گواه این طریق بود

رفتن به باغ و جنگل و دیدار مه خوش است
الحان بلبل و عمل بیگنه خوش است
اما بدون دوست به باغی نرفته ام
زیرا که گفته اند رفیقان ره خوش است

من باغ را بخاطر پروانه عاشقم
وز گلشن هوس زپی دانه عاشقم

در باغ ها نشانی پروانه بر گل است
من عاقلم بباطن و دیوانه عاشقم

من بارها جفای گل و خار دیده ام
در کوه و درّه سختی بسیار دیده ام
لیکن صفای جنگل مرموز کردگار
هرگز بخوبی رخ دلدار دیده ام

تنها جلای حق نتوان دید با شنید
تنها وصول حق نتوان یافت با خرید
با همزبانی خوش خلق و بی ریا
انوار و کهکشان خداوند شد پدید

قلبم بدیدن همه گلها چو آذر است
عشقم برای دختر رزها مطهر است

دیدار آن برادر جانی چه خوش بود
خوش همدمی ست با من و نامش چو اکبر است

اکنون که یار بر سر ما پرده میزند
پوشانده رازها و بما خنده میزند
ما در تشکریم که او نزد ما شده
حاشا که دور پردهٔ دل نزده می زند

در پهن های دشت و درین حفره عجیب
عکس نگار دیدم و رخسار دلفریب
ای دل برادری که رفیق است روز نبست
با او دوباره کن بدل ما سفر نصیب

گزارش کانون مسافرت با برادرم

دفتر عشق

روم آنجا که ترا هیچ نبینم بکمال

دیدن روی تو بهتر که شود خواب و خیال

بجمال تو سپردم سخن از اختر و ماه

بی سبب چهر تو با ماه گرفتم بمثال

دفتر عشق گشودم به تبرک لیل و نهار

صفحه مهر نخواندی و نه از رد وصال

فال من فال نگشت و سخن از عشق نشد

آنچه دیدم به کتابم همه گردید زوال

گفتمش هیچ نگویم دگر از عارض دوست

لب من لال ولی عشق کند بر تو حلال

هیچ دانی که ز هجر تو چها رفت بدوست

هیچ دانی سخن وصل که شد فرض محال

عشق من غنچه گل بود که روئید بباغ

مهر من بود چو برگی که بروید ز نهال

تو که دیدی همه اندوه من از روز ازل

تو که خواندی همه غم را ز بن اشک زلال

باز گویم که رخت جادوی افسون دل است

رنگ تزویر نشاید ز تو بر عز جلال

مهد مهدی که چه گهوارهٔ نازت دادند

با مان باش که ایزد دهدت حُسن دلال

۱۹۸۴

گلایه

ای سپهر بسر حد کمالم نرساندی	مرهم شکسته پر و بالم نرساندی
در محبس تاریک عدو روز و شبم مرد	ایمای گریزی به خیالم نرساندی

ای سپهر دگر از تو ره چاره چه جویم

روز و شب من بصرف دیوانه سرم شد	افسانه ایام که افسانه ترم شد
دشمن که اجازت شکایت ندهم لیک	از دوست چه گویم که بیگانه ترم شد

دیوانه شدم غصه خود را به که گویم

از سود و زیانست همه صحبت ملت	گو اینکه خدایان همه دورند ز علت
علت همه دردست و دوا نیست از آنها	جز ناله و فریاد و غم و زاری و ذلت

خاموش شوم یکسره دیگر چه بگویم

انسان نشدم یافت در این وادی دنیا — بلبل نتوان دید به سر پنجه عنقا

انسان همه باید سخن نیک پسندد — رسم و صفتِ نیک همه رفت به یغما

بر پای که من گریم و دنبال چه پویم

ای پیر سخنهای تو نورِ بصرم بود — هر گفتهٔ تو شکر و شهدِ جگرم بود

من گفته پذیرفتم و گفتم که چه زیباست — پندِ تو چنان بود که پند پدرم بود

ای پیر دگر باره مکن روی بسویم

در دفتر دل نام ترا خط زدم امروز — در کعبهٔ حق داد عدالت زدم امروز

گفتم بخداوند که او مرد خدا نیست — یارب که سخنها به صداقت زدم امروز

ای پیر دغل راه نیابی تو بکویم

ای پیر دگر از تو ره چاره چه جویم — دیوانه شدم غصهٔ خود را به که گویم

۱۹۶۲

عشق

ای عشق بیا تا من دیوانه بمیرم — در پای اجل دست بدست تو بگیرم

با عشق هراسی دگر از مرگ ندارم — با عشق جوان گردم هر آینه پیرم

سالیست که در عشق تو دیوانه شدم من — عمریست که در پنجه غدار اسیرم

ای عشق تو در قلب من زار نشستی — ای عشق تو یکباره شدی کنه ضمیرم

عاشق شده‌ام بدوست که معشوقه توئی تو — معشوقه جانی تو که از قوت تو سیرم

عشق است که خورشید بدنبال تو گردد — عشق است که با دسته گل گرده شهپرم

پروانه اگر دور گلی جان بسپارد — دیوانه عشقت به بستان حریرم

دریوزگی عشق عجب طبع بلندیست — در بارگه عشق بیکباره فقیرم

۱۹۸۷

دیدار مادر

مادرم رنج سفر بُرد و به ترکیه رسید | خواهرم شُد سبب خیر و به بیچاره رسید

سالها بود که چشم بُعد ازش نشناخت | نعمتی بُود من از حق و یکباره رسید

قدش ز روی دو چشمان سفر کرده بُن

عارضش روشنی شام سحر کرده بُن

مادری کز نفسش بوی گل یاس آمد | خنده هایش به لبم چون دُر و الماس آمد

آنکه در کودکیم زحمت بسیار کشید | چه عوارض که بر آن مادرک خاص آمد

چشم بد دور از آن چادر یکرنگ سیاه

که بسر کرده شب و روز که پوشانده گُناه

قد او خم شُد و اندام ضعیف و قلیل | دید او رفته و از پای نحیف و علیل

شنوائی ز گفتش رفته و بسیار ز درد | من ندانم به چه رو زجر به خود کرده سبیل

در جوانی گل باغ پدرم بودی و بس

پدرم رفت و گلش مرد به گلدان هوس

درس قرآن و محمد همه را کرد برات   راه مردان علی را مثل گفت صراط

همه آموخت ولی ظلم نخود کرد چه ظلم   که نبیند بخت چو مردان علی عشق حیات

زندگی را بخودش سخت و گرانبار گرفت

تا که معلول شد و جثه بیمار گرفت

کاش در کودکیش مدرسه میرفت بزور   کاش در مذهب اطفال نمیکرد خطور

کاش اندیشهٔ دیدار پسر میآورد   کاش این جمله خرافات نمیکرد مرور

الغرض کاش که پیش پسرش بود مدام

کاش میآمد و میماند کنارم شب و شام

ترکیه استانبول

۱۹۸۷

فرجام

موج لرزید و شفق رفت و مه آرام گرفت

شب شُد و یار مجدّد ز کفم جام گرفت

روی آن ساحل دریاچه خلوت من و دوست

لبم از شکّر شیرین لبش کام گرفت

سالها رفت که دستم به عذارش نرسید

خاطرم خسته ز گردیدن ایّام گرفت

موج دریاچه چنان زمزمه بدل داشت

که تو گوئی نفس از باد صبا وام گرفت

یاد دارم که شبی زیر صراطِ پُلِ جان

آن کبوتر به دو دانه ز دلم دام گرفت

لب لعل شکرینش همه مجروح لبم
چشم مست نمکینش ز دل الهام گرفت

آنچه در قلب نهان بود بگفتم بعیان
آنچه در دیده عیان بود بآلام گرفت

خاطرات شب یلدا و تمنای دلم
همه را دیده و لب از تو گل اندام گرفت

سالها رفت و نشد دل هدف عشق کسی
نام عشرت شده گمنام چو دل رام گرفت

سر ما هیچ نیاسود ز آزادی شهر
دل من کنج قفس رفت که فرجام گرفت

جابر

گرچه از بوم و بَرَم امروز گردیدم بری

در دیار غیر با اغیار خود دارم سری

من به طوفان حوادث ساختم با دشمنان

من کجا و زیر بار ناکسان فرمانبری

با پر و بال آمدم در باغ و دیدم غنچه نیست

بازگشتن کی شود ممکن ز بی بال و پری

مادرم گفتا که روز تو شب ماتم شود

من ندادم گوش بر اندرزهای مادری

چرخ نیلوفر بگرد ارض چرخاندم بسی

من چه گویم با چنین چرخ خندهٔ نیلوفری

عده‌ای تبدیل گردیدند از گوهر بخاک

جوخه‌ای هم خاک را کردند زیبا گوهری

مردمی از عشق و سلک دور گردانند چشم

در کنار ساده‌لوحان باز دارم مهتری

رفت آن عنقای لطف از کُنه قلب و دیده‌شان

باز در دنبال ساحر زیر نام رهبری

عشقبازی با نصارا همره ورزی با یهود

هر دو انصارند در مذهب بخالق مشتری

تخت خاقان تاج قیصر داد بر دام حریف

کی تو دانی چون شود دارائی اسکندری

راه درویشان جدا کن از مسیر قیصران

مرد باید تا کند تدبیر وقت داوری

در زمین غیب پای آشنا آتش گرفت

بسکه انگشتان فرو بگرفت روی آذری

پس قلم بگرفت و روی کاغذی پنهان نمود

داستان دیو و ظلم و مکرهای جابری

۱۹۷۵

در عروسی آرمان

روز وصل یار و یاران شاد باد — شاد باد آن روزگاران یاد باد
از خدا خواهم که از عمق ضمیر — تا ابد آرمان دل شاد باد
آرمان فرزند پاک و نازنین — در دو گیتی خانه اش آباد باد
این عروسی را مبارک بر تو داشت — بر من و بر مادرت میلاد باد
آرزو جانم عروسی کرد و رفت — نوبت را این دگر بنیاد باد
بر من و فامیل ما و دوستان — از عروسی ها مبارکباد باد

از خدا خواهم که خشنودش کند
از غم و رنج و محن آزاد باد

۳۱ می ۱۹۸۸ - لاروگار

اندرز پدر

چون دقایق ساعت پُرشماره شد جانم

روز و شب گذشت از ما در تلاش پنهانم

عشرت و هدف دیدم گوهر از صدف دیدم

چنگ و نای و دف دیدم در کنار ایوانم

عاشق نسیم من مخلص شمیم من

شاعر دُرافشانم بر چه کس دُرافشانم؟

شادی و شعف هر روز بر تو میکنم اهدا

همچو جام گل خندان همچو مُرغ غُریانم

شکر ایزد دانا عادت زبانم شد

مهرِ داور دادار سایه‌های گامم

عطر گل شادی او مشک آهوی خُتنی

بُلبل غزلخوانم در بُن شبستانم

در چنین شب پُر عشق در کتاب فرزندم

من ورق زدم یکسر آرزو و ایمانم

بر شناسه فرزندم من نصیحتی دارم

مهر و راستی بنما از صمیم دل، جانم

۳۱ مه ۱۹۸۸

جنگ

روزی رسید مژده که شد انتهای جنگ
راوی رسید و گفت که هست ابتدای جنگ

هر روز ضربه های فراوان بجان رسید
هر شب بغل گرفته بزانو عزای جنگ

در کوچه ها فتاده پیکر مردان بخاک و خون
با خون و جان گرفته همه خونبهای جنگ

در منجلاب سختی و فقر و گرسنگی
سرباز ها فکنده سر خود فدای جنگ

برهم زدند مجلس و تالار رودکی
آتش زدند خانهٔ ما از جفای جنگ

بیچاره مردمی که ندارند کار و کسب
باید که برقرار بمانید پای جنگ

با خون دیگران نتوان شُست خون ما
تا بر فکنده زیربنا پایه‌های جنگ

تا عقده‌ها تهی نشود جنگ دایر است
جان و روان ملّت ما شد فدای جنگ

آن دشمنی که راحت ایران ربوده است
ترسم که افتخار کُند در قفای جنگ

فاتح کسی نشد که ننالد ز جنگها

دیوانه بین که داده مرتّب ندای جنگ

در شرق و غرب غصّه ما را نمیخورند

آنان که چشم بسته بر این اعتلای جنگ

داور جزای او بدهد کاو ستیزه داشت

آغشته کرد قلب ترا در بلای جنگ

در کار صُلح حاجت هیچ استخاره نیست

ترسم ندای صُلح شود هم صدای جنگ

از ضجّه های ملّت ایران دلم گرفت

خواهم دوباره تا برسد انتهای جنگ

با صد دعا بجانب ایزد نظر کنم

زیرا که اوست در همه حالت خدای جنگ.

داسردگاسر ۱۹۸۸

نفت

کشور ایران که روزی از خدا یاری گرفت
روز دیگر از عدو روباه مکاری گرفت

ثروت خود را چو نفت خام بر دشمن فروخت
نقره را داد و بجایش پاره دیناری گرفت

دسته کشور فروشان دانی ای عاقل چسان
از فروش میهن خود سود سرشاری گرفت

مرشد خائن صلیب از چوبه دار آفرید
خادم ملت بپای چوبه داری گرفت

مرغ بی بال و پری بر پای خود زنجیر داشت

طعمهٔ خود را بزور از کنج منقاری گرفت

روی برگرداند از تجویز و پندهای طبیب

راه بهبودی دگر از دست بیماری گرفت

خواب رفت آن لعبت زیبا و من در انتظار

تا ز صُبح نو دگر هُشیاری و بیداری گرفت

۱۹۷۰

مهرورزی

عاقبت مهر تو آید دوست چها کرد بدل

بی سبب عشق تو سر نیسه رها کرد بدل

همه شب تا بسحر زمزمه لطف تو بود

وه چه هنگامه پر درد و بلا کرد بدل!

زندگی را همه چون در تب زندان کرد

مهر نشناخت ز یاران و خطا کرد بدل

چارهٔ درد و مرض را چو ندانست درست

زهر مرگ آورد خود را چو دوا کرد بدل

مست دیدار خدا بودم و باور نشدم

که خدای منو از دیده جدا کرد بدل

باز در صومعه گوئیم که آینده خوش است

روزهی آید که شود باز صفا کرد بدل؟

بزم زاهد نبود مرکز عیاشی ولیک

خوب دانم که همه شب نه دعا کرد بدل

گفت برخیز که یاران همه از دست شدند

گفتم آری چه صفا رفت و وفا کرد بدل

۱۹۶۱

بزم شهان

صاحبدلی مجلس بزم شهان گذشت
عزم ملوک را به می ارغوان گذشت
در خلوتی شکوه محبّت به چشم، دید
در محضر ملک زغم این و آن گذشت
خرّم ز بزم و خیره آباد از دلخوشی
شب را سیاه کرد و ز صبح زمان گذشت
بگذشت و داد صحبت اهل قدیم را
آن نکته‌ها بجز می راز نهان گذشت

هر خنده‌ای که از لب نازی گذر نمود
با گریه‌های دخترک بینوا بان گذشت

در پای می رسید و سرش منگ باده شد
خاموش در کنار می بینوا بان گذشت

ساقی هوس نمود که او را زند زمین!
جامی گرفت و گفت که طبع روان گذشت

دلخسته بود مردک و زارش به شه نگفت
غم را به سینه داد که تا از جهان گذشت

۱۹۸۷

چرا

چرا دیگر به شعر خود سر و سامان نمی‌بخشم

به تنهائی تن هایم اثیر جان نمی‌بخشم

چرا در سایهٔ مهتاب از رؤیا نمی‌گویم

چرا در خواب بر رویای خود الوان نمی‌بخشم

چرا از سایهٔ گلها سراغ عشق می‌گیرم

چرا آزادی بلبل ازین زندان نمی‌بخشم

چرا در کشور ابر و مه و باد و نم و باران

سفرهای دراز خویش را پایان نمی‌بخشم

مگر دیوانه ام تا بگریزم ز آفتاب خوش

ز صحرا و بیابانها گلی ارزان نمی‌سنجم

چرا مذهب فروشان را کنم واقف به هشیاری

بدین لامذهبان دیگر چرا ایمان نمی‌سنجم

گدایان مسلمان را خبر دادم به دیناری

گدای نامسلمان را چرا این نان نمی‌سنجم

اراجیف فرون در گوش من شد سالها اما

سخنران مسلمان را دگر میدان نمی‌سنجم

عدو چاپید نفت ما ولی حالا تو میدانی

چرا بر دشمن ملّت دگر ایران نمی‌سنجم

سوئد ۱۹۸۷

سکوت

دیشب سکوت محض در این آشیانه بود

ما را، همان خیال تو در سر ترانه بود

زیر و بم نوای تو در گوش می رسید

لبخندهای ناز تو ما را فسانه بود

اندر خیال روی تو چشمم گشاده ماند

خوابم نرفت و اینهمه کار شبانه بود

مغروق گشتی دل تاریک و مظلمم

با آن امید در پی نور از کرانه بود

اندر سکوت پرتو ماه از افق رسید

تنها چراغ و روشنی آشیانه بود

وقتی که وصف دل شود از من بریده شد

فرصت نماند بر من و این از زمانه بود

گر دل به چشم، راز و نیازی دراز داشت

آنهم ز دوری تو تسلّم، بهانه بود

خوش عالمی و خلوتی اندر شب سیاه

دیشب که با تو قلب حزینم روانه بود

سرّ ضمیر در دل شب با کسی نگفت

مُهر سکوت بر در و دیوار خانه بود

فراموش

نه حکایتی که گفتم تو در آن نظر نمودی

نه شکایتی که کردم بدلت اثر نمودی

بسراغت آمدم من که گلی بچینم از باغ

با امید چیدن گل در باغ را گشودی

چو به گل رسیدم آنجا تو بسر زنش فتادی

که برای من چه کردی که برای من چه سودی

بگریختم ز باغت، که براغ راه یابم

که حکایتم از آنشب همه اشک و تند رودی

سخنت بیازمودم که حقیقت است یا نه

تو بمن کنایه گفتی و سخن نیاز نمودی

ز وفا و عشق دادم به صبا همیشه پیغام

نکند خدا نکرده نرسیده ات درودی

ز دو دیده کور گشتم چو گلایه ها نخواندم

تو نه آگهی که آخر رودت بدیده دودی

چه شد ای سبک سر من که خطا نشد فراموش

که خطای دل خطا بود ولی بآن فزودی

دگرم هوس نمانده که بقصه داد ترسیم

که نمانده در وجودم بخدای تار و پودی

نکنم هوای کویت که حکایتم نخواندی

برقیب تکیه کردی و بدامنش غنودی

در هواپیما

هواپیما گذر میداشت در عرش　　در او تنها و بی پروا نشسته
چو بازی طعمه در منقار کرده　　چو غم در سینه و دلها نشسته
زمین در زیر پایم داد میزد　　که ای گنبد والا نشسته
مرا می‌بینی و افسوس داری　　که بر عرش خدا اعلا نشسته
بروی کوه بینی برف و در دشت　　غزال و کودکان برپا نشسته
میان ابرها با بال سنگین　　گذرداری و اندروا نشسته
بروی شوره‌زار و درّه رویست　　توجّه بر لب دریا نشسته
نظر بر بلبل محزون و یارش　　که بر کنج گلی رسوا نشسته

خدا را ده یکی پیغام از من   که در عرش ابد تنها نشسته

مرا با جمع رندان کرده همراز   ولی خود با صفا تنها نشسته

درون سینه‌ام آتش نهان کرد   چو ما دانی که با دانا نشسته

سوگند

بگو باد که بریده است، آب و دانه من
بگیر دانه و بگذار، آشیانه من
بریده راه سفر را به خانه ام یکجا
گرفته عمر مرا اندر آشیانه من
کنار ساحل و بر آب دست من نرسد
چو موج سخت زند حمله بر کرانه من
نداند آن که همه عمر ناله ها کردم
کسی نداده به او نامه شبانه من

نه قاصدی که برد در برش پیامم را

نه مطربی که بخواند بر او ترانه من !

چو تیر دست تو افتاد بر زمین مفکن

هدف مساز بود آخر آشیانه من

بگو که گل نفرستد کسی به بیماری

که چشم بسته ز خوب و بد زمانه من !

وداع می‌کنم با تو ای زمین عزیز

که سفته‌ای همه شب اشک شاعرانه من

بخاک پاک وطن تا ابد زنم سوگند

که اوست عشق من و ناز جاودانه من

خاکیان

تو مگر شنیدی ای دل که ز یار در فغانم

که ز یار در گریزم که ز یار بی امانم

چه کنم که یار دیگر نشود رفیق راهی

نبود مرا ندیمی که بُریده همزبانم

به تنم لباس دیبا به کفم حدیث و رؤیا

چو ببر نمانده دیگر گُلی جز آسمانم

غم دل به دل بگفتم که تو محرمی عزیزم

که تو بر دلم دوایی که تو مونس روانم

دل من به خنده گفتا که تو محرمی نداری

که تو برده ای ازین دل همه قدرت و توانم

چو ز دل وداع کردم دگرم سخن نیاید

که کند حدیث مشکل که شوند ترجمانم

بنگران لاله و گل تو مخند بی محابا

که ز اشک شوق پرواز کنم بگلشانم

بکنار شمع دیدم که سرشک کرده غوغا

چو بسوخت در حضور من و یار و میزبانم

به سپاس روزگاران همه خاکیان ارزان

چو تو ماکیان بیجان نزود در آشیانم

پیمان

بدردت ساختم امید که تا درمان من باشی
نشان گم کردم از کویت که سرگردان من باشی

ترا چون ذره بینی روی چشمانم مکان دادم
که چون اشک تمناها تو بر مژگان من باشی

ترا خواندم بدل یکجا نمیدانی بدان ای دل
کشاندم پیکرت اینجا که در دامان من باشی

دلم میخواهد ای رویا نفس های سحرگاهت
وزد چون باد بر گیسو که تا طوفان من باشی

از اول عشق بستم لیک گفتم تا ابد یادت
چو آغازم تو ای باید که در پایان من باشی

درست است اینکه سختی‌ها شکسته بال و پرهایم

بخند ای نازنین بر غم چرا گریان من باشی

زدم مهری بر آن نامه فرستادم به درگاهت

ببستم عهد دل با تو که هم‌پیمان من باشی

چو ایران بود در یادم نشد خاموش سوز دل

دگر بگذار سوز من که تو ایران من باشی

سرم را روی دامان گیر و اشکم پاک کن ای دل

که خواهم تا ابد ای جان سر و سامان من باشی

گل از دست گرفتی چنانکه گل رویی
چو عکس گل به چه خوشبویی و چه خوبی

هزار و لب اگر می بر مزار ما صد عمر
به یک سو و جانا بو نسیم سبکبویی

۲۹/۲/۳۰

وه چه شیرینی و خوش خوشگلی و زیبای منی

وه چه محبوبی و محجوبی و زیبای منی

من به عشق نزدیم چو تو محبوبی را

واقعاً ای بهشت زیبا تو مصلای منی

۲۹/۲/۳۰

مرا بگذار ز خوبیت آتشین است

هزارت دوست چون من در کمین است

من از هستی آشنایی دل بریدم

بدان ای گل که بیزاری نه این است

۲۹/۲/۳۰

دلبر بردی ز کف آخر چه بدار

دل خونین ما شانی گیسو دار

نه در آتش سوزش بنشین زان آب

نه زیر پایش نما او را سیر آزار

۲۹-۲-۳۰

نگاره

بدبختی بزرگ ز انسان گسستن است
بیمار کنج خانه شیطان نشستن است

این خطه خاک کیست که خندم در آن دمی
بهتر از این بگوشه زندان نشستن است

جائی که لحن من نشناسند خانه نیست
یا در مثل برابر حیوان نشستن است

بگذار خاک من به من ای مرد نابکار
دیگر ترا چه کار به کیوان نشستن است

از فتنه تو حمله به ما طعنه میزنند
بیگانگان کنایه ز دیران نشستن است

بیمار غربتیم و از این بی علاج درد
بیمار را امید به درمان نشستن است

این گل نه بوی رازقی و یاس میدهد
وآن خار و خس نه لایق گلدان نشستن است

آن دست و پای خسته و قلب حزین کنون
آماده گریز به حرمان نشستن است

«نگاره شراب خورده بهای بیشمار»
«هشیار در مجالس مستان نشستن است»

رنگ نابینایی

مردم میگویند که رنگ آسمانها آبی است
رنگ دریاها و رودخانه ها هم آبی است
رنگ اقیانوس رنگ آسمان است
رنگ فیروزه رنگ آسمانهاست
رنگ چشم یارم هم آبی است

نابینا از شما میپرسد، رنگ آبی چیست
آیا میشود رنگ را لمس کرد یا شنید

مردم میگویند رنگ یاقوت قرمز است
رنگ خون مثل رنگ یاقوت است

حبه های انار هم رنگ یاقوت است

حبه های انگور یاقوتی رنگ خون است

لبهای یارم و گونه های فرزندم رنگ قرمز دارد

نابینا سؤال میکند، رنگ قرمز چیست

آیا میشود رنگ را بوئید یا چشید

مردم میگویند آفتاب رنگ طلا دارد

رنگ انگشتر یارم هم طلائی است

بنفشه رنگ زرد طلائی زیبائی دارد

جلد قرآن مطلاست

آفتاب از هفت رنگ ساخته شده

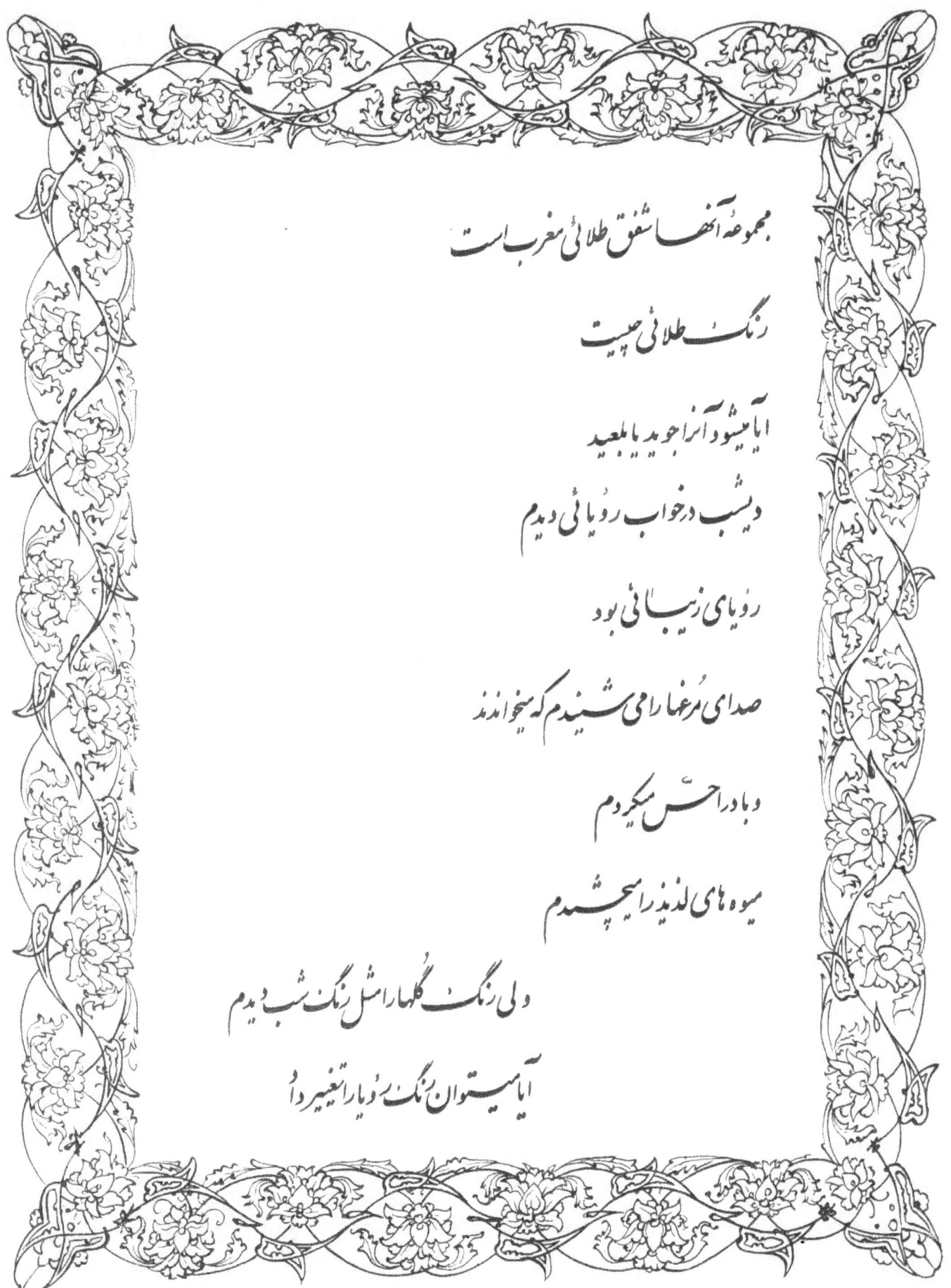

مجموعهٔ آنها شفق طلائی مغرب است

رنگ طلائی چیست

آیا میشود آنرا جو دید یا بلعید

دیشب در خواب رؤیائی دیدم

رؤیای زیبائی بود

صدای مرغها را می شنیدم که میخواندند

و باد را حس میکردم

میوه های لذیذ را میچشیدم

ولی رنگ گلها را مثل رنگ شب دیدم

آیا میتوان رنگ رؤیا را تغییر داد

مردم میگویند گوهها قهوه‌ئی است

رنگ درختان و سبزه‌ها سبز است

رنگ هلو صورتی است

رنگ صلح آبی است یا سفید است

شما که نابینا نیستید و چشم دارید و می‌بینید

آیا میتوانید تا دیر نشده

از رنگ قرمز خون رنگ صلح بسازید.

زیرا وقتی خون شما ریخت، آنوقت

توان بینائی را هم از دست خواهید داد.

۱۹۸۵م

گفتگوی زاهد و خیام

شب بود و زمین گرفته در سینهٔ خود
خیام براز و عهد دیرینهٔ خود
تنها و غمین به آسمان کرده نگاه
می گفت سخنهایش به آئینهٔ خود

چون عهده نمی شود کسی فردا را
حالی خوش دار این دل رسوا را
می نوش بماهتاب ای ماه که ماه
بسیار بتابد و نیابد ما را

مائیم و می و مطرب و این کنج خراب
جان و دل و جام و جامه پر درد و شراب
فارغ ز امید رحمت و بیم عذاب
آزاد ز خاک و باد و ز آتش و آب

بگذشت کنار او یکی زاهد پاک
گفتا که ترا خلق نمودند ز خاک
این می که تو می خوری حرام است حرام
ایزد ز گناه توست اینک غمناک

خیام نگاه بر رخ زاهد کرد
گفتا که برو مکن تو رویم را زرد
این می که خورم نشان آن رندی توست
وین گفته تواست بند جانم را درد

گر می نخوری طعنه مزن مستان را
بنیاد مکن تو حیله و دستان را
تو غره بدان مشو که می می نخوری
صد لقمه خوری که می غلام است آنرا

ای آمده از عالم روحانی تفت
حیران شده در پنج و چهار و شش و هفت
می خور که ندانی از کجا آمده ای
خوش باش ندانی به کجا خواهی رفت

زاهد گفتا که ای گنه کار سیاه　　می میخوری و عمر خویشت گشته تباه
فکر من زهد پیشه در پای بهشت　　جای تو شده چنان جهنم پر آه
خیام بزاهد از خردمندی گفت　　کای زاهد پاک دامن و مرد درست
افکار تو کی شود به افکارم جفت　　می خور که بزیر خاک می باید رفت
دریاب که از روح جدا خواهی رفت　　در پرده اسرار فنا خواهی رفت
می نوش ندانی از کجا آمده ای　　خوش باش ندانی به کجا خواهی رفت
گویند کسان بهشت با حور خوش است　　من می گویم که آب انگور خوش است
این نقد بگیر و دست از آن نسیه بدار　　کاواز دهل شنیدن از دور خوش است
زاهد گفتا مرا چو ایزد بسرشت　　دیوانه نمود و کرد از اهل بهشت
ای مست دغل برو که تا توبه کنی　　ورنه تو شوی بداخل دوزخ زشت
خیام و دو دیدگان چون کاسه خون　　از زیر دو ابروان نموده است برون
با چشم خمار گفت ای زاهد پاک　　برخیز و برو مزن تو بر جان افسون
من هیچ ندانم که مرا آنکه سرشت　　از اهل بهشت کرد یا دوزخ زشت
جامی و می ای و بربطی برلب کشت　　این هر سه مرا نقد و ترا نسیه بهشت

اجرام که ساکنان این ایوانند　　اسباب تردد خردمندانند
هان تا سر رشته خرد گم نکنی　　کانانکه مدبرند سرگردانند

زاهد گفتا که چون تو هستی گذرد　　عمرت همه به که عین مستی گذرد
ای نامه سیاه حور عینت ندهند　　چون حاصل تو سجود پرستی گذرد

گفتا خیام آنکه با پرهیزند　　آنسان که بمیرند چنان برخیزند
ما با می و معشوق از آنیم مدام　　باشد که به حشرمان چنان برخیزند

گویند بهشت و حوض کوثر باشد　　جوی می و شیر و شهد و شکر باشد
پر کن قدح باده و بر دستم ده　　نقدی ز هزار نسیه خوشتر باشد

هرگز دل من ز علم محروم نشد　　کم ماند از اسرار که معلوم نشد
تحقیق فزون دو سال کردم شب و روز　　معلومم شد که هیچ معلوم نشد

زاهد دمی از سخن فرو شد در فکر　　واندیشه و آه و سوز و ناله بکر
دانست که حاصل جهان نیستی است　　گفتا که می ام دهید تا گیرم ذکر

چون زاهد و خیام بهم بست شدند　　جامی دو سه می زدند تا مست شدند
خیام به آه گفت کی زاهد پاک　　از نیست چه بود جمله تا هست شدند

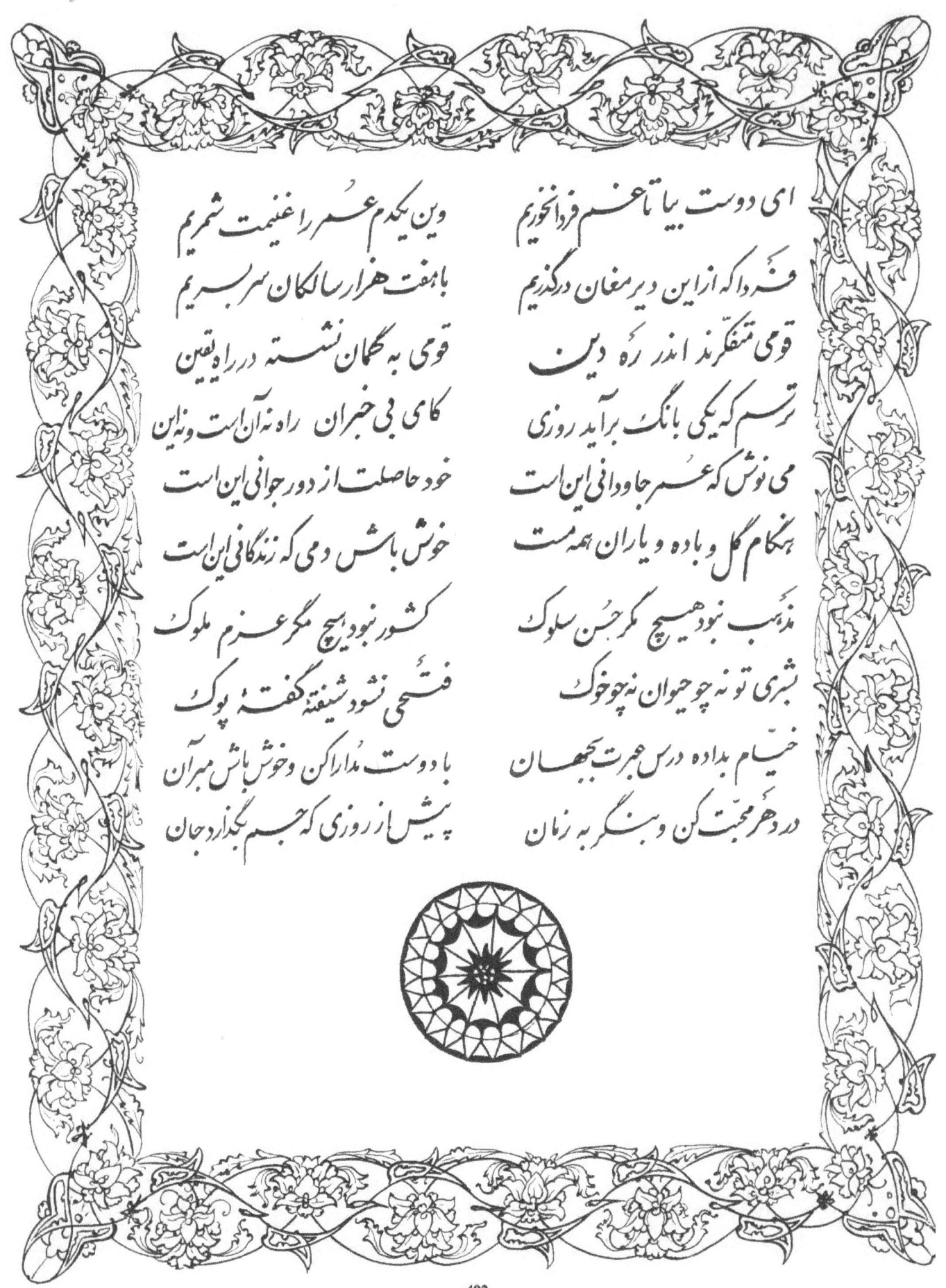

ای دوست بیا تا غم فردا نخوریم
وین یکدم عمر را غنیمت شمریم

فردا که ازاین دیر مغان درگذریم
با هفت هزار سالگان سربسریم

قومی متفکرند اندر ره دین
قومی به گمان نشسته در راه یقین

ترسم که یکی بانگ برآید روزی
کای بی خبران راه نه آن است و نه این

می نوش که عمر جاودانی این است
خود حاصلت از دور جوانی این است

هنگام گل و باده و یاران همه مست
خوش باش دمی که زندگانی این است

مذهب نبود هیچ مگر حسن سلوک
کشور نبود هیچ مگر عزم ملوک

بشری تو نه چو حیوان نه چو خوک
فتحی نشود شیفته گفته پوک

خیام بداده درس عبرت بجهان
با دوست مدارا کن و خوش باش مبرآن

در دهر محبت کن و بنگر به زمان
پیش از روزی که جسم بگذارد جان

« نوروز »

نوروز مبارک به شما مردم این شهر — نوروز مبارک به تو ای از همه بهتر

باغ و چمن و بلبل و گل را بستاید — کز مهر خداوند جهان گشته مصوّر

نوروز مبارک به تو نوروز منوّر

امروز بهار است و گلستان شده بیدار — برگشته زمینها و شقایق همه گلزار

یاس و گل ناز و سبد پر ز گلایل — خندند بر این عاشق دیوانه بیمار

نوروز مبارک به تو خورشید تو انور

چرخنده افلاک سبو از زمین زد — از قطره شرابش گل سرخی به جبین زد

بر طرّه موی چمن و سبزه فری داد — بر حلقه زرین بنفشه دو نگین زد

نوروز مبارک به تو چون حی ز داور

باد از همه جا گرد گیاهان زدوده است　　زنبق همه دامان پریشان گشوده است

آن نسترن آویخته از شاخه به پایین　　زیبائی خورشید و رخ ماه ربوده است

نوروز مبارک که گل سرخ چو آذر

ایام بهار است و رفیقان همه سرمست　　در گوشه بستانی و جامی بکف دست

در دست دگر دلبر و محبوبه نازی　　کز بوسه او درد و غم از جان و دلی رست

نوروز مبارک تو هر گوشه خاور

تمجید زمین و فلک و ماه و بیابان　　آسان نتوان گفت در این فصل بهاران

دریا و گلستان و بیابان همه زیبا　　امید است بیا صدق و صفا کن تو به یاران

نوروز مبارک که تویی شادی خاطر

نزدیک به عید است بیا جرعه بنوشیم　　وندر کمک و شادی مخلوق بکوشیم

کاین چهره اسرار ابدی و ازلی نیست　　پس پرده اسرار رفیقان همه پوشیم

نوروز مبارک به همه از اول و آخر

در سال جدید از دل دیوانه سخن ریز   از غیبت بدگویی افسانه بپرهیز

از حقد و حسد کینه و بیداد حذر کن   با عشق و وفا راستی و مهر بپا خیز

در گفتهٔ کاظم سخن عشق بپرور   نوروز مبارک همه از دل داور

نوروز مبارک به شما مردم این شهر   نوروز مبارک به شما از همه بهتر

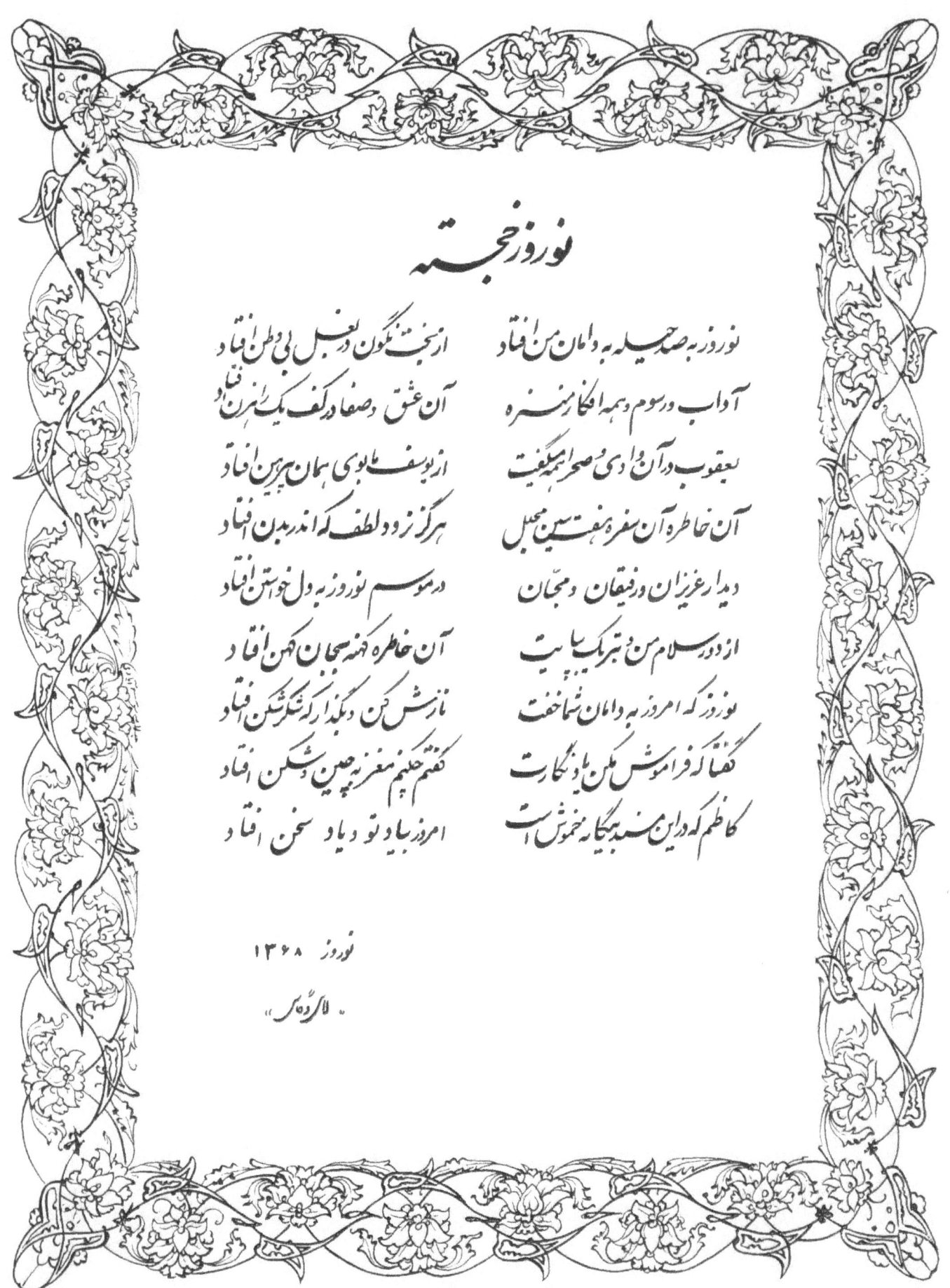

نوروز خجسته

نوروز به صد حیله به دامان من افتاد — از بخت نگون در بغل بی‌وطن افتاد
آداب و رسوم و همه افکار منزّه — آن عشق و صفا در کف یک اهرمن افتاد
یعقوب در آن وادی و صحرا همه بشکفت — از یوسف ما بوی همان پیرهن افتاد
آن خاطرهٔ آن سفرهٔ هفت سین مجلل — هرگز ز دو لطف که اندر بدن افتاد
دیدار عزیزان و رفیقان و محبّان — در موسم نوروز به دل خواستن افتاد
از دور سلام من و تبریک بیابید — آن خاطرهٔ کهنه بجان کهن افتاد
نوروز که امروز به دامان شما خفت — نازش کن و بگذار که شکرشکن افتاد
گفتا که فراموش مکن یاد نگارت — گفتم چه کنم مغز به چین و شکن افتاد
کاظم که در این مسند بیگانه خموش است — امروز بیاد تو و یاد سخن افتاد

نوروز ۱۳۶۸

«لاگرده‌ای»

«ای خدا»

ای خدا ای عشق کمتر مست و رسوا کن مرا
در حریم دوست با یک امر شیدا کن مرا
چشم را آکنده از آثار زیبا کن مرا
عاشقم کن لخت و عورم کن چو حوا کن مرا

ای خدای عشق از درگاه تو دورم چرا
از بهشت آواره از دیدار منفورم چرا
در نماز و روزه و حج تو مجبورم چرا
زنده ام اما تو گوئی زنده در گورم چرا

ای خدا امروز نوروز دل افروز منست
با دعایت سال نو یکسال پیروز منست
سینه ام آکنده از غمهای دیروز منست
پس مبارک کن بما امروز نوروز منست

ای خدای عشق دلها را ز قهرت پاک کن
دیده ها بینا ز مهرت سینه ها پر چاک کن
حقد و کینه، ظلم و درد و مرگ را ز خاک کن
در گمرهیهای بشر دست مرا بی باک کن

چون تویی در اصل مبنای جهان بی ثبات

روز بعد از نوروز ۱۹۸۸

نوروز ما یکبار دیگر آمد و رفت — این بار با اشک و غم و درد و بلا بود
بیگانگان هرگز سترگش را ندیدند — نوروز در ایران ما یک کربلا بود

آیا می‌دانند اعراب این شب عید — یا اینکه قلب سنگشان آگاه آن نیست
نوروز ما یکبار دیگر گریه‌ها کرد — فریاد زد ای وای صلحی در جهان نیست

در موقع تحویل با صدها نیایش — یاد وطن بودم تو دیدی ژاله‌ام را
تنها کنار آینه خفتم که شاید — در زیر خاک و خون شنیدی ناله‌ام را

مادر من از هفت‌سین امسالم چه گویم — آن گندم و آن سبزه پژمرد و عدس مرد
آن سنجد و سوهان و سکه بی ثمر بود — و آن ماهی سرخ من از اندوه پژمرد

مادر تو از من دوری و در زیر آوار — دستت پر از گرد و غبار از خاک گشته
دستت ببوسیدم در این نوروز جانسوز — قلبم از این ماتم چو قلب چاک گشته

یک عیدی از دست تو در دستم نیامد — آن عیدی سالانه تو خاطرم هست
اما نشد ممکن دوباره عشق دیدار — من عاشقم مادر خدا خود ناظرم هست

در جشنها رفتم ولی آنجا نبودی — در گوشه سالن نشستم با دلی تنگ
نوروز ما یکبار دیگر آمد و رفت — اما میان ما و تو صدهاست فرسنگ

سال نو

سال نو آمد و من خسته ز رسوائی عشق
سال دیگر شد و دل مرده ز تنهائی عشق

روح پژمرده و دل مست از آلام زمان
را بها بسته به عشاق تماشائی عشق

نوجوانان هدف آتش معشوقه شدند
پیر پژمرده چه داند ز توانائی عشق

دوستان منع کنندم که دلی بر تو ببندم
نتوانم که جدا ماند ز شیدائی عشق

هرچه کردم تو خطا دیدی و تقصیر از من
هرچه کردی تو وفا بود و دل آرائی عشق

عاقبت عشق وطن لانهٔ دشمن سوزد
که بسوزاند مرا اخگر زیبائی عشق

تو در این سال بیا دست محبت بفشان
که نه بنشینم دگر بی سرو پائی عشق

لب ما بر لب خود گیر و دم از عشق مزن
مگر آن لحظه که بوسم لب حلوائی عشق

نقشهٔ خویش در این سال به داور بگذار
که صفای قدمش رحمت نعمائی عشق

سال نو را چه کنم گر نه هم عشق به دوست
خاطر پرچین و خاطره برپائی عشق

اول ژانویه
۱۹۸۹

سیزده بدر

« وجنگ »

سیزده روز ز نوروز گذشته است و شمار
باید از خانه بردن شد بسوی کوه و کنار
سبزه را دور فکند و به رفیقان پیوست
شادی و هلهله و خنده بجان کرد شعار
آنچه نحسی که بما رفت در این سال نحس
همه را ریخت به صحرا همه را داد فرار
اینچنین رسم نیاکان همه را داشت غنی
همه را برد بباغ و دلشان داد قرار
لیک امسال در ایران سخن از سیزده نیست
همه از شهر فراری همه در غصه دچار
یکی از مسکن خود رفته به شهر دگری
یکی از خانه خود رفته برون زار و نزار
زیر پل ها و ته دکه و در زیر زمین
همه سنگر بگرفتند در این فصل بهار.

جرگه‌ای هم ز وطن گشته پناهنده غیر

همه از غصه بجان آمده در گوشه غار

کیست آنکس که گرفته است ز ما وجد و سرور

کیست آنکس که شکسته است ترا عزم و غرور

به کجا رفت همه ثروت سرشار وطن

به کجا رفت از این ملت ما درک و شعور

گاز سمی و تفنگ و خطر دادن جان

موشک و ناله آژیر بما کرده ظهور

اتحاد و سخن از دوستی و مهر و وفا

همه یکباره کجا رفت و چرا شد مستور

سیزده روز ز نوروز گذشته است اما

تحویل سال نکرده است وطن را معذور

به سیه جامه و بیمار کمک هدیه نما

آنچه از دست تو می‌شاید و باشد مقدور

از خدا خواه که در سال دگر خاک وطن
پاک گردد ز بن از فاجعه فسق و فجور
گره از سبزه گشائیم و بهم یار شویم
قصه عشق بخوانیم نه افسانه گور

«صلح!»

میلیون نفر ز مردم ما بر فنا چرا
میلیون نفر ز حیله بدام بلا چرا

دیوانه وار بر در و دیوارها زدن
مجنون صفت چو دیو سراپا خطا چرا

از جنگ هشت ساله چه نفعی بما رسید
در خون بیگناه شراب شفا چرا

از پنجه سخیف عدو خون چکد هنوز
چشمان مادران و عزادارها چرا

کشور دریده از هم و مردم سیاه پوش
هر خانه پر ز محنت و رنج و جفا چرا

بیگانه غصه من و یاران نمی خورد
ما هم نه فکر ملت بی دست و پا چرا

رفتند و دیده بسته ز دنیا هزار مرد
با جمله ای که گفته شهید خدا چرا

در آتشی پیاله پر از شهد شکر است
نشنیده ای حکایت صلح و صفا چرا

من از ندای صلح چه خشنود میشوم
لیکن ندای صلح پس از ماجرا چرا

شادی کنیم و پا در کشور شویم باز
ای وای صلح رفته به دار فنا چرا

من از خدا سئوال بزرگی کنم به جبر
پروردگار جنگ بنام شما چرا

«بمناسبت خبر صلح ایران و عراق»

«ایمان»

سال جنگ و صلح با اندوه و طوفان ساختم
تا در این ویرانه دور از خانه بنیان ساختم

دور گشتم از گلستان دشمنان در آن نهان
با محبت‌های یاران در بیابان ساختم

مهر و عشق و راستی را در فضا دامن زدم
با صفای دوستان با یاد و یاران ساختم

از طریق موج غوغای دلم پرواز کرد
تا محبت را بگوش یار و یاران ساختم

دور گشتم تا گذر از گفته‌های بی‌بها
رنج بردم در خفا کاشانه ویران ساختم

خوب فهمیدم که نیک و بد در این دنیا بسی است
از برای تیر مردان سینه‌دالان ساختم

تا توانم با رفیقان دست همراهی دهیم
دست یابی را به خود بر یار ارزان ساختم

تا عزیزان پای بر روی دو چشمانم نهند
روی چشمانم برای دوست ایوان ساختم

دلکز و گلکار و صنعت پیشه و عاشق شدم
با کلام عشق شعر نغز و دیوان ساختم

ای گل من مردم زحمتکش و آگاه و ناز
از پلیدی‌ها گذشتم با تو ایمان ساختم

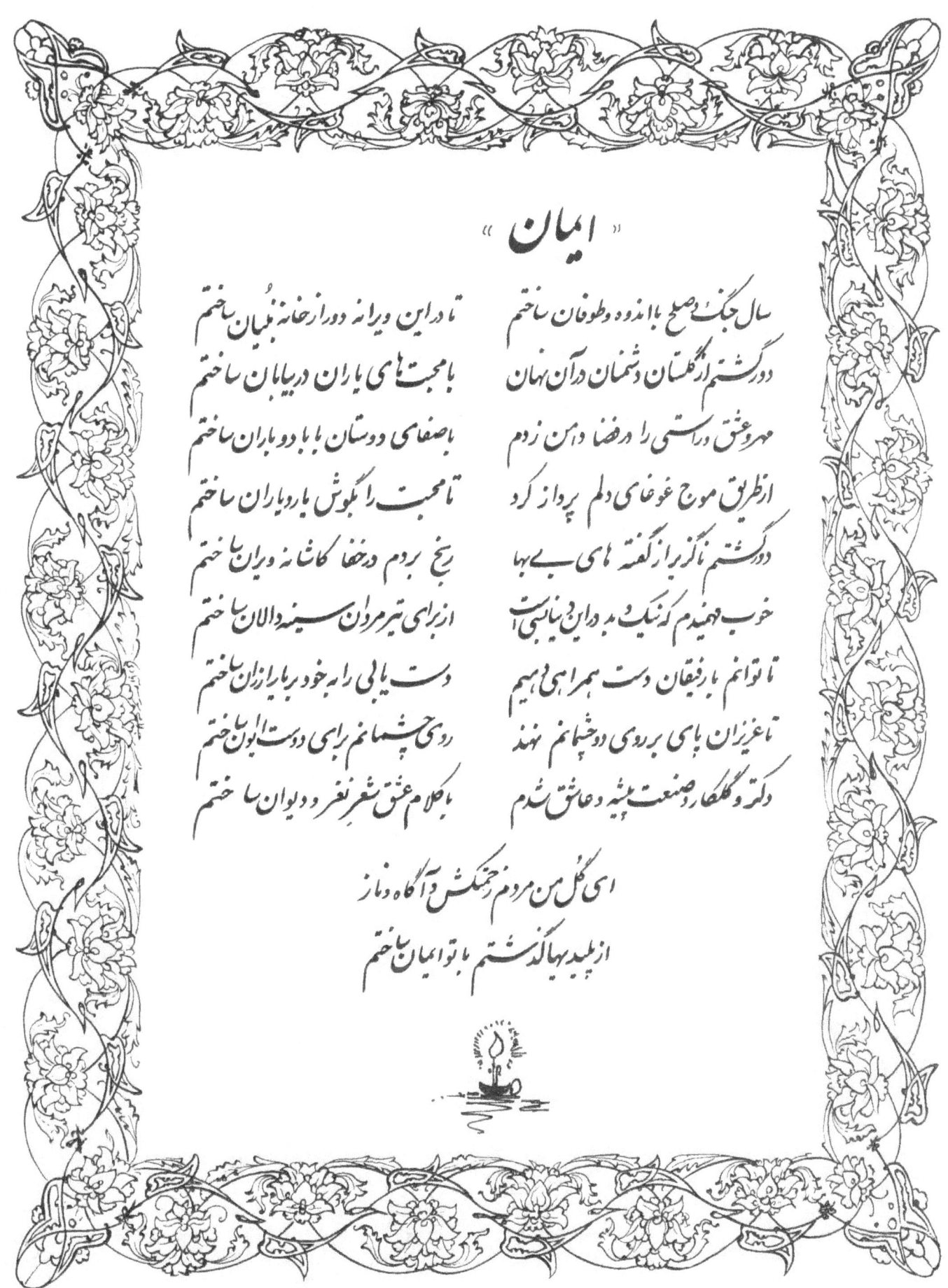

سرباز فراموش شده

سرباز وطن گفت که بدنام تویی تو — با رنج و تعب هستی ناکام تویی تو
با شصت صباحی که ز عمرت همه بگذشت — با جنگ جدل بودی و در دام تویی تو
در جنگ به اعراب پس از سختی بسیار — با تهمت و غم طعنه و دشنام تویی تو
جز خون دل و سختی و بیچارگی و مرگ — در خانه ویرانه سرانجام تویی تو
تا رفت که بر زندگی خویش بنازد — دست اجلت داد به آلام تویی تو
یکمرتبه از دست اجل رفت ز دنیا — گمگشته از این بام به آن بام تویی تو
در گور نداری کفنی تا که بپو شد — آن پیکر و آن قد گل اندام تویی تو
تا گفته نماند که در این کشور غمدار — بی مایه و بی خانه و بی جام تویی تو
هر چند ندانند که بعد از همه آلام — در گنبد مرگ چه خوش نام تویی تو
زیرا که وطن را نفروختی به اجانب — این فخر تو کافی است که فرجام تویی تو
بگذار بدانند که جنگیدی و رفتی — از بهر وطن مرگ ارقام تویی تو

لاله گلعاس

« مجسمه عیسی در باغ »

آن مرد زیبا زانگر خاموش و مدهوش
سالی است بر دشت و دمن برپا نشسته
دستان یاری بخش او سوی خدایش
چشمان نازش باز و بی همتا نشسته
سرمشق عشق و بُرد باری و مروت
درگوشه باغی بخود تنها نشسته
چشمان آبی رنگ همچون آسمانش
در کاسه سر همچو یک دریا نشسته
با باد و باران هم دل و با برف همراز
شبها به تاریکی دهشت زا نشسته
بالای سنگی پیکرش از سنگ خارا
سخت و گران بر معبد بالا نشسته
همچون خدایان در پناه آسمانها
اندر کف دلدار بی پروا نشسته
اندر تفکر چهره اش پوشیده آلام
با یاد حق چون داور دانا نشسته
دیروز ادفت و همی امروز ناکام
اکنون بامید غم فردا نشسته
این قطعه سنگ سخت خارا نشاید
عیسی صفت در معبر دنیا نشسته

خوش اندام

قربان آن لبان و دماغ و دو گوش تو — من عاشقم به سینه گیسو بدوش تو
دانستی از نگاه که من عاشقم عزیز — به به به آن شعور و بآن عقل و هوش تو

در قلب خویش عاشق محزون نشانده‌ای
در یک نگاه جمله حکایات خوانده‌ای

پر زد دلم ز سینه چو دیدم سفینه‌ات — از دل زدود یکسره آثار کینه‌ات
از پرتو نگاه درونم برهنه شد — از دیده ژاله ریخت بر آن آبگینه‌ات

قلبم طپید و چهره من رنگ کاه شد
قربانی نگاه تو شد بی پناه شد

از عارضت نشان جوانی برون رسید — وز گونه‌ها نمایش شادی کنون رسید
نرمی پوست همچو فنر نرم قاقم است — هر کس که لمس کرد به حد جنون رسید

دختر ببین که ناز تو از جان خریده‌ام
سختی راه و زجر بیابان کشیده‌ام

موی بلند و بور تو پوشانده شانه را   پنهان نموده سینه لغزان و چانه را
آشفته کرده دیدهٔ بینندگان مهر   دیوانه کرده قلب من پر بهانه را

گفتم مگر که لب به لبم میدهد نگار
از صبح زود تا به شبم می کند خمار

غرق امید بودم و خوابم به سر رفت   شب تا به صبح خواب به راه بصر رفت
اندر خیال وصل تو شب تا سحر گذشت   قلبم نخفت و خواب به چشمان تر رفت

در خواب ناز بودی و از یار بیخبر
من در کمین وصل تو وامانده از سفر

دیدم ترا و مرغ دلم سوی دانه رفت   برق از دو دیده‌ام به سر و پا و شانه رفت
گفتم که درد خود به تو گویم که شاهدی   لیکن زبان میان دهان از بیان رفت

بهتر که درد خود به تو گفتن نشد تمام
چون خشک و بی تعصب و بی عشقی و کلام

دیدم دوباره صورت زیبا و چشم ناز   اندام دلنشین و سر و موی و روی ناز
اندر برون چه نغمه‌ای از لطف بیکران   لیک اندرون تهی ز همه ساز و ناز و راز
پروردگار آنچه بدادت چه پر بهاست   اما تهی ز عشق و محبت چه بی صفاست

«زانی زاده»

شدم آبستن از آن مرد زانی / تو از درد دل زارم چه دانی
به ماه سوم از این شرم دائم / تهوع در دلم زد میزبانی

چه سختی ها که آمد بر سر من / سر من خانه بداختر من
چو نه ماه دگر از دیده ام رفت / حرامی زاده اندر بستر من

شب زائیدن این طفل بدنام / چه زجری داد بر من صبح تا شام
کسی قلب مرا نازش ندادی / نه دستی بر سر بیمار آلام

شفاخانه نرفتم از خجالت / به بستر ماندم از آن دیو سیرت
پزشکم خانم پیرزنی بود / که از علم پزشکان داشت وحشت

چو در دستت اندامم بهم ریخت / ز وحشت مغز و رحمم درهم آمیخت
ز خون ریزی سرشکم گشت لبریز / ندانستم چه باید کرد و آویخت

در اثنا صدای جیغ پرراز / به دور کهکشانها کرد پرواز
سر کودک هویدا شد مسلّم / ز درد زایمان جان در کفم باز

چو کودک بود و از خون پدر زاد / بدون هیچ علت گریه سر داد
گله یا شکوه از کار پدر داشت / تمام مردم دنیا خبر داد

که من امروز زانی زاده هستم / که از دست پدر افتاده هستم
ولی زجری که مادر بر خودش داد / یقین دارم که من آزاده هستم

مقصر من نبودم لیک دانم / که مهر باطلی بر جان من زد
شب و روز و مه و سالی که آید / پدر صد ضربه بر ایمان من زد

«ضایعه»

یک فاجعه مرموز یک ضایعه از جانم — هر دم خبری مهلک می‌آید از ایرانم
هر روز بر این مردم با سختی و با زاری — هر لحظه بر این ملت بدبختی و حیرانم
کاین بار میان ابر در اوج هوا ناگاه — پرواز همی کردند صد پیکر مردانم
طیاره آنان بود چون طعمه کرکس‌ها — افتاد بدریاچه دیباچه افشانم
صد مرد و زن و فرزند معصوم دیار امید — رفتند به عمق مرگ بیهوده ز دامانم
از دیده عکاسان صدها بدن مجروح — در روی خلیج فارس افتاده فراوانم
یک لحظه سبکباری صد جان بهدر دادن — یک ثانیه بی‌رحمی ببرید دل از جانم
مردان عزیز ما در بند غم و پیکار — هر لحظه چو برگ زرد در پیچش طوفانم
از دست عدوی پست دیگر چه کنم تدبیر — بر باد هوا داد آخر دیوانم و عنوانم
این شیر که می‌غرد پیوسته به جان ما — من در شکم شیرم از حمله چه میدانم
از داخل و از خارج هر کس سخنی گوید — من یار خدا هستم آماده فرمانم
روزی دگرم باید عزمی دگرم شاید — راه دگری گیرم، دور از همه شیطانم

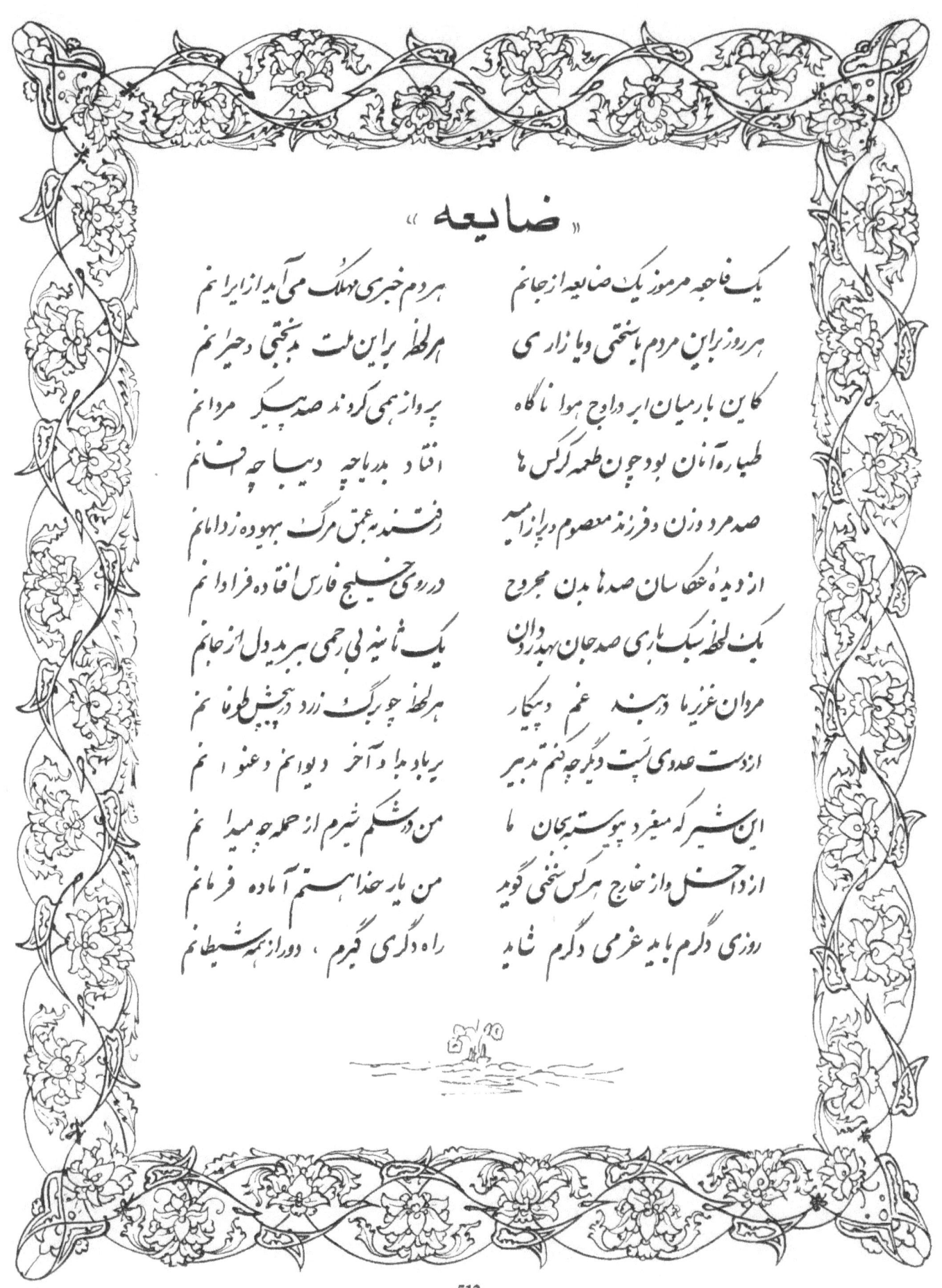

«شهریار»

شهریارا تو به یکباره فراموش شدی
تو چه گفتی تو چه کردی که کفن‌پوش شدی

یاد دارم چو صبا مُرد بیادش بودی
یاد آن مرد هنرمند قدح نوش شدی

شهریارا چو صبا رفت دلت سوخت ز درد
از غمت گفتی و داغ دل پرتوش شدی

خواب خود گفتی و تعبیر نمودی همه عمر
به تأسف که صبا رفت و تو مدهوش شدی

حالیا روح تو پیوست به یارِ تو صبا
ز جهان رفتی و از دیده فراموش شدی

سخنت جمله شنیدیم، وفا بودی و عشق
بلبل نغمه سرا یکسره خاموش شدی

تو زبان بودی و گفتار تو چون شهد و شکر
با هنرمندی و با شعر هم آغوش شدی

با صبا هستی و دانم که نداری غم مرگ

با هنرمندی و با شعر هم آغوش شدی

تو بخواب من غمدیده شدی در شب دوش

چون صبا باز تو هم خواب شب دوش شدی

«کاظم» از درس محبت ز صبا در تو گرفت

چه هنر کرد که هر قافیه در گوش شدی

زلزله ارمنستان شوروی

« آوار و مهر مادر »

در ارمنستان ، در زیر آوار — مادر بماند با یک طفل بیمار
هر روز روشن چون شام تاریک — در زیر آوار با کودکی زار
چشمان مادر نتوان که دیدن — سیمای فرزند در زیر دیوار
مادر ز سرما چون یخ بدریا — فرزند تشنه بی آب و بیدار
مادر ز خون داد فرزند را آب — تا زنده ماند با درد و ادبار
بعد از دو هفته با رنج بسیار — آمد بدستم این طرفه اخبار
از زیر آوار بیرون کشیدند — فرزند و مادر بیرون ز اسرار
در دفتر خود شعری سرودم — بر این حکایت هرگز نه انکار
از مهر مادر قلبم تکان خورد — وز عشق مادر جانم در آزار
جانم فدایت ای مادر ناز — عشقم بپایت مام وفادار
سختی کشیدی تا آخرین دم — حقا که هستی مادر فداکار
درسی که دادی بر مردم دهر — رفتی مسلّم در جمع احرار
هر کس شنید این افسانه گفتا — در دهر مائیم اورا خریدار

«معبد» یا شیخ رباخوار

در ره شبی به معبد شیخی گذر شدم — چون مرغ تیر خورده بی بال و پر شدم
شیخم هزار مسئله پرسید از عناد — پاسخ ندادمش ز عنادش خبر شدم
پرسید از خدا تو چه دانی تو کافری — با طعنه گفت کز همه مردم بتر شدم
بی مایه بر سکوت من اعلام جرم کرد — او بی خبر که از هدفش با خبر شدم
گفتا نماز خوانده‌ای ای از خدا بری — دیوانه وار آگه از آن بد نظر شدم
قصد از نماز رو بخدا کردن است و بس — من با خدا همیشه به قصد سفر شدم
گفتا که روزه خوار به آتش شود درون — دیدم در آتش است و از آن دل حذر شدم
مقصود روزه دادن نان بر گرسنه است — مقصود شیخ خوردن و خواب از سحر شدم
گفتا که خورده‌ای همه خمس و زکاة را — یا در ربوده ثروت و اموال دزد شدم
خمس و زکاة را که دهد بر فقیر زار — من بارها که شاهد چشمان تر شدم
گفتا که حج نرفته به رضوان نگرد پای — از گفته‌اش رمید دل و دربدر شدم
دانم که هیچ فایده در ذات من نکرد — اندرز شیخ در دل و جان بی اثر شدم
چون شیخ در قفا به ریا بهره می‌گرفت — پس هر کلام لاف از او بی ثمر شدم

ای شیخ خون مردم بیچاره ریختی

ایمان نبود و از گنهت با خبر شدم

با گریه باد درد دلم را به حق رساند

وقتی خدا شنید از او مفتخر شدم

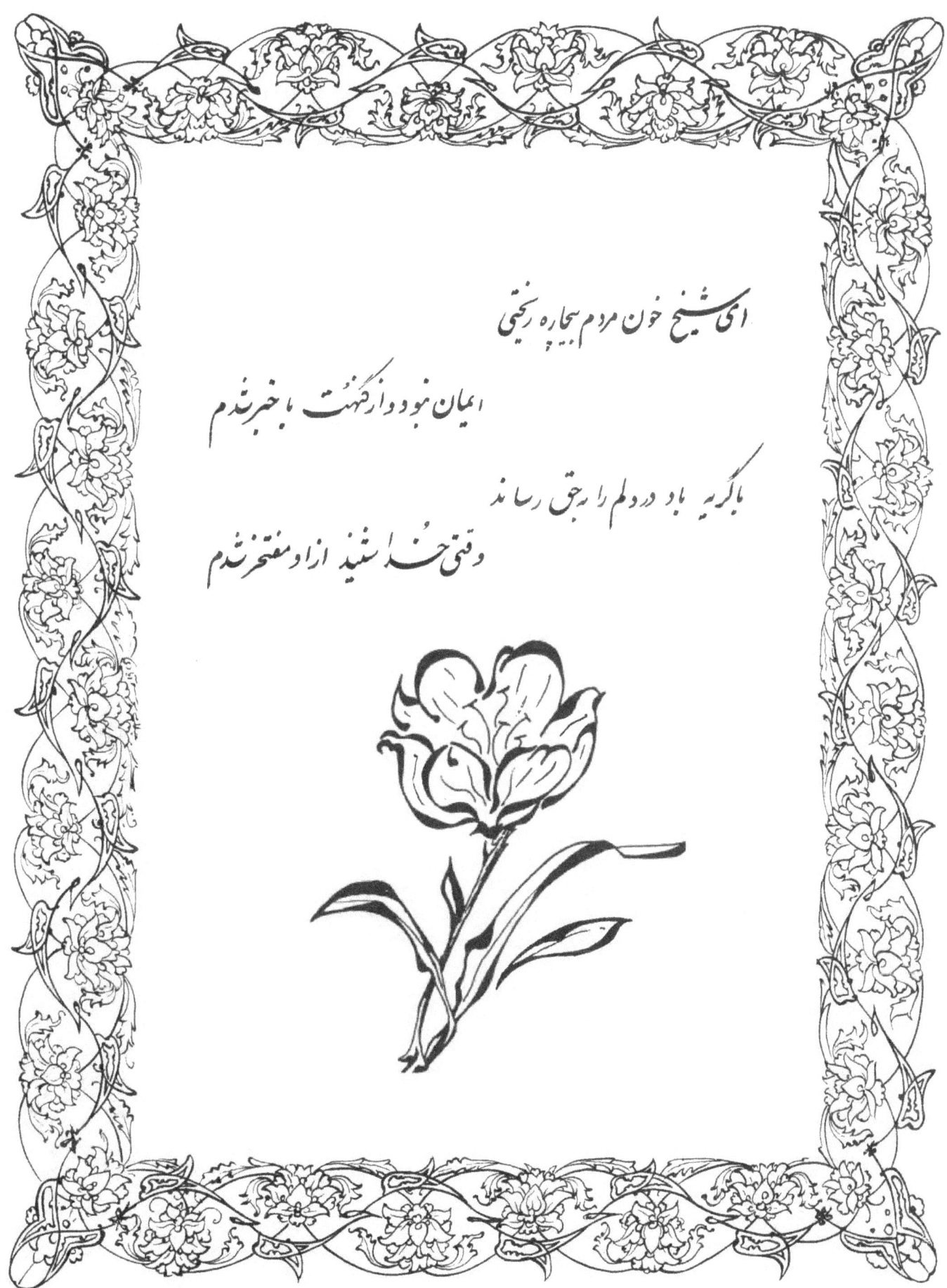

موج

در ساحلِ اقیانوس آرام نشستم من — امواج نظر کردم گفتم که چه هستم من

کف‌های سرِ دریا چون خسته دلان پایین — در زیر و بم امواج از خویش گسستم من

انوار خدائی را در پرتو مه دیدم — چون حالت مدهوشان مستانه و مستم من

دریا متلاطم بود دیوانهٔ زنجیری — می‌گفت به خشم و کین انگیخته هستم من

امواج چو مخموران می‌گفت به اقیانوس — صد بار چنین گفتم من باده پرستم من

امواج درون بی جان امواج برون لرزان — یک ذرّه از آن امواج بر دیده نشستم من

شب آمد و من رفتم فردا چو فرود آمد — در ساحل اقیانوس همواره نشستم من

«نغمه»

مرا در این بیابان خانه‌ای بود	که در آن بود دل صبر و قرارش
در آن ویرانه صحبت از وفا بود	بدین محفل صفا شد آشکارش
صدای نغمه مهر و محبت	فزون شد در فضای پرشرارش
نفس پیچید یکدم در گلویش	گل نرگس کنارش غمگسارش
از اندرز و نصیحت سینه لغزید	ز کف برد آن همه صبر و قرارش
من از این گوشه خلوت نخیزم	که عشق یار باشد در مهارش
به دو آرامش گیتی نبخشم	که سیل اشک گردی گلعذارش
رفیقان تا بکی در درد و پستی	که از آن نیست مردی را شعارش
صفا اندیشه کن از کینه بگریز	که جان را نیست جز این یادگارش
نویسم شعرهای نغز و دلکش	عیان سازم بجان بلبل و بهارش
چو گاه نظم نغمه آهنگ سازم	که چون زد بمن بشنید بر کنارش

یاغی

رسد آن دمی که یاغی برود ز دار فانی
بحضور حق بگوید سخنی ز زندگانی

به کنار خالق دهر سخن چو باز گوید
همه گفته‌ها بگوید به زبان بی‌زبانی

ز جفا و صید دلها به خفا بریدن جان
به ریای صبح کاذب به گمان بی‌گمانی

چو خدا شنید رازش سر خود و ملک پائین
که تو در جهان چه کردی که رسی جاودانی

همه عیش و عشرت و می ز خدا خبر نبودن
همه مطرب و شرنگ و همه روز کامرانی

تو به دهر کی رساندی خبری ز خالق خود
تو چو دزد کاروانی نشود کسی شبانی

به فقیر ره ندادی به گرسنه تند راندی
که تو رحم کی نمودی به یتیم ناتوانی

تو از این طلا و نقره به چه کس وظیفه دادی
که رسیده ای به اشباع ز گنج شایگانی

ندهیم بر تو رحمت نکنیم بر تو لطفی
که نداده اند هر کس درمی رایگانی

مرد بد

در دخمه تاریکی دژخیم خطر سر زد / مردی به صور زیبا بر دشنه در زد

مردی که بجز حیله در مغز نگنجیدش / وز گفته نامطلوب صد شعله به بستر زد

سیمای عبوس او در خاطره پیدا شد / زن در عقب عشقش چون مرغ هوا پر زد

داخل به بشاشش شد همخوابه بشاشش شد / از حقد و صفات بد صد تیشه به پیکر زد

نوشید شراب عشق وز عقده تهی گردید / لیک عقده مرد بد بر قلب دو نشتر زد

آلام زنش بشنو کافتاد به دام او / افسانه او بشنو کز درد به داور زد

پاکی و صداقت را آموخت به فرزندان / اما به دل نازش هر دشنه چو خنجر زد

بیچاره نمیدانست اول که چه خواهد شد / در پای عدو افتاد فریاد زد و آذر زد

روز و شب او تاریک چشم تر او خونین / قلبش ز عتاب مرد هر لحظه فزونتر شد

هرگز نه معانی نشکافت برای زن / آتش به زبان آورد یک قفل به دفتر زد

از حقد و حسد اشباع خود خواهی و کبر و ناز / پوشاند چو جهر زن اطوار توانگر زد

بگذار بگریم من در ماتم زن چون شمع / چون شعله سوزانش بر غنچه پرپر زد

« امواج »

تا صحبت عشق در فضا کردی — روح و دل و دیده با صفا کردی

دل را به بهشت آسمان بردی — جان را ز صفا تو پر نوا کردی

با یاد هنر ز خطه ایران — یاد همه را به یاد ما کردی

اندر طلب مناعت طبعت — با دشمن و دوست اعتنا کردی

یارا دو بیت در این سرای عشق — چون شاه جهان تو کودتا کردی

مردانه بکار خود شرف دادی — با خلق زمان چه کارها کردی

تا مردم ما شوند آزاده — در محضر حق خدا خدا کردی

مهر تو چو مهر داد در برداشت — پس مردم شهر پارسا کردی

کاظم نرود ز کوی هشیاران — کاین قافیه را تو پر بها کردی

ختنه سوران

درد و افسوس که در وادی عمر
درد از روز نخستین آمد

اگر این درد ز اندوه نبود
از ره سنت و آیین آمد

هفت ساله شبی اندر داج
میزبان بودم و خوش با ناز

میهمانان همه در عشق و شعف
پای کوبان همه در راز و نیاز

همه در بزم پیاله به کفی
از هوسها چو گلی خنده به لب

غرق و سرشار ز مستی و سرور
بی‌خبر از من و از سردی شب

لحظه‌ای دست عمو دست مرا
برد در کنج اطاقی غمگین

بی‌خبر زآنچه گذشت از بر من
دست سلاخ مرا زد بزمین

تا که من نقش زمین گشتم ز درد
تیغ سلاخ بمن داده نظر

گریه و ناله و سوز و عطشم
کی در آن مرد شقی کرد اثر

نه کسی هوش مرا از سر برد
نه کسی حس مرا باور کرد

نه کسی بود که بیهوش کند
یا که درد تن من کمتر کرد

شعله سرکش درد پسری
هیچکس را نبود یک اثری

باز در شوق پدر یا مادر
ببرد هدیه و بدگهری

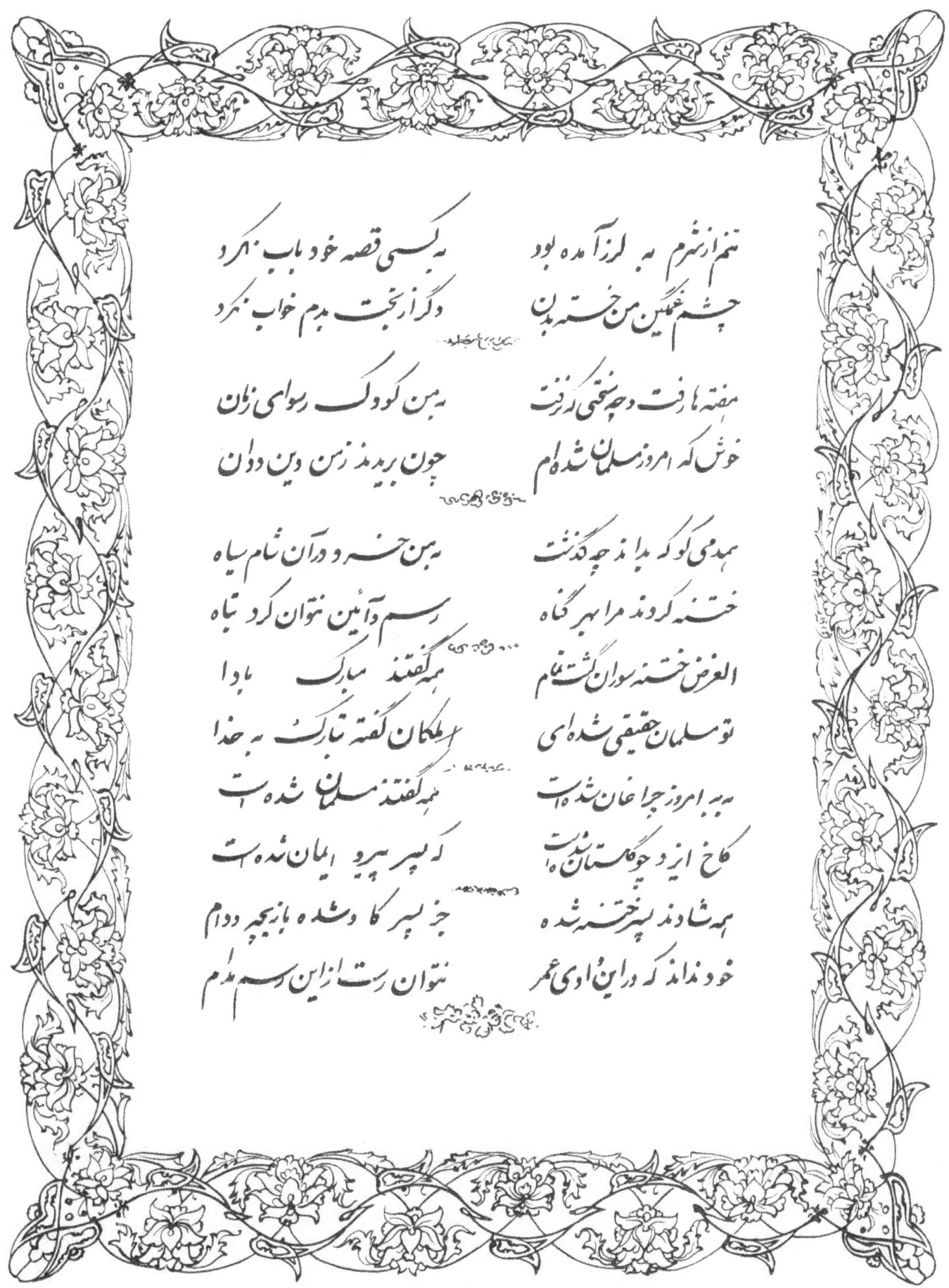

تنم از شرم به لرز آمده بود   به کسی قصه خود باب نکرد
چشم غمگین من خسته بدن   دگر از بخت بدم خواب نکرد

هفته‌ها رفت و چه سختی که رفت   به من کودک رسوای زمان
خوش که امروز مسلمان شده‌ام   چون بریدند ز من دین دوان

همدمی کو که بداند چه گذشت   به من خسته و در آن شام سیاه
ختنه کردند مرا بهر گناه   رسم و آیین نتوان کرد تباه

الغرض ختنه‌سوران گشت تمام   همه گفتند مبارک بادا
تو مسلمان حقیقی شده‌ای   املکان گفته تبارک به خدا

به به امروز چراغان شده است   همه گفتند مسلمان شده است
کاخ ایزد چو گلستان شده است   که پسر پیرو ایمان شده است

همه شادند پسر ختنه شده   جز پسر کاو شده بازیچه دام
خود نداند که در این اوی عمر   نتوان رست از این رسم مدام

عمل قلب

مگر آواز قلبت را شنیدی　　　که یک شب از طپش هایش سخن گفت
ترا دیوانه کرد و بی سبب گشت　　　چو یک شب با تو از درد و محن گفت

شبی بود و بخواب ناز رفتی　　　که فردا باز در کارت شتابی
سحرگان ز درد قلب جستی　　　پریشان خاطر و پر اضطرابی

از اول فکرت آمد در وده اسیاست　　　و یا دردت ز قلب پربها نیست
چه فکر ساده ای در خاطرت بود　　　ندانستی کز او راه رها نیست

چو آمد بامداد و مه نهان شد　　　طبیبت گفت قلبت گشته بیمار
ترا باید به جراحی سپارد　　　که پیوندی زند بر قلب پرکار

سخن های طبیبت را شنیدی　　　دلی وحشت ز مرگ و زندگی نیست
هزاران قصه ناگفتنی را　　　به خود گفتی که از شرمندگی نیست

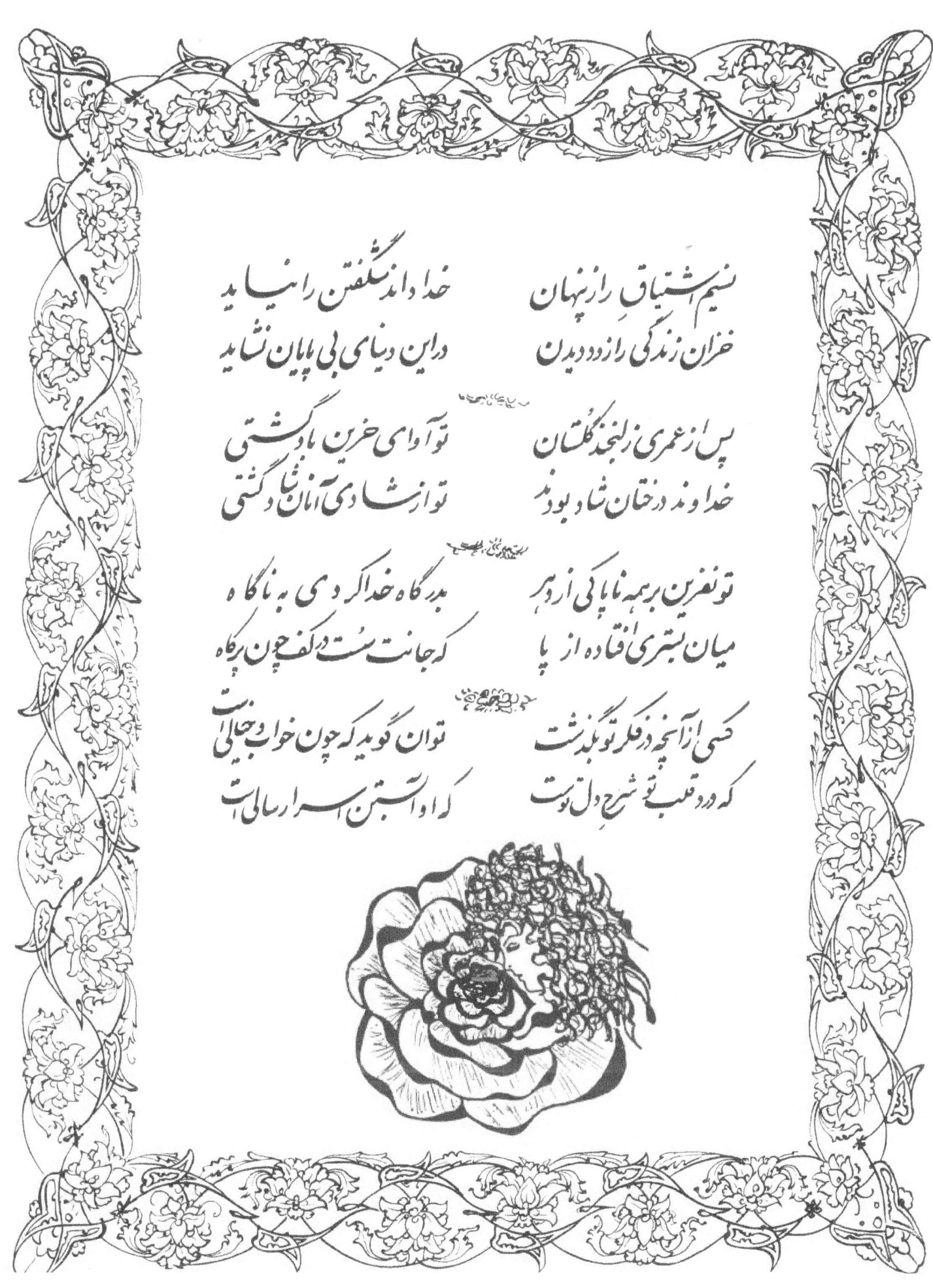

نسیم اشتیاق راز پنهان — خدا داند شکفتن را نشاید
خزان زندگی راز دو دیدن — در این دنیای بی پایان نشاید

پس از عمری ز لبخند گلستان — تو آوای حزین یاد گشتی
خداوند درختان شاد بودند — تو از شادی آنان شاد گشتی

تو نفرین بر همه ناپاکی از دهر — بدرگاه خدا کردی به ناگاه
میان بستری افتاده از پا — که جانت سست در کف چون پرکاه

کسی از آنچه در فکر تو بگذشت — توان گوید که چون خواب و خیالیست
که درد قلب تو شرح دل توست — که او آبستن اسرار سالیست

ای زحمتکش

در سن ۱۸ سالگی سروده شد

من از تو امید کار دارم — بر راز دلم قرار دارم
من کارگر امیدواری — بر گرده جهان سوار دارم
تا از کف باکفایت او — فقر وطنم کنار دارم
دشنام به ناکسان عقرب — پیغام به مهر یار دارم
خاک وطن عزیز را من — در چشم جهان چو خار دارم
خاک کم دامن تیمیان — زجر دل غمگسار دارم
در جوف وجود نازنینان — آه دل بار دارم
از خاک پریش دردناکی — چشمان پر از شرار دارم
یک چشمه از این دودستگی ها — در جوف دلم قطار دارم

بر گفته‌ی دائم و مکرر — از صلح و صفا فرار دارم

بر گفتهٔ زشت حیله‌بازی — از رومانی و مجاز دارم

با گفتهٔ نغز و دلکش و خوش — بی اصل عمل چکار دارم

شاخ تنوری شکسته بالم — با تیر عمل حصار دارم

از دست دغل‌وشان بیکس — از آن ته دل هوار دارم

زیرا که زنا در سینا — ریش شجر و تبار دارم

عمرم به لب ار رسیده باشد — گنج وطنم جوار دارم

بر دست خیانت اجانب — از موی زنان مهار دارم

سنگینی قبرم ار ز شیء نیست — از سنگ وطن مزار دارم

بر گردن دزد و بی‌وطن‌ها — امید سنان و دار دارم

تا روز رسیدن مددها — قلب و سر بیقرار دارم

ای رنجبر

در سن ۱۸ سالگی سروده شد

تو با دل من شریر داری — زیرا که دلم اسیر داری

در کار و عمل چه گویمت چون — غیر از تو کسی نظیر داری

گر چون رخ سرخ مرگباری — چون زنگ سیاه قیر داری

آنقدرت محکم و کف آلود — آن هیمنه چو شیر داری

رفتی به جلو همیشه هر جا — آیا شکمی به سیر داری

می دان که زمانه را بیکسر — در قدرت خود بزیر داری

قاتق عوض غذای خوش طعم — از تکه نان پنیر داری

آنقدر نحیف و زرد و لاغر — دست و بر چون حریر داری

با کوشش و جد و جهد و تعقیب — دزدان وطن فقیر داری

ای کارگر عزیز دانی — بیش از همه مرگ و میر داری

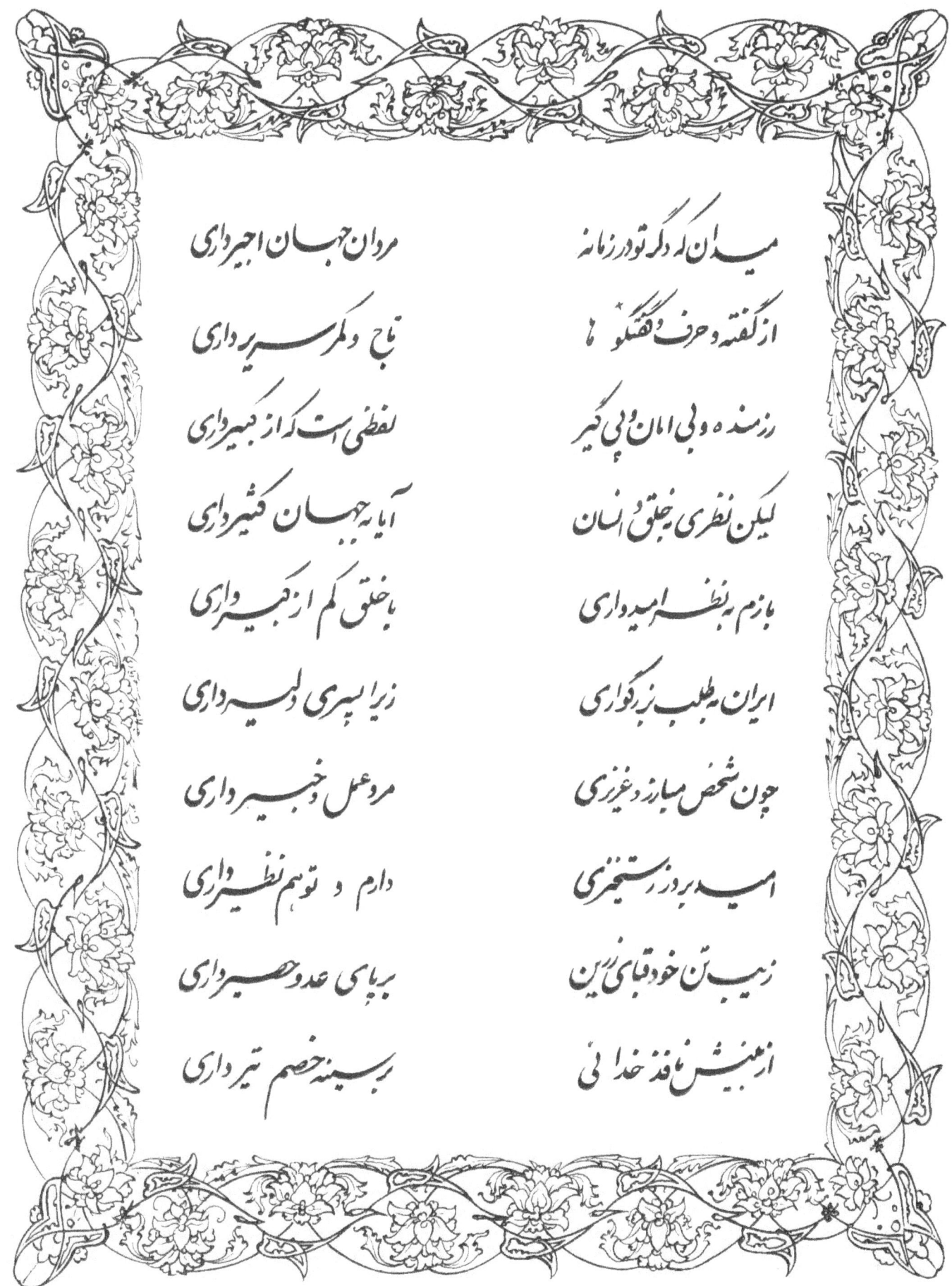

میدان که دگر تو در زمانه — مردان جهان اجیر داری

از گفته و حرف و گفتگوها — تاج و کمر سریر داری

رزمنده و بی امان و پی گیر — لفظی است که از کبیر داری

لیکن نظری به خلق و انسان — آیا به جهان کثیر داری

بازم به نظر امیدواری — با خلق کم از کبیر داری

ایران به طلب بزرگواری — زیرا پسری دلیر داری

چون شخص مبارز و عزیزی — مرد عمل و خبیر داری

امید بر و ز رستخیزی — دارم و تو هم نظیر داری

زیب تن خود قبای زرین — بر پای عدو حصیر داری

از جنبش نافذ خدائی — بر سینه خصم تیر داری

ای کارگر

در سن ۱۸ سالگی سروده شد

او که همه را به خواب دارد — در سر هوسی خراب دارد

این گفته کارگر شنیدی — ادر تو همی جواب دارد

گوید که از این دو رو بترسید — پیریست سر شباب دارد

رزمنده مدافع فقیری — چون حضرت آنجناب دارد

عریان زن و لخت و بی وطن من — با نام وطن نقاب دارد

گاهی طمعی به دین نماید — رنگ عملش شراب دارد

آهنگ نوشته هاش لطف — چنگ و دهل و رباب دارد

مردان وطن نگر بسوی — آینده چون سراب دارد

درپیش همیشه از زمانه — روز و شب زر ناب دارد

هر خنده کنار این لطایف — از عالی و مستطاب دارد

بنگر که کبوتران صلحی | بر پرچم انقلاب دارد
مغز متفکر فکوری | چون رهبر انقلاب دارد
آیا بِه مغز مستبدی | افکار زمانه تاب دارد
ایران به گلوی دزد زرنگ | محکم رسن و طناب دارد
بر صفحهٔ زندهٔ حوادث | روشن ظفری چو آب دارد
از اشک یتیم بی کسانی | بر بستر دل گلاب دارد
ای پست وطن فروش خائن | ملّت همه را حساب دارد
مردانه تهمتن دلیری | بر عرشه منجلاب دارد
مشت گره تو زنجیرها | بر گفتِ عدو جواب دارد
گر بی وطنی بمرگ بندی | در نزد خدا صواب دارد

ای خائن

در سن ۱۸ سالگی سروده شد

ما با تو حساب و کار داریم | دشنام بروزگار داریم
مادر خم کوچه‌های کشور | با تو سر کارِ زار داریم
اندر کف تو صلاح ما نیست | ما عقل در اختیار داریم
گفتی و شنودی و نکردی | ما چهر تو شرمسار داریم
دیگر خفه شو خموش می‌باش | دشمن بتو صد هزار داریم
دستور گرفتی از سفارت | اسناد به آشکار داریم
هین از تو و نابکاریت ما | گوینده به رهگذار داریم
هیشد که ندانی ای ستمگر | ما ملک به استوار داریم
گردِ گلوی تو بیوطن ها | ما پنجه همچو مار داریم
گفتی که وطن مرا است آنجا | آنجا که سرِ فکار داریم
گفتی که وطن کنار مرز است | آنجا که بغل نگار داریم
گفتی که خوش است نغمه آنجا | آنجا که صدای تار داریم
گفتی که سبیل رهبر ماست | جان بر ره او نثار داریم
برگرد و برو به کشور خویش | برگرد که انتظار داریم

برگرد وگرنه پشت مغزت / ما پنجهٔ ذوالفقار داریم
خنجر بتو می زنیم از پشت / ما لشکر تابدار داریم
ای خائن پست میهن بینی / این طفل که شیرخوار داریم
ما عاقبت از توی بی وطنها / بسیار بپای دار داریم
رزمنده . دلیر . با تعصب / امید به کردگار داریم
آنقدر سر ترا بکوبیم / تا آنکه وطن شعار داریم

ای مزدور :

درسن ۱۸ سالگی سروده شد

گر در بر خود اجیر دارید / مزدور دو روی شیر دارید
گر با کمک تلاطم سرخ / فکری به سر کویر دارید
با خطبه و قطعنامه هائی / گو والله و غدیر دارید
بر درب سفارت اجانب / از جانب خود سفیر دارید
تا آنکه وطن فروشی از حد / بر دامن خود اثیر دارید
یا آنکه میان ملک دیگر / چون دزد خودی نظیر دارید

ای مزدور . . . .

در کشور ما هزارها مرد — چون رهبر ما شهیر دارید
آنوقت کف گدائی خویش — در پیش فلان امیر دارید
این ملت خود همیشه از جهل — در نزد جهان حقیر دارید
گویند که فکر روشن و عقل — ارزانی ما دبیر دارید
محرومی در بخ ملت خویش — از خرد و کلان و پیر دارید
شاگرد اجانبید دزدان — فکری ببر از مدیر دارید
فکریست بسر گذشته اما؟ — با کشور اردشیر دارید ؟
ای مردم بیقرار ایران — با درد و مرض صغیر دارید
مردم همگی بپای خیزید — بر قلب عدوی تیر دارید
این خواستن وطن با علا — آن خاطره از ضمیر دارید
بنگر که چه میکنند مشتی — عقل و نگه بصیر دارید
دزدان وطن فروش مزدور — یک آتیه ای خطیر دارید
ملت همه با صدای یکسان — این جرگه بسم اسیر دارید
بر گردنشان طناب داری — با یک رسن از حریر دارید

ای هموطن

در سن ۱۸ سالگی سروده شد

ایشانکه وطن خراب دارند
از ما همه اضطراب دارند

آینده خوفناک خود را
از حال همه حساب دارند

ایرانی اگر نشست بر آب
در پای شما رکاب دارند

دست همه حامیان ایران
بر گردنشان طناب دارند

امروز اگر کشند نعره
خود را نه که کامیاب دارند

در دست وطن پرست ایران
فردا بدلی کباب دارند

هنگام تفنگ و بی امانی
از حد فزون عذاب دارند

دزدی و دورویی و خیانت
روشنتر از آفتاب دارند

باور نکنی اگر که گویند
برخی که همه کتاب دارند

هرجا دل رنجدیده مردم
از کودک و شیخ و شاب دارند

در زندگی و سفر از عدل
این رسم که از ذناب دارند

در گفته در آشکار و خلوت
این ناله که چون که چون دو لب دارند

سوزاندن فکر خند انسان
این رسم دره عقاب دارند

سوزند کتاب و دانش ها
تا پیکرتان مذاب دارند

بر عون و عنایت خدائی — این ها همه مستجاب دارند

گنجشک ضعیف بین که جائی — در جایگه عقاب دارند

مردان وطن پرست ایران — در مرگ عدو شتاب دارند

دوری گنبد چونکه فردا — از آتش خشم عذاب دارند

روزی برسد که بی وطن ها — ترس از زبر انقلاب دارند

ملت همه میروند تا خود — از صورتشان نقاب دارند

آشفته

آشفته آشفته شدن شیوه ما نیست | پروانه هر بزم شدن عشق و وفا نیست
در دفتر ما لطف و صفا هر رقمی بود | بیگانه ز معشوقه شدن راه خدا نیست
هر شب تو و اشک تو بدان ما غم افزود | ای مونس جان اشک فقط درد و دوا نیست
دیوانه دل است که دیوانه او شد | کاشانه دیوانه به قلب تو روا نیست
ای نازنین ای دختر خوشرو و با مؤمن | عشق تو بر این سنگدل بی سر و پا نیست
در کوی محبت همه جمعند و عزیزند | در کوی تو جز حسرت و اندوه و بلا نیست
ای عاطفه ای عشق و وفا دختر زیبا | من در عجبم در دل تو کینه چرا نیست؟
گر کینه و حقد و حسد بود یقیناً | آینده تو بهتر از این بود و خطا نیست
آشفته ز آشفته شدن وه چه خطا بود | دیوانه ز دیوانه شدن راه شفا نیست

عشرت

صفا و عشرت لطفی که در ثواب کنی — ز درد و هجر ملو چون دلم کباب کنی

ز نام کعبه مزن دم که کعبه خانه توست — که ذکر حق همه در پرده حجاب کنی

صدای زمزمه سجده‌ات چنین گوید — که هر دقیقه تو ابلیس را جواب کنی

ز حق‌پرستی و یکتاپرستی و ایمان — تو پایه بت بی‌پایه را خراب کنی

به صبحدم چو افق می‌دمد تو بیداری — که تا وضو کنی و دست را در آب کنی

به گریه زمزم و کوثر ندیده انسانی — که اشک دیده نثار ره سراب کنی

تمام عشرت تو در حمایت بشر است — که از حمایت جابر تو اجتناب کنی

محمدی که شناسی به غار حرا رفت — به حرمت سخن او توبیخ و تاب کنی

نبوت است و رسالت که رستگار شود — منا و مرده لقد نصرکم نصاب کنی

به روزگار قیامت چه فتنه‌ها خیزد — کم و زیاد گناهان که در حساب کنی

دران اشهد ان لا اله الا الله — که در برابر خورشید و آفتاب کنی

تو عشرتی که خداوند بر تو داده پیام — که صبح و شام به درگاه او ثواب کنی

تقدیم به مادرم عشرت

حُجره

گر ناله ما را تو ندانی که بداند؟ — درد دل و تدبیر ندانی که بداند

درماندگیم را همه دانند و نمانند — تو با من درمانده نمانی که بماند

از درد و غم و ناله و فریاد به افلاک — پیغام مرا تو نرسانی که رساند

یکعمر بدامان تو من لابه نمودم — گر لابه یکعمر نخوانی که بخواند

من مهر بدرگاه تو کردم که بدانی — تا مهر به قلبت ننشانی که نشاند

گفتم بتو از روز ازل جان من از تست — تا جان عزیزم نستانی که ستاند

دور و بر تو دست رقیبان مزوّر — تا دست رقیبان تو نرانی که براند

جان من دلخسته بیمار نزاری — از جور زمان تا نرهانی که رهاند

بر آتش سوزان دلم کن نظر امدادت — گر آب بآتش نفشانی که فشاند

ویرانه من خانه دلسوختگان است — گر درد دل این حجره نمانی که نماند

سپیده

یک شب شدم عاشق تو ای صبح سپیده	پروانه شمع تو شدم خواب ندیده
بال و پر من سوخت از آن آتش سوزان	کز چشم تو بر جان من خسته رسیده
در دام تو افتاد و به دنبال تو جان داد	مرغ دلم از گوشه بامت نپریده
بیچاره گمان داشت که تنها تو عزیزی	از دور زمان عشق عزیزان نچشیده
بنشسته به پای تو و آن غمزه و نازت	در جور تو و ناز تو هرگز نرمیده
بگذشت جوانی و سرور و دگر امروز	موی سیهش ریخته اندام خمیده
از مشتری روضه رضوان خدائی است	گویا که بهشت ابدی را نخریده
بیچاره دلم آنشب دیوانه او بود	او بر دل دیوانه نگاهی نکشیده
دانی که در این لحظه دلم را به چه کار است	بیچاره دلم باز برای تو طپیده

مرجان

گوهری دانم که در اعماق بحر احمر است   شاخه‌هایش قرمز و شفاف و رنگ آذر است

نام او مرجان و از زیبائیش حیران نسیم   هم به بحر اطلس و آرام و بحر مرمر است

جمله غواصان به دنبالش که گیرندش به دست   تا فروشندش که جای او کنار زیور است

لیک غواصان به دریاها چه می‌جویند باز   چونکه مرجان من ولخته زیبا دختر است

چشم مستش کاسه‌های آبی برنگ رود نیل   گونه‌های آتشینش خارج از هر باور است

صورتش خندان چو گلهای گلایل در بهار   گیسوان چو زر که در هر حلقه انگشتر است

آسمان تا دید مرجان را به دریا گفت هی   گوهر من از گهرهای ثمینت برتر است

گفت دریا با سماوات خدای لایزال   طعنه‌ها بر من مزن قاضی خدای داور است

تا که مرجان پای خود بگذاشت بر روی زمین   جمله مرجانها به عمق بحر بودن بهتر است

آشنای دل

آنکس که با غم دل ما آشناست کیست — اندر زمانه لعبت مشکل گشاست کیست

آنکس که بشنود سخنم را ز راه دور — گوید که این سخن سخن آشناست کیست

آنکس که در زمانه بی اعتبار ما — از درد و محنت و غم و اندوه جداست کیست

آنکس که گل ببوید و مدهوش بگذرد — دلوالهٔ گل و باغ و صفاست کیست

آنکس که دل رباید و بیگانه پرورد — پیوسته در سرای چون چراست کیست

بر عمق فکر شاعر پژمردهٔ زمان — خندند راویان که مدرس کجاست کیست

افتاده ایم از دل و از دیده بی گمان — این امر خیر در کف آن بی وفاست کیست

من از زمانه مردم مردانه عاشقم — آنکس که با زمانه بی مدعاست کیست

سازنده ای که گفت جهان پایدار نیست — دُرّی به سفت و جمله کلامش بجاست کیست

بر سینه ام نشسته غم سالهای سال — آنکس که درد سینه ما را دواست کیست

فرجام

در چاپ این کتاب من تنها نبوده‌ام و کلیه هنرمندان عالیقدر ایرانی

سهیم می‌باشند من از ذکر نامشان افتخار میکنم و

خطّاطان عبارتند از :

۱ ـ سرکار خانم سمیرا مقبوله گنجه‌ای (ایرانی) در نه تنها خطاطی ایشان

زبده است بلکه خلوص نیّت و بزرگ منشی و دانشمندی ایشان قابل تحسین

می‌باشد .

۲ ـ جناب ضیاء عرفانیان دقّت ایشان باعث تمجید می‌باشد

۳ ـ جناب ناصر مارث در باسلیقهٔ مخصوص اشعار را تنظیم و کلمه و

زیبائی مخصوصی بموضوعات داده‌اند .

۴ ـ جناب قاسملو در ازکار تا دام رحمت ایشان کوتاه نشد و

ایشان زیبائی اطراف خطوط را هم منیعد

۵ـ جناب محمدتقی مصلحی که از اشعار ما رقم داشتند.

۶ـ جناب حیدری که از اشعار ما رقم داشتند و متأسفانه در اثر وقت کم نتوانستند بیشتر رقوم دارند.

هنرمندانی در نقاشی‌های زیبای این کتاب با بنده داشتند عبارتند از:

۱ـ جناب عباس عاشوری هنرمند برجسته ایرانی که نه تنها نقاشی‌ها را با ذوق موضوعی می‌کشیدند بلکه آنها را با هنر جدید نقاشی هرچه بیشتر زیباتر می‌نمودند.

۲ـ جناب زمان زمانی در سابقه و نام بزرگ ایشان را همه بخاطر دارند در زیبائی و رنگ و ارزش حجمی نقاشی‌ها او توأم با حالت مخصوص شعر میباشد.

۳ـ جناب عباس صاحبی که محبت او توأم با فعالیت‌های زیاد در کارهای طولانی و دقیق بپا شد.

۴ـ هنرمندان آمریکائی که مقداری از نقاشی ها را انجام داده اند از این قرارند :

جو الن چیاتوویچ Jo Ellen Chiatovich

تام هالووی Tom Holloway

۵ـ جناب برن آبهی در نقشهٔ اطراف خطوط را ترسیم فرمودند .

۶ـ خطوط انگلیسی توسط هنرمند زیر نوشته شده است .

لتیشا هس Letitia Hess

۷ـ زحمات دیگر توسط سکرترهای من انجام شده و بدینقرارند :

خانم شان مک کول Shawn McCool

خانم الکسی ویگند Jo Alexis Wiegand

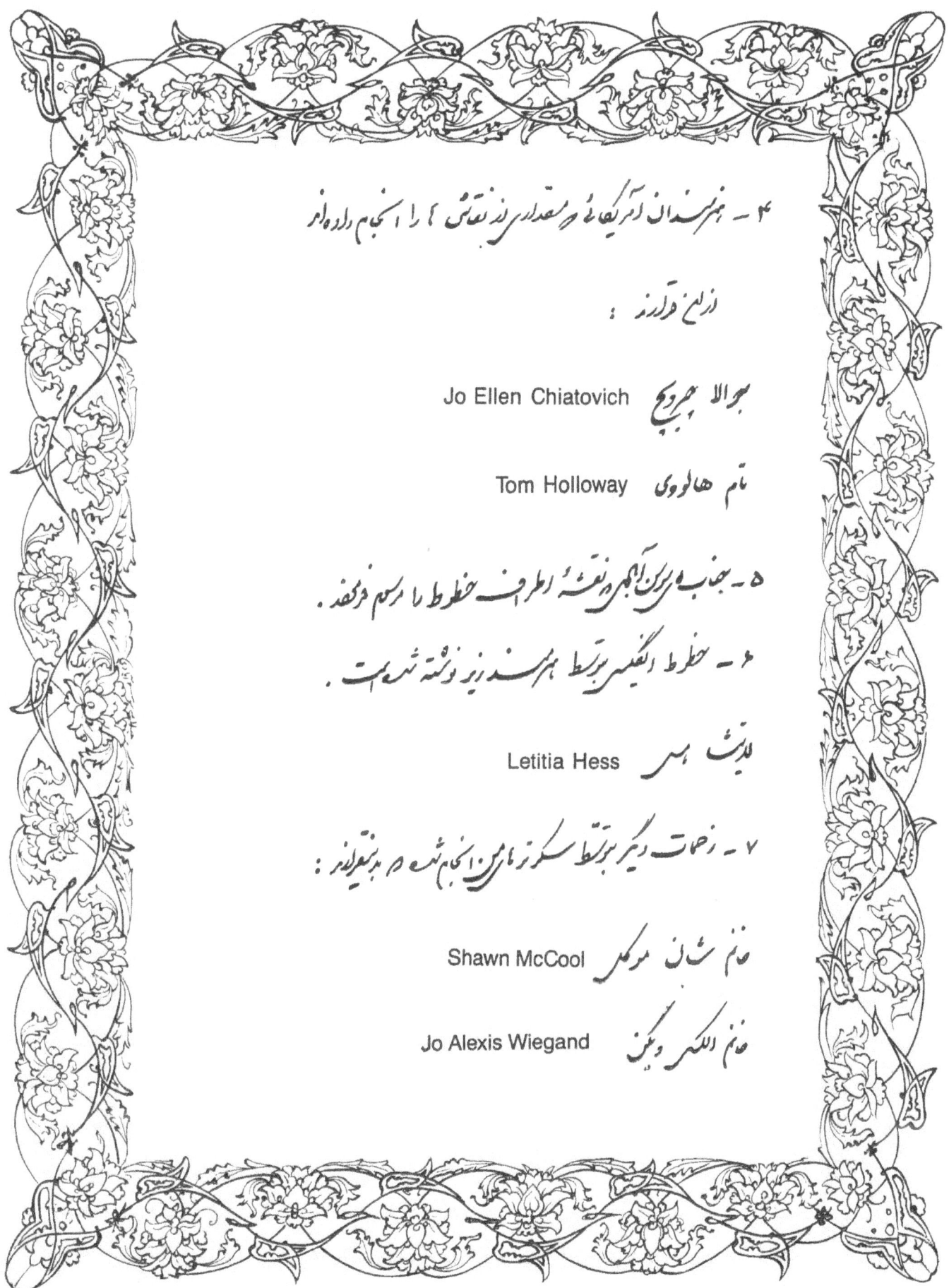

مترجمانی که اشعار را از صورت ساده ترجمه و بصورت زیبای شعر درآورده اند به شرح زیر میباشند :

خانم برگیت مولین Brighde Mullins

نام این کتاب بدین جهت دختر آرزو شناخته شد زیرا نه تنها نام دخترم آرزو است بلکه سالهاست آرزوی چاپ این کتاب را داشتم و امروز به نتیجه رسیده است .

خطوط زیبائی که در این کتاب ملاحظه می‌فرمائید بوسیله انجمن خوشنویسان
و دوست بسیار گرامی و هنرمند شاعرم جناب ع. حیدری نوشته شده است.
با اینکه خطوط اولیه که ۶ نفر از خطاطان خوب ما آنرا نوشته بودند در این کتاب
دیده نمی‌شوند ولی ارادت من نسبت به هنر و محبت آنان به همان اندازه قبل
باقی است.

پروفسور کاظم فتحی

Desire

Book of Poetry

by

Kazem Fathie

M.D. F.A.C.S.

Desire
Book of Poetry
by
Kazem Fathie
M.D. F.A.C.S.

You seemed to understand
But you are a murderer
Your people flee their land.

Butcher, awake, repent:
Wash your blackened hands
Because someday, I guarantee
You will swing rapidly
On a noose made of your own turbans
On a stolid gallows-tree.

Sighing and crying people at midnight
Will seek you and revenge
Fathers and sons of injustice
It is you they seek
Fathers and sons, poor and weak
Will find you here
Will scream in your deaf ear
Will make you hear.

You follow Satan, evil one, and it is time
   it is arranged
That you shall face God for your crimes and
   your heart shall be changed
From the mandates of history
   you cannot escape
In the mandates of history is written
   your fate:
Death, your own destruction
   you, who have sent
Children to jail, children, innocents
You who have hanged
Children from the gallows
Your own destruction follows
Your own destiny's shaped
You cannot escape
Bahram, ancient king of lore,
Bahram you are not:
Your grave will be a donkey's plot.
When you came into power

Man-eater

Wake up, you little butcher, you!
    Man-eater, awake!
Destruction, the blood of the people,
    Heart-ache
Reveals you, betrays you
    Impales you
You butcher, awake!
Embedded and shredded in strife
    Discredited
You lie with your axe
    And your knife
You have stolen children
    From the angels
Untimely is their bloody
    Death instead
Of life, from the angels they
    Are led.

Axe-wielder! Trees are felled
    but do not bleed anguished, or cry
Do not cry out, awry
    you butcher!
You will be toppled from your throne
This will pass, this will be done
You will perish, you alone.

Meadow

All around the pale green grass
Fall to ground unscented flowers
Pall and pale untinted bowers
All around the pale green grass.

Stale, unfresh, unsouled blossoms
Patterned on the dew-cooled grass
Ruthless beauty, calculated
Lovely outward, inward jaded

Like the fallen flowers, people pause and pass
In their mindless unkindness all around
   the pale green grass.

If from my deep heart I asked
God for more love and charity
Happiness and nothing sad
It wouldn't be bad.

If I could register her temper
And her eyes as a memory in my brain
The structure of her face, myriad
It wouldn't be bad.

My friends say I'm the sinful one
Because I give too much
To too many, such
Is frowned upon
If this sin, this accusation
Was contagious, ubiquitous
Something everyone had
Endorsed and not forbade,
I wouldn't be bad.

It Wouldn't Be Bad

It wouldn't be bad
If my sweet darling's temperament was contagious
Worldwide and ubiquitous
It wouldn't be bad.

If a chapter were dedicated to her
　in holy books, I think
Praising her fine points, her hair's
　gentle kink
Hidden in her look and temper
If only I had a translator,
To serve my thoughts better —
It wouldn't be bad.

Crying at night doesn't have an effect
On my rivals' eyes
If night cries an effect had,
It wouldn't be bad.

This enormous creation
Of inseparation
If someday mended, iron-clad,
I wouldn't be bad.

Regret

All of my life I made friends of my foes
And I was happy; pain, misery, the old woes
Left me when I was through with everyone —
I told my foes my secrets with no concern
Friendship with a wolf I had
As I told my secrets unafraid
And from these friends, what losses I've received!
I've straightened their difficulties, each one
Despite my griefs, I cannot be suspicious of anyone
Because of my beliefs: goodness, straightness
The mirror of my heart,
Far from the eyes of humanity, knows,
The reflections in my soul,
And pain's echoes.

Quiet Lantern

The Spring of your life
Was as buterflies flying
Blossoms of flowers
Bosoms of dew crying
Your eyes filled with sorrow
Your deep dark dear tears
Burn the butterfly's wings
And water my fears
Your heart watered
The rain
At your caravan you left no address
You left and cried
Your lap was moist
With tears from dewy eyes
The shepherds sigh
Of how you came across the sky
The shepherds lament
How you came you went
In a fog, a ground-churning mist
And the life that had revelled
Was subdued and bevelled
You left in a cloud
In the sky-ground fog,
Full alone.

*As a drunken nightingale
Around you, your flowers pale*

*Yoruself, a flower, bright and fair
Unseparated from God, aware*

*That not to respect is a sin to God,
A blow, a falsity*

*Not to respect you
Would be a tragedy*

*A neglected flower
A travesty.*

Repayment

Surely you paid
The sweet-tongued poet

You put your feet on my eyes
You welcomed me with your eyes, lips

My heart in your hand,
My hand on your hips.

You who know love
You who show love

And even a passing fool
You prove respectful

In the meadows flowers intoxicate me
As the gardener separates flowers from weeds

As the gardener acknowledges me
His words in the air

As bright as the flowers
As full medicinal

If you answer one question
Like a beggar's: how sweet

The reason; before you we are
Obedient and begging
Like the poor before the rich, discreet:
How sweet.

It is only you, our Superior
World master
We worship and admire
We long to meet
Our master.
How sweet!

How Sweet

You took my part: how sweet
Penetrated my heart: how sweet

Like a caravan's pull
My heart is full (how sweet)

Like a singing up-beat
Ringing relief, belief (how sweet)

When you sing the sound
Of nightingales resound and repeat; how sweet!

You let birds free
And come to free me: how sweet

The garland of your face is heaven
Like a god, even (how sweet)

Your hand on my head, how sweet
Stimulates me, how sweet

Your memory takes
My heart and my religion
With all my possessions
Are yours to keep . . . How sweet.

"Stop! Like death from life you slide.
I love death too," I lied.

And, smiling, she replied:
"Dear one, you agree
Take two kisses ripe from me:
Two kisses from my face of death
Tainted with my deadly breath
One's a memory; the other
Is a reminder of your own death."

The Kiss of Death

I told my friend: come to my side
My tolerance and patience subside
My friend sat at my feet and said:
"I long for death since spring is dead."

I asked her why she would forsake
Parties, music, dancing, singing
Smiles, embraces, the joyous bringing
Close together everyone
As I talked she balked:
"I fear life. From life I run."

I said, "You are in the spring of youth
With drunken eyes and ruby lips
Tell me less of death, of this."

She replied: "Less of life and all things living
Death is my slogan, to die is my saying and hoping."

I said: "All harmony between
Friends and sweethearts wane
When and if you are gone. So remain."

She said: "Sweethearts and love noises deride me
If you speak of death, you'll be beside me."

Soul-less

I speak of your height
As a royal palm in a garden
Well lit, full of light
I speak of your magic eyes
Like candles of a flower garden
I speak of your teeth and lips
Blossoms of the jasmine where sweetness drips
I speak of your face and eyes
A Jupiter in starry skies
I speak of black falling hair, evil's twin
I speak of shining light within
As heaven's lover
I speak of the heavenly soul of you
A sinner's place
A Satan in
The garden of your soul
I always described you
To friends and rivals
I admired you as angelical
But your stoney heart
Never succumbs
As if all my admiration has become
Nothing, given to a corpse
I'd never complain of rivals now
Since a friend doesn't relish a compliment
My admiration is impotent
Of all alive you are the coldest
Empty, unfeeling, soul-less.

The racing horse felled me,
Beside the bar
Turned near the temple
Drunk in a labyrinth of quietness
My lap my eyes in sudden sadness
Bent like some long later
Longing for her presence
In my heart I waited
For her sight and sense
I call her memory
I call her up to me
Bringing musk in cups
At the temple hushed
Worshipping from well-black
In the House of God
If she'd stay I would
Worship her and forsake wine
Worship God and forsake idols
My worship would be reserved for
The One who created her.

The Decanter of One Hundred Flowers

I looked in the bar
She was not inside
I went to the temple of the idol
She was not inside
Her eyes
Weren't in bar or temple
Where I drank
Where I worshipped
Wine and bartender
Clergy and worshipper
All cried
And recognized
That she was not inside
On her loss, I replied:
I told the wine's beaded decanter
With rose hips
Of her lips
Of her love
My eyes saw and wanted
The night fell and rose
My heart slept
Sleepy, bloody;
In one beating moment, torment;
The racing horse threw me;
At well-bottom, gotten

Now I hear of you through strangers
People I have hardly met
Images of you, regret:
Perched like a sea gull
Lost among the clouds, I can't forget
And don't you forget: that separation,
Once begun,
Tears and apart, asunder
Hearts in love and hearts in wonder
Crevice, crack, and split inside
All of this when hearts collide
I thought you'd return to me
To warm my heart, return to me
A hundred kisses to me, my lover
Instead: you've joined another
Separation and fusion
Invites confusion
To separate is a pain accursed
But to split with one
And join another is much worse.

In Flight

You left at night
You left in flight
In a broad, a modern plane
You left alone; and I remain
Laughing at the moon's shine
Laughing at the moon behind
The clouds disappearing
And appearing
You were gone, too;
In the sky, among the clouds
I lost you
To some design above
I lost my laughing love.

Like a dying star, away
My evening, you are someone else's day
A stranger you chose
Above me, a stranger you clasp with
Laugh and cry with
All alone with him
Are you.

*The violets and narcissus climb
Like escaping prisoners,
The boxwood's walls
Till a nightingale calls; a
Blossom falls.*

*God as Geographer has planned
With a symmetrical eye and hand
The watermelon lined
In latitude and longitude
A million meaning maps wrap
On every varied vegetable
A fine pen traces
Round and round the fine-globed places
Apples, cherries, grapes hang
And the dribbling rain remains
And floods and feeds the garden plains.*

*If musk-laden deer pass by
Do not be surprised;
God's as master beautician
in his beauty, saturation
And though I admire God's creation-all
All and all and everything:
There is more all and all to love
In the deep green Spring.*

Spring

Spring around the grass begun
Flowers in the fields have sprung
And I pass:
Jasmine, violets, lilacs
Each flower holds
Nectar for a butterfly
Each flower makes
Each insect penetrates and takes.
The pomegranates
The sun's high colour luminate
Resplendant radiates
Roses shimmer, gladiolas
Pines and palms trunk to trunk stand
Petals of the jasmine and
Purple violets become
Jewelry to a king's hand.
God sees heaven's beauty shown
A gardener's pied beauty grown
Green and petalled, red and roses
In the Spring, in the meadows
The curling honeysuckle petals
Scent of musk and saffron settles
Through the clean Spring air
Everywhere narcissus shows
From deep sleep wrapped around it grows
Full and gracious upon
Back of buildings all upon

The other brother was unshod
When an angel sent from God
Scooped them up and took them to
The waiting place to hell, limbo
And the repentant one fell
Twisted his ankle
And his shoe unloosed and fell
The other brother took the shoe
And fell into the Mouth of hell.

My God! Are humans always mistaken?
The scorpion stings out of habit, not hate
But man stings early and late
Deceit, cunning, thieving, lying
Even as he lies dying
Thinking that he may get well
With one foot inside of hell
Only a life spent well
Will spare you the path to hell.

The Thief in Hell

Last night I dreamt of Judgment Day
And I imagined hell;
Great multitudes of liars shrouded
All together, babbling, crowded
Lies and lies and lies were shouted.

In another vision, serene
Was salvation, creation, heaven.

The fires of hell were devastating
Like blinding falling brightening snow
As the desperate fell to go
To walk the way to wicked hell
Screaming, sighing
Were the sinners, roasted, frying
Flesh decaying for deceiving
Cunning, lying.

And upon that hellish road
Two thieving lying brothers strode
One unglued with fear, unwired
With a heart bathed in fire
Crying out his last contention
For divine intervention
This repentant one had shoes
Of rope with leather uppers
And sturdy soles;

Until the sack was
Bulging with its precious load

The Jinni warned, but the beggar swore
With greedy shouts of "More and more!"

The sack's seams split
And gaped wide

The sack burst in half inside
And all the silver, all the gold

A thousand thousands shining rolled
From gleaming shine to powdered dust

A fortune turned by greedy lust
Transformed into dull dank dust.

Adam's child
And I have not one thing."

A Jinni heard the beggar's lament
And called the beggar

And to the beggar's astonishment
Promised the beggar sustenance

The Jinni said he'd fill the beggar's sack
With gold and silver coin inside

The beggar, crying with greed
Opened the sack extremely wide

The Jinni warned the beggar
That the gold and silver must

If it touched the earth below
Be transformed into dust.

The beggar ignored the Jinni's advice
To fill the sack a little

And instead watched the sack
Grow heavy round the middle

The beggar insisted upon more
And more silver and gold

The Beggar and the Jinni

A tattered, beggar, desperate, homeless
Bowed by hardship and duress

Wandered lonely, begging, searching
The neighborhoods and alleyways

Racked and lurching
Rambling, crooked, bent and knock-kneed

The earth his mattress
The sky his blanket

God on his lips,
He chastised greed

He chastised gold-lovers
Those whose want exceeded need

The beggar chastised and despised
And said: "I have nothing!
Not one gold piece
Not one silver filling
And yet I am human
Adam's child
Bereaved, beset by poverty
I have nothing
And yet I am human

This acceptance
Ripped the son apart
From shame he left
Upset, bereft
With a sodden heart.
He won't go back, he won't return
Hoping others will see and learn.

I asked him:
Does God stop maintaining a thing
That his praises doesn't sing?
No!
Mothers forgive like gods.
Your mother's hope is your return
There is little to learn:
Only repentence
Your mother's salvation is your mother's acceptance.

A Mother's Forgiveness

One day as the sky was clouding dark
I left my house to go to work
And saw a boy upon the sidewalk
His tears like bitter rain
Full of deep and acid pain.

I beckoned him, I called to him:
Take a curtain off your sadness
Let me see in
Remove one blind from your sadness
Let me look within.

He said that a few days ago
His mother angered him;
So he dragged and beat his mother
He cursed and hurt her
Then deserted her.

His mother had merely taken it:
She had merely said
"Fruit of my limbs,
You perform your duty well.
Nothing more is expected
From an angry child.
Perform your duty, savage, wild.
Nothing is expected
Or gotten from a child."

As I stopped speaking
I saw a girl upon the shore
A shadow of a golden girl
My heart was full again
But not of purity and Spring
Instead, it was desire again
Her eyes in my eyes
I rise to her, caress,
And my neck to her neck
I bend, descend, intend . . . she says
"This is not what your words proclaim."
My words remain, limp and lame
But not my soul; I increase my kisses
My caresses, again
Until someone nudged me from sleep,
Saying "Wake up, it's nine a.m."

Awake, I saw no boat, no water
  no girl.
Only the radio playing
  the guitar music
A song from a guitar above
  that had lulled me to sleep
Last night and lulled me to love.

Beaming in the distance
Is this opportunity
This instance
It is midnight
Light is close
Come to my boat
Take my hand
Come to my boat
Take my hand
And tell me
Of your rash, extensive love
And you can hold me
In moonlight and sunlight
All night
Your moonlit lips
Are petals poured on golden leaves
And your blonde hair
With the silver interweaves
White silver upon gold yellow
Is the moon upon your hair
And yellow upon gold
Is the sun shining there
My desire's as apparent
As a boat upon the sand
When you and I sleep the world wakes
As our problems disseminate
We awake and row together
Like a brother and a sister
We row and row and row together.

Back and the water sighed
Back to me my message
And God signalled me:
Something of my vulnerability
Was intertwined with how I see
God advised me: look less.

With one look, God claimed
You and your heart were tamed
In one look, in circumstances
In two looks, in three glances
One hundred drunken gazelles gazed
In a stupor, love-locked, dazed
But now they wander away because
It isn't time for planting love
It isn't yet the Spring
There is a time to grow things
Near the heart's tender springs
And just as Spring sits brief
The birds sing in the vales
The ruins are not the place
For throated nightingales.

My secrets exist behind a curtain
My eyes cannot contain
They remain, certain
Secrets of my heart
Beyond my sight
Beyond my eyes
Like a shining candle

The Ship of Hope

In the night I thought of you
Desire: your cheeks, your lips inspire
My love: a song from a guitar above.

Desire deemed into sound
I slept and dreamed around
You: in a rowboat on cool water sheen
My thoughts and the boat and the clear stream
Of thoughts of you, and in between
Where waves and crashing waves careen
Unsteadily and rock the boat
There was no one next to me
But a shining moon-beam
And the sound of water-waves
Massaging my inner-ear
In a steady, drumbeat clear
Repetition and petition sky and water
Moon and sky and water start
And play upon my quiet heart
The rhythm of the moon and water
The gentle ebb beginning
In a way of singing Spring
Infinitely gentle, infinitely suffering
Was the chorus in my heart
That whispered love and love impart
I cried to the water and the light
And the fading fair moonlight
I whispered love and the moon cried

The nightingale is estranged from the flowers
The animals starve everywhere
And humans do no better
Is there no one aware
Of the injustice here?
I will point to the thief of the poor!

Comparisons II

When I compare the paths of our lives
I send myself cursing
Your life is spent in sumpiuous
Silver and riches, immersing
Golden thread and pearl buttons
Mother of pearl and velvet trimmed
Hatted, beribboned and saddled on horses
While another's life is dimmed
By small bread, unfueled hunger
The schooled man is clothed in rags
The rich are swelled in opulence
Without knowledge, wisdom, or even common sense;
Only wealth, despair, excesses,
Bloodshed of thousands for the comforts of the rich
For their parties, clothes, expenses,
The poor pay for their greed
In this sapped land
Atheists hold the flag
And their torch-holder's hand
Has slain, and hope cannot remain
When the stench of hate is spread
And good and evil become the same
When the leader is a fool, it's a pity.
In this city the birds cannot sing for fear

I am touched
By the suffering of others
Sickness and despair, disgust
Must involve everyone, must
Murmur pain from each to every other.

You who shrink
And hide away
And don't feel the problems of others
I don't call you brothers:
You are not the ones
To be called Adam's sons.

The Sons of Adam

Those with learning
Understanding, deep knowing
Cooperation, dedication
And education
We value, we value tradition
We are aware that Adam's sons
Are essential to each other
Are brother to each brother
They are gentle, learned ones
They are Adam's sons.

When the galaxies go dark
A man's solitary life
Becomes difficult strife
Existence becomes
Uneasy for Adam's sons.

If one organ fills with pain
The pain is not complete, contained;
The ache disseminates
And inundates and lacerates
And strains; the other organs are pained.

To the heart encased in fires
This gold ring could be forged into
A marriage band.
Don't you understand?

You leave me with your eyes wide
And either you don't care
Or else you're unaware
That your lashes arch like bows
And your glances shoot like arrows
And tear apart my soul and heart
If I could explain to you
If I could make you see
We'd be squeezed together
Arm in arm, cheek to lip, hand in hand:
But you have gone away,
You don't understand.

This ring of gold
Has become a symbol
Of your flowing glowing hair
And the shining promise there
Promise me, promise me
Your love, your fidelity
Strength and faith and loyalty
Our love could be all of these
Our love could be grand.
Don't you understand?

You could return my gaze
You could look back at me
Anything you stand and speak
Could only taste sweet
I should drowned-be
Smothered by honey
And everything sweet —
If you would only speak and stand.
Don't you understand?

You ask what I could give
You wonder what I have
Life and love and love to live
Love and love and love I give
Heart and soul and sight, all three
Bind together you and me
The sight is taken to the heart
The soul prepares desires
The sight brings back the image

Yesterday and Today

Yesterday I stopped you as you went by
I told you that you were as magnificent
As the moon in the winter sky
You smiled and shook your head and said
"Is it true, what you've said?"
I laughed and took your hand:
Don't you know it? Don't you understand?

Your smile and your face are as cool and as bright
As the certain pitch of moonlight
As straight in height
Is your figure to the stars
You are as distant and appealing
As a foreign land
Don't you understand?

We've been separated far too long
I've been far away
All alone
But all my isolated circumstance
Dissolves within one glance
Is like my band of gold
A pure and shining emblem
Of love and faith unending
Tangible evidence is this ring
Of love from a distance, promising
Tangible evidence, here in my hand.
Don't your understand?

If you tell me to close my hand
   to fold my feet
I follow; it is complete.
If you tell me not to clap,
   I stop, am still.

But if you ever tell me
   not to understand
If you ever tell me
   not to understand and know
I will tell you it is not so;
   it is not possible
For myself, for you,
   for anyone.

I tell you again:
Your leader follows Satan
But God is near at hand
You must follow God
If you understand.

The Desperate

Who will let the desperate know
My message, it is this:
He is convicted of tricks
Of the preying-rich
He ignores the prophets and the gods
Your religions unravel
He controls your lives
You're not allowed to travel
To Damascus, Medina or Mecca, no worship
You are shut off from Najaf and Karbala
All the women, sisters, daughters,
    mothers of mullahs,
Throw black cloth
Over their heads like slaves
You are not saved
Enslaved before, you're thrice-enslaved
He plays with God and man
You think you're justified
But try to enter heaven
Through his lies.

You ask me to be silent:
    I will comply.
My tongue is still
My ears are plugged
And I remain.

I was so close to her, I held her
Until I feel deep,
And never did I sleep.

You may tell me of my sin, for God saw it
God heard both my words and hers
I don't know why did I do it
I only know: it was God who created her.

Midnight Confession

One deep midnight, my way crossed her way
And my heart was taken away with her
I followed her shining hair
Through the night, through the heavy night air
To her home, I followed her
To her room, her dear, shining room,
Her clear, shining room,
I followed the girl with glistening hair.

She slept curled and alone
In her darkening room, warm and deep,
In her postered bed by herself.

She lay all alone, all asleep
And my heart beat, beat, beat
For the blonde drowned in sleep
And I could not keep my feet
And sunk at the edge of her bed
Her face in the dark was etched in pale white and pink
And her skin was so soft, as pure, as a mink's
Her golden hair cascaded
As she turned and the blanket unfolded;
I knew I was born for her.
Born for her legs, her thighs, her secrets,
All made apparent.

You were once so soothing
You lost your love and kept losing
All compassion and true passion
Like a thorn you stung and cut
You became envy filled, no love, no beauty
Instead you slash and bleed and betray
If you filled your envious heart with love
We'd be together today.

Envy

You are the witness and the candle
That illuminates my dark nights
You incandescently eliminate
My dark thoughts
You bring light in
Singing rays from dappled days
You chase shadows with
Onyx hair as deep as night
Ivory teeth and lips ripe-sweet
Your arrow lashes penetrate
Inebriate my drunken eyes
You fill me with envy, jealousy
Curiosity, I seethe within
Your cheating eyes a look of sin.

Friends lie and lovers play
My trusting soul is in my hands
And on my harp with mournful lays
Burn the wires, lusts, desires
My cry will cool you quiet
I wish you were near me
And could hear me
And my tearful raging riot
For lost love forsaken
Envy, jealousy mistaken
Ruining the prime-right ways
Of affection's dearest days.

Mistake

I saw you, walking slowly
Head down, alone, lonely
Shyed in the street,
And I wanted to stop you
Tell you my heart and head love you
Tell you I want you
Tell you I adore you
Tell you I cannot forget you
My wine coloured you,
Flowered-coloured, heart-coloured, mine
The flower in your hand, jasmine,
Why have you bought it?
Make you aware, as I am aware;
Decided, I brushed my shoes, smoothed my hair
And swiftly, swiftly, walked to you
Running to find my soul in you, mine
Heart in you, Jasmine
Mouth opened to call you, I saw you
You were not my Jasmine.
It is a year, and I am mistaken still
After flowers, mornings, afternoons I fill
With other jasmines.

Arrows of my lashes
Throw watery spears
Lids like tents
Hope for repentance

My eyes see beauty and pain
My rivals remain
To be straight and true:
Never to be prey to temptation
Only her name to mention
To maintain, remain,
Always straight and true

My belief is you;
And is something strong; in brief,
You are my truth
And my truth
Surpasses belief.

Belief

Belief from my heart, full of pain
All echo sighs
From my two eyes
Full of realization remain.

April is the month of rain
Turmoiled tears kaleidoscope
Myriad fears and forgotten hope
Dissever and shatter.

Out of the death of my soul
Love like a lilac grows
Straight like a lilac stem
Of justice and understanding.

Unlike the cornered people of today
Drunk from bowls of injustice,
Unstraight, untrue, unkind,
Stooping, uneven, disinclined

No name remains
In sad and bloodied hearts
Wells are dug, untapped in parts
Excavated, ruined hearts

As if I am
In the threshold
Of musk, to God praying
There is no comparison to explain:
Nothing will compare
Yours a beauty true and fair
Subtle, rare
Enshrined in delicacy
I cannot say
For I cannot see
My eyes are hidden here
Behind, within your black hair.

Comparisons

How can I catch and compare
As mighty as you are
Maybe as the moon
Or some distant star
How can I catch and compare?

My heart's burning smoke
The sight, the sigh
So well you are, so clean your art
I cannot compare
Light of my heart you are
You save me sweet kisses
Hold my arm so tight
You are as a bodyguard
At a palace at night
With your shining shoulders
Like a radiant God
The meadows of your love are seen
Sometimes yellow
Sometimes green
Well: to compare you to meadow hay
Or the branches of tube roses
My hand knows your arched neck
Your gestures and your poses
I weld on to you

And from her high domed heaven-home
Short replies and retorts come:
"Poet, many wonder at me
Like you, they puzzle and fluster at me
They come and go, these poets do, did, and died
But I alone have tolerated
So much conceit and pride."

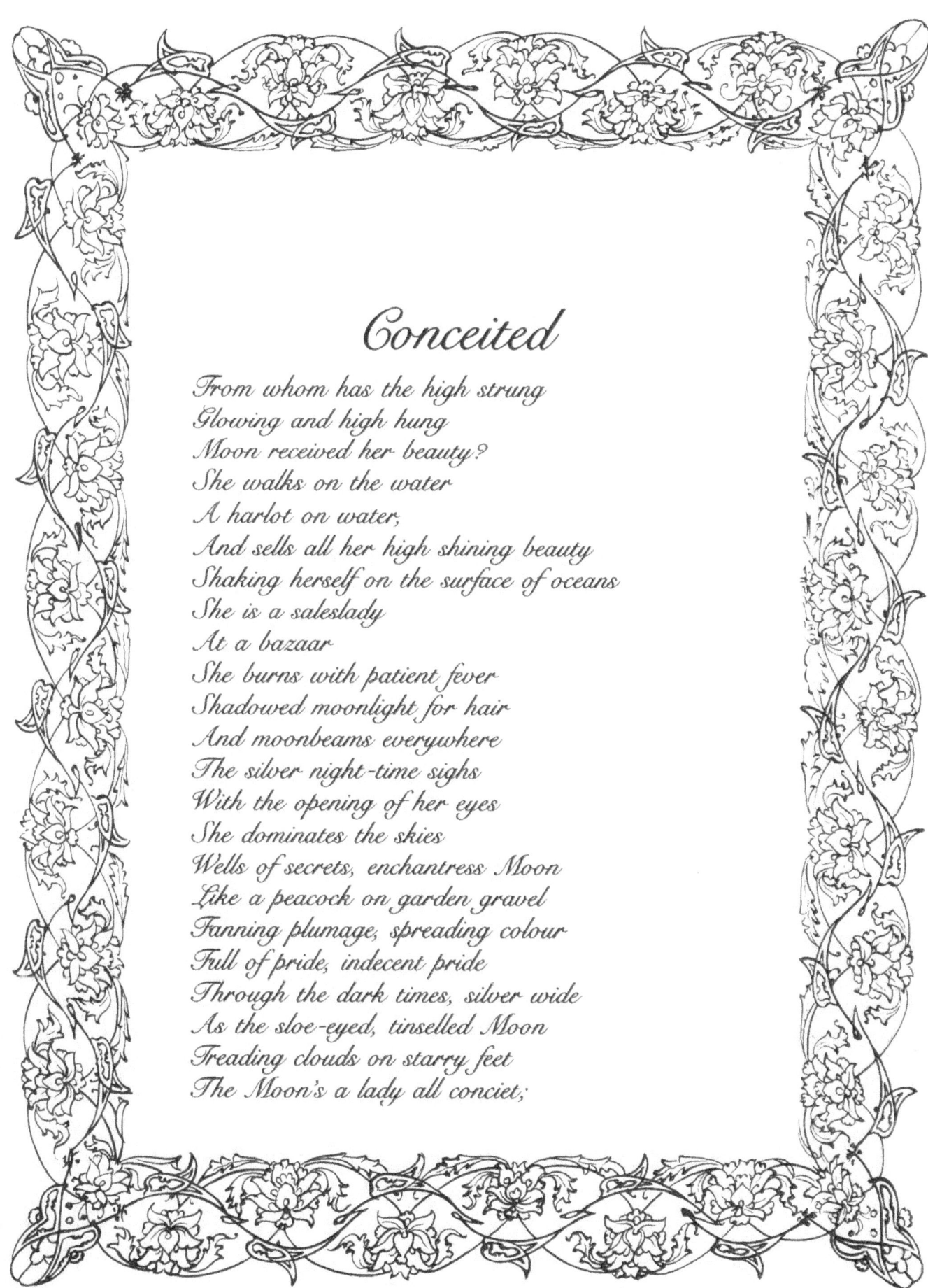

Conceited

From whom has the high strung
Glowing and high hung
Moon received her beauty?
She walks on the water
A harlot on water,
And sells all her high shining beauty
Shaking herself on the surface of oceans
She is a saleslady
At a bazaar
She burns with patient fever
Shadowed moonlight for hair
And moonbeams everywhere
The silver night-time sighs
With the opening of her eyes
She dominates the skies
Wells of secrets, enchantress Moon
Like a peacock on garden gravel
Fanning plumage, spreading colour
Full of pride, indecent pride
Through the dark times, silver wide
As the sloe-eyed, tinselled Moon
Treading clouds on starry feet
The Moon's a lady all conciet;

I smear my eyes with tears
My hidden heart with fears
I leave you whole
Unknowing, my soul.

I leave and search for someone new
You laugh to the mountains, you
Laugh as loud as you can
And you laugh and do not understand
An inhuman human
All guts and flesh, no soul
You stay for eternity in that town with them
They deserve you then;
And you deserve them.

I may search for another lap
I may find
Another mind
That coexists with mine.

I gave my coveted love to you
My eyes to you
My heart to you through me
I gave myself to you
And you returned myself to me.

Who has stolen you?
Who is this
One who stole your lips
And your lap takes?
Was my love a mad mistake?

My love has roamed and sat
In an untrue lap
Tell me of mirages
And sea-scapes
My past a mistake, a mad mistake.

You are secretive, silent
Your mind unknown to mine
I leave this town
And I leave you elsewhere
Doing nothing but remembering you.

Ivory

Last night it came to me
That your one look makes me happy
You promise to remember to me
After a month, my heart in need
From its fleshy prison freed.

I watch for your deer's walk
Your woodland grace your gentle knees
Your curling hair, your cheeks, your looks
Your ivory face, your eyes of cobalt
I know that my sin's my own fault

If I see you . . . it's my decision
Unafraid of scandal's blows
From all others you I chose
And now your tender heart is
Caught up with someone else's.

I chose you on your way
Your lap, the lap of my mistakes
Your lap belongs to me
Now someone else's eyes shine
On your lap, the lap that's mine.

And he had led me to this place
So that I would understand and see
The depth of actual suffering
And be satisfied with my blessings
And I thanked God
And bid him keep
His poor, his destitute,
His children asleep.

I cursed and I complained
And wandered down a narrow lane
And walked, stumbled, as best I was able
Down the crooked road, to a crooked stable
Full of donkeys, horses within,
And dilapidated
Half a shanty home exposed
The other half decimated
Crumbling into oblivion
Half there, half gone
In the central square of ruin
Sat a toothless man
And his seven children
And their desperate mother
And a half-lit lamp
The wet rain seeping
Slowly creeping
Into the corners of the hovel
And the children starving
And the mother comforting
Telling them that their brother,
A beggar, would return with bread soon
The brother-beggar had always done so
The brother-beggar had always pulled through
You will eat, so keep
And sleep now, sleep.
And I, in the rain outside
Watched this; wind on my head
And rain on my face
I had cursed God for

Content From Discontent

In the Spring, my Spring of 1944
I went outside
Wandering on the river bank alone
In the morning, calm and serene
Everything was quiet, clean
In the Spring I had before
My Spring of 1944.

I felt the wind change
And shift and arrange
The clouds in the sky
The sky in a minute was shuddering over
The hand of the present gone past
The wind filled, intensified
And flung the ground into the skies
And darkened day
And hurried night
And dust filled my hair
And dulled my sight
And I cursed the day to night
And I cursed the sudden rain
And I cursed my discomfort

Six years gone
I carry on.
I only see your letters
I only see your photo
Fear-stained, love-strained
Another letter from you
making me aware
Of all my love there
I can sense
Your diffidence
Another whispers in your ear
Calls you love and calls you dear
I cannot understand
I have waited for your hand
You have lost the faith
In me, and you turn
And you discard my great concern
And I doubt his love could burn
As hot as mine in deeds
I doubt that he succeeds.
Six years gone;
I carry on.

A Letter

Six years gone
I carry on.
I hope for letters
From your pen
And receiving
I hope again
If your letter is delayed
I am by my grief betrayed
And I write to you alone
Six years gone
I carry on.

Six years gone
I carry on.
The day that we embrace
All the letters will erase
And leave no trace
Will you travel to me?
Will you travel to be
Near to me?
I smile: my love is the reflection
Of my true-hearted condition.
Six years gone
I carry on.

Again: the land of plenty embraces, hugs
Lowers the unbelievers and atheists
It is only you and I awakened
It is only you and I
From slick trickeries of the enemy infernal
We should link together
Like a chain together, we could
Keep our land internal
Intact, pure, eternal.

Nest For A Heartless Ruler

It is true what you said to me, too
My hidden deep secret clear to me
My hidden deep secret clear to you
(Also my eternal goodbye)
Anyway, my Hunter,
I know him well, I know him
A quarter century, twenty-five years
He has penetrated his arrows, pierced
And caused my people suffering, tears.

Beneath this heavy family separation
I slowly burn and die;
The heavy rap on my head
Like an elephant rider's stick
Everyone closes their ears and eyes and heart
No one hears my pain, my secret part.

I say: everyone should twist
Together, like a long, heavy rope
You and I, just men, justicing
You and friends, all brave, all champions;
Above all: if you have humility,
Truth, religion, country, and a
Promise to deep, I request
You take my hunter
Out of my nest
And throw him in hell.

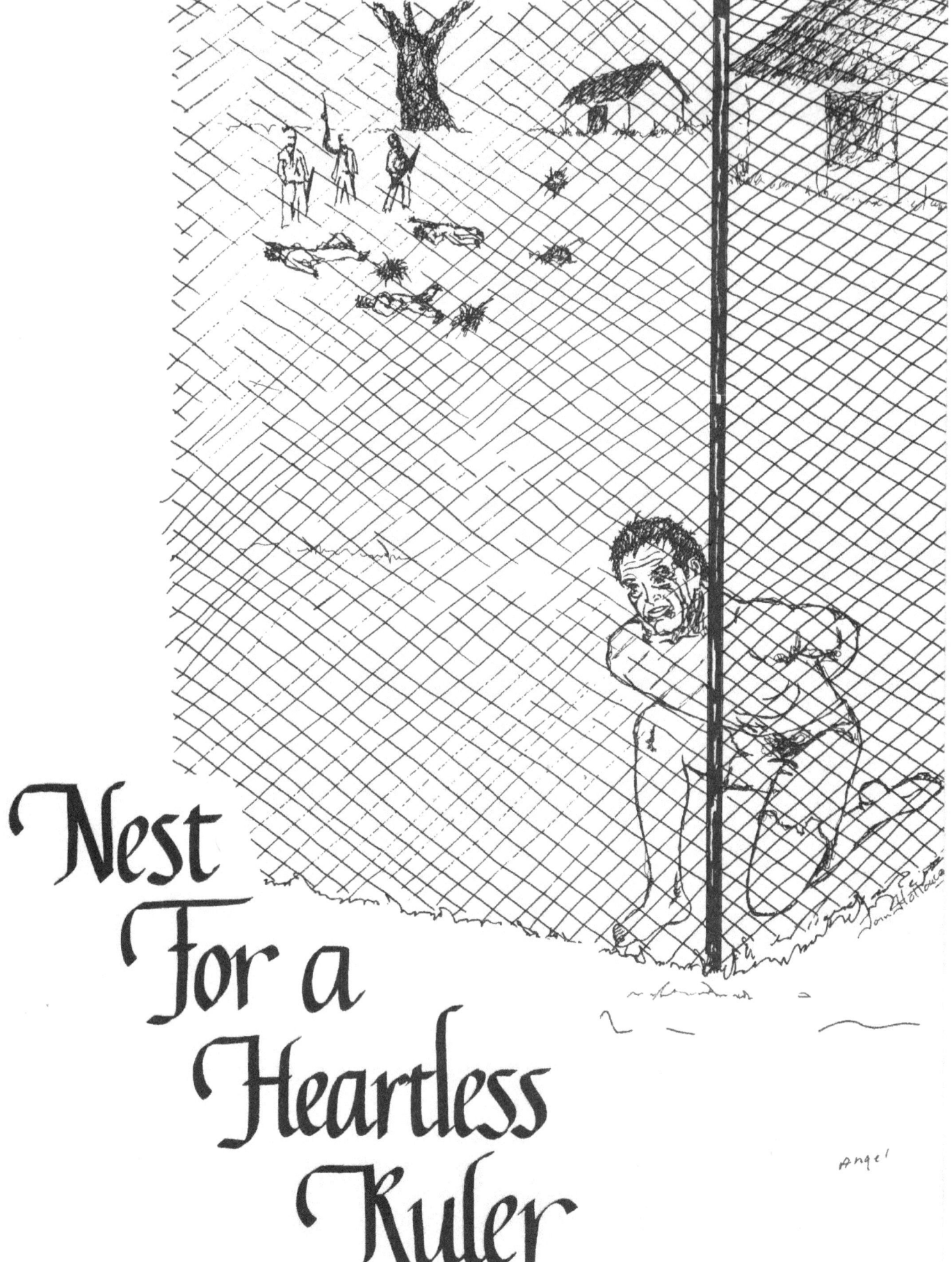

Nest For a Heartless Ruler

Angel

As a seamed boat
Sodden, won't float
The crew cries, the Skipper dies . . .
This is my dream, my vision
Of my country's long derision
Strangleheld by lethal power
Changes, stifles, by the hour
The civilization I'm descended from
Is but a name upon a tomb
Preserve the name, my fellow dreamers!
Or else, awake, destroy the wicked
That topple you
Call your champions
And you, Poet, the roaring ocean waves
 contain tomorrow's sermon:
Boil, Boil, Boil or
This perverse power will
Destroy the shore
And drown the townspeople and the town.

Courage

Last night my chest filled with sorrow
Drowned in thought I saw my land
A dying: behind, beyond my spectacles
My land, a garden, young again
Full, rich, rare again
Full of life and the ever after
Stories, tales, and rippling laughter.
Now I see a bent back
Crooked body, white hair
Not from age nor senility
Or any disability without
Within, the crumbling begins;
Your past, the children you created,
Clothed, fed, educated,
Nurtured, chastened, loved, berated;
Your children burned your flag.
I suffer with you
You decrease and dwindle idle
The honest sleep and dream
The thieves creep and scheme
Drunk and sober
Taking over
The dull eyed ones
The dull souled ones
Filling places, empty faces
Sunk in water

Courage

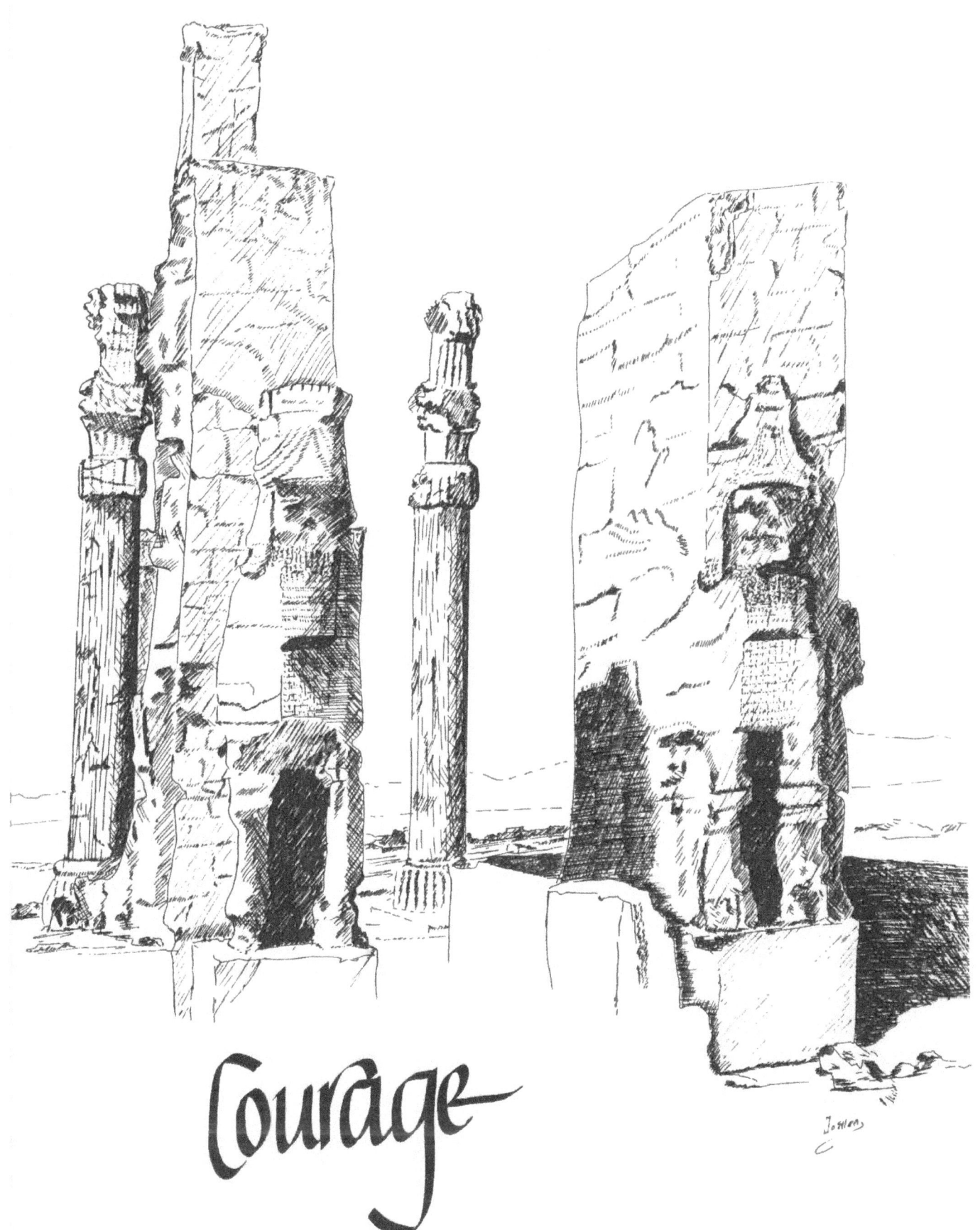

And conquer injustice and lies
Traitors would be recognized
And pathways planned
The religion rescued from the clergy
The military unmanned
The scepter of rule bestowed upon
The drunkest man;
If this is what we had
It wouldn't be bad.

It wouldn't be bad
If truth were our religion
Like a balm to salve
And spread health throughout our nation
And spread justice myriad;
It just wouldn't be bad.

If all the tongue-twisted traitors
Were known, were seen
Were witnessed:
It wouldn't be bad.

If the turban fell from the swollen head
Of the wicked religious leader down
If true identity were known:
It wouldn't be bad.

If the parasite's hands
Were pulled away
From the neck of the nation
It wouldn't be bad.

If the nation united, unified
Sealed the seams that split and divide
If re-grouping was what we had;
It wouldn't be bad.

If our leader
Knew and was aware
Of bribes, of thievery
And blackmailed fear;
It wouldn't be bad.

Then nations would triumph
Then nations would stand

Through Religion

If my friend were loyal
(He was untrue)
But if he were honor-clad:
It wouldn't be bad.

If her eyes were magic, a candle-stem
Like a glowing lilac had:
It wouldn't be bad.

If the power-pitching government
Fell from power surely, swiftly,
If the end was what we had:
It wouldn't be bad.

If that representative from Parliament
Was as a lion unharnessed
Gone to final execution
Gone to fiery retribution:
It wouldn't be bad.

If hands and fingers wrapped
Around the leader's neck
And squeezed until it snapped:
It wouldn't be bad.

Through Religion

Strangers

The country was broken
Destroyed, shambled, shattered
Devastated, razed, battered
As the country broke
Its people scattered
Far away and full alone
Homeless and without a home
When their land was beaten, pounded,
And their homes and souls surrounded
Pummelled into bloody streams
A nation and a nation's means
Ruptured at the faulty seams
Rivers of tears alone could clean
The bloodied bare and hollowed streams.
A madman came first
Stole and plundered and ran
Worse followed worst
Another madman, a man insane
Came and stayed and ruled insane
In truth sin is everywhere
Everyone embraces it
But madmen wallow in it
And there is no salvation
For these madmen
Who have caused separation
For madmen, so adept at sin
Separation is where sin begins.

Strangers

I do not spend my time
Telling stories, swilling wine
My hands alone, my heart alone
Guard my secret, keep my secret
Keep my eyes from other charms
Keep my arms from other arms
Keep and guide me, flower memory remain
Such was one, and such a one
She was victor, she alone won
My secret heart of secret pain
And I tried, I could not forget
My dark eyed Secret Secret Secret.

Come, I have hope of life from you
Joy with you
All with you
Like a lantern in a candle
In a corner pocket of the dark
You light me full, you fill my heart.

Now you are far away
I keep our secrets safe, unheard
Far from human deed and word
Like a closed wound in my heart
Gapped and torn and wrenched apart
I never wanted to tear at skin
To secrets in my secret heart

So I bathed my wound in tears
Bitter gall from bitter years
Stung me quick and half capsized me
When my companion well-advised me:
Not to unearth my secret longer
But to keep it silent, stronger.

So I closed my hidden heart
Purged in tears and pulled apart
And then my friend asked me your name
I told him: Secret, Secret, Secret.

Memory

Like a flower in your palm
You cradled me
Like something precious
You coddled me
Like something worthy
You held onto me.

Like a thorn in a rose's lap
I drowned in your thick black hair
Like a night of glorious tresses
I returned, Holy Book, wineglasses
Like your unmanaged mane, sweet.

Autumn leaves and winterstars
I counted in your eyes
Like the sweetest of gazelles
You curled, dear one
A plant in soil, early morning
Any lilac, in my eyes

You are as impossible to pass
Like a fire clothed in ash
Like a silver moonbeamed cloud
Pause, I pause, at unlit thunder
Any wonder, you.

Memory

Embrace your life, believe and send
Wisdom racing
Kindness erasing
Bitterness of the end
Life is as a volcano
Eruption, saturation, destruction
Smothers future growth;
But the ashen eruption
Fertilizes new growth
New growth from old ash;
This, too, will pass.

All will pass
Before the throes of nihilism
Nothing can last
All will pass.

All will pass
Saffron rays of sparks fade
And the sun's saffron rays
And the trees and every creature
Succumbs to the course of nature
The pine will bend
The world will end
And topple in a deep crevass
All will pass.

All will pass
Joseph hid from Jacob's eyes
Disappears; all cities
All human things
Possessions fade and end
Death cannot pretend
The world is weak with promises
Avoidance of the end
When everything is testimony
To the fact to apprehend:
Certain-ending youth enjoy
Cherish age, entwine with wine
Red wine as blood become and fend
Off knowledge of a certain end

This Will Pass

Youth, I thank you as a friend
You were a fitting end
To childhood and more
You were kind, but did not last;
Youth will pass.

Youth will pass
And every stage revolve
And every page turn
And every man will learn
That no event, no place will last
All will pass.

All will pass
So cherish youth, seize it
Size it up, try it on for size;
Capitalize on youth.
The skies will cloud and wind
The butterflies will burn
All things will turn unkind
Flowers fade and shrink
And wither in Autumn grass
All will pass.

This Will Pass

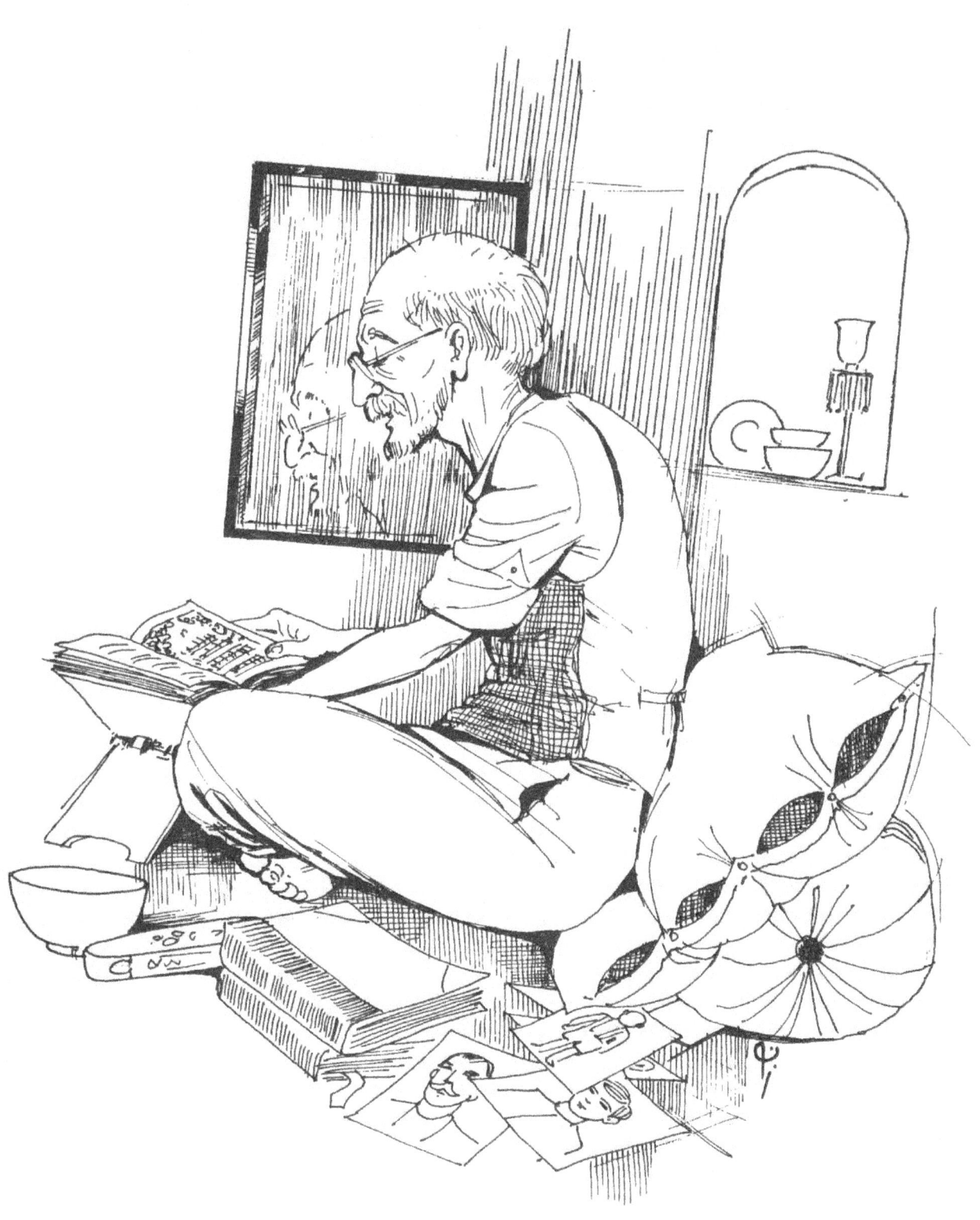

To attach me
To youth and not senility
To play polo in the sun
To sing nights
In the parks
Under the lights
Like I used to
Like I would do
When young.
I drink wine to escape
Senility, fatigue, disease
And the regret brought by these.

Senility

God give me youth again!
That I can hold my love in arm
God give me back my strong knees!
That I can walk from fatigue
And leave tiredness.
God give me strength
God lend me youth again
That I can drink cool wine again
And never slumber deep
And tackle somber sleep
Instead: I'd grab youth along
The shore and I'd drink the hours
With wine and tender flowers
Like I used to
Like I would do
When young.

Senility's another world
Of forgetfulness and doom unfurled
Love stopped
Excitement bogged
Beauty cloyed
I ask God: to extend to me
Respite from senility

Senility

ادریس

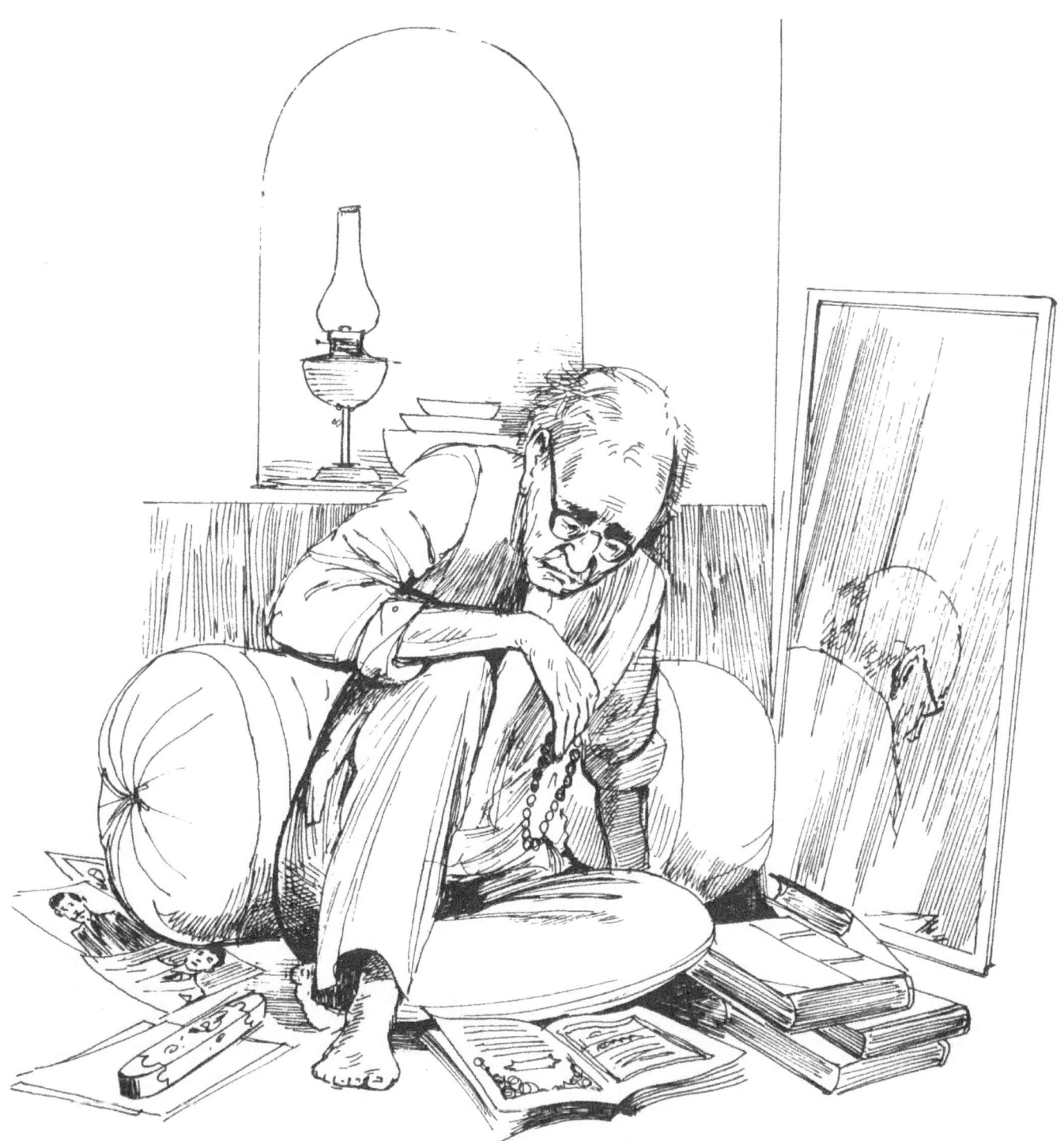

I am outcast here, hoping my children will speak
In a new country
I am wasted inside my well
My voice is soft, my mind unwell
The face of the lilac
The hands of the leaves
Drown in my ocean of requests
Requests not reached in any land
Requests by the unseen
A winded dust particle, a bubble,
Homeless, I am the outcast, I exist in trouble.

Dispersed: The Outcast

I am outcast from wind and cloud
Like hail dropped and lost
Onto covert leaves
Like a dust particle tossed
Pulleyed by wind
Like a bubble on the ocean
The cohort of the waves
Aware of death, laved
Drunken, but not from wine
Strange, unloved, unrouted
Pathless where wise men don't pass.

In a strange land, on a ridged mountain,
Our unheard prayer was lost to God
His agate heart unbroken
This mirage proved untrue
My soul is broken
And for healing water looks
Unsulied rivers flow elsewhere
Separations keep me here
No history, no dignity
No loyalty, no purity
I murmur, reading holy books.

Dispersed: The Outcast

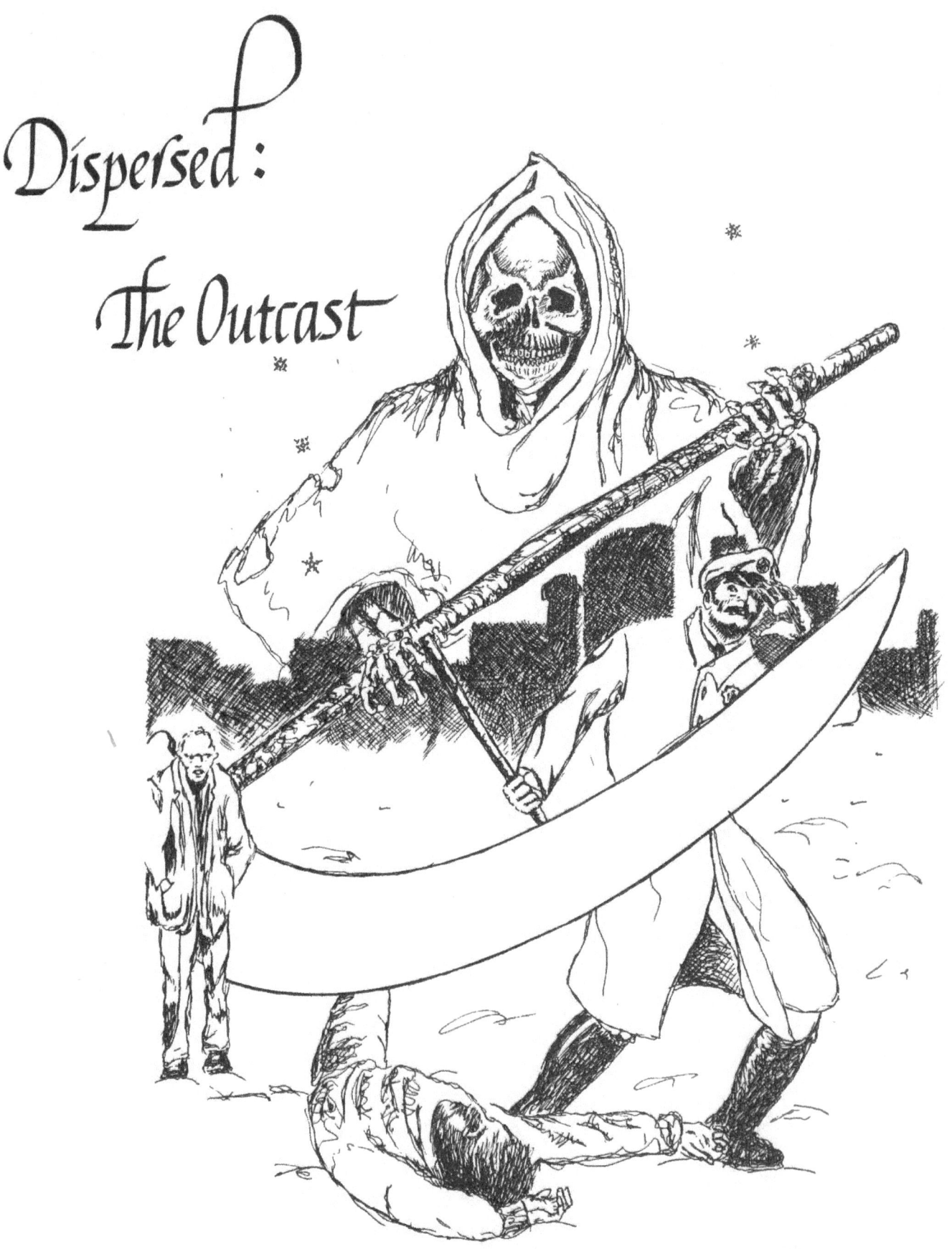

It is all dreams and deep concern
Your dreams are sleep and state
These dreams are dozing too
Mistaken, we dream together
Until I don my feathers
From the ashes
And soar to you
In tender starlight
Dreams and flashes
And meld my ashes
To your ashes.

Ashes

Let me grasp that figure,
Your figure, close to me
Let me grasp you
Tenderly let me tell you
My words let my words enter
Words taught to tongue from eyes
Picturing your heart's center
You can no more hide
Or cover from me
Your lover; let me slide
Into the vale of your breasts
I sink into gentle you
From head to toe
Into the well of your chin
I nestle my face
Let me place my silent lips
On your talking lips
Honey on a fire tongue
Face to face, one to one
Hand on heart, song on sigh
I press my eyes into your eyes
Like stardust hypnotic glitter
In secret I tell you the world
Of myself, I take you into my head
Into my bed.
It is all dreams, I turn
It is all dreams, I burn

Ashes

And blow you strong to me;
Like the leaves of the oak or cedar tree
Like the leaves of the book in my library
Books about my land, my flag
On the hill of my homeland
Snapping in the wind at night
In the night darker than tar
Deeper and darker than pitch
I hope to carry you
Take you and place you, bestow you
That others will know you
My flag, my land-pride
I will drink to you with sweet-wine
I will wash you in water-brine
And until by body is felled
By someone or something, I remain.
My soul is to you
Wherever you go
Whoever you go to.
For every land it is the same
Whatever its flag, it's your country
Whatever its name
Work proudly, it's your land.

Flag

In distant cities you stand
And remind me of my land
You flow in the wind
And I see that my fortune
Is that my friend is my land
I desire to see you everywhere
Your color is as freedom
From shackles and despair
Seeing the roses and straight leaves
In any strange land
Pulls me back home to all my old beliefs
And gardens: relaxed in
I searched the skies
I scanned the galaxies
As blue as unknown
As your eyes, your lips
Of you back home.

When I sit near a waterfall
As the water sluices the leaves and all
The cedar trees and oaks nearby
Tremor from their roots to tops
Like my flag, they tremble on high
Flaring color through the sky
I prayed to the long-blown Sheba-Wind
To carry you and rescind

Flag

Flames from forehead down
I gulped my goblet of wine
Until the goblet fell
The wine a red ground line
Dashed from my lips
Dashed from my hand
I cannot tell the story of my land
It burns me top to bottom.
My God works in miracles
Not the trickster-stunts of a clown
But tricksters have set my land on fire
Have burned my country down
Take this letter, take my letter
Take it and read it around:
It tells of my country aflame
It tells of my country defamed
Of a land run by a trickster full of danger
And my letter tells, proclaims
How the deepest bone-charring burn
Is the burn from the eyes of another
The red-hot blame of a stranger.

Stranger's Blame

I wrote a letter to my friend
On a butterfly's lacey wings
But my words were fiery
And burned the wings into ashen things.
In the corner of the ruins
In my dark and squared-off lair
I proclaim my burning story
To my candle burning down
Like a pillar of despair
I saw a swift, mad nightingale
In a dance around a poppy
Swift and mad: maniacal
I gave this bird my words and it too burned.
I gave my letter to the wind of Sheba
I told Sheba to send it on
With her breath, to blow it
But the Sheba wind became tame.
The butterfly, candle, nightingale enflamed
Had heard my secret
Dormant in my ruins
My secrets and myself
I found the poppy petals
On river-water bubbles
Until the wave kidnapped the petals
And took them to herself
And I look into myself:
Fire from chin to hairline

Stranger's Flame

Yellow and mourning,
Each night I remember
Your face and your ways
I never see you
The blossom's gone
Part unopened, undone
Soon Autumn leaves rivers of windfall
Creates waters of rain
As my eyes discover
Your Autumn
In your gold Autumn
Of age and despair
In your sad Autumn
Nothing's left here.

Autumn

The Autumn like my lover's hair
Golden amber shining there
Autumn! Such a melodic name
Tragic just the same
Like death or despair.

On the Autumn leaves is gold
As the faces of the old
A color of dusted bright death
Of broken wings, birds' feathers
Hidden, lost, gone forever.
Sadness, dust, and separation
Have hidden the Autumn leaves
From the yellow
Every story spreads
In your hair like fall
Autumn gold
Its light, its shine
Is as still as the light in your hair
Sometime in the fall the moonlight
In the mountains
When the dusty snows begin
Past the yellow hay bundles
Sprinkled with gold
The name is full of pain, Autumn

Autumn

Stares

A sorrowful face, a squeezed brain, strained
Lines of depression, unpleasantries
Hair matted, feet bared, stained
Yellow cheeks, sunken skin, and staring eyes
The cracked mouth moved and explained:
You red-lipped, curly-haired, well-dressed ones,
While you rest, other eyes watch,
The dust on your shoes is sacred, precious sons
While I am lower than dirt
Day time and night time are happy for you
While the poor marry sadness, you laugh
Hidden, your sins mock my children
And your selfishness chafes my heart
My child! Filthy, bare, only clad
In spoiled, thin cloth
My child! Hungry, beaten, sad,
While you lounge in velveteens
In heavy sateens, in bright purples, greens,
My children huddle hidden, unseen
Nobody tells me of food, there is nothing to eat
While your cooks prepare you a feast
My tears flow like floods in swirls
While yours are patted by silken girls
Like opals, your sorrows, like brilliant stones.
Listen: One day my childen will be enforcers
Will shed your ruby blood
And your pampered children will stare at corpses.

Stares

I implore you, human lovers
Think about these others
Jailed, unfree, my people perish without me;
Soften the hunter's heart
Some of your love within
His heart and set
My country free again
Help me, friends
And I will tell you a tale that ends all others;
Help me, friends and lovers.

Hunter

Hunter, listen and pity me now
And don't destroy my home
Cage me, imprison me alone
But always let me speak and sing
And put me near the flowers
The lilac, rose and jasmine
Put me in a flower garden
Let me sing to the flowers again
In this country I am frightened
I am bound from head to toe
No one cares about me
No one seems to know
Who or what I am, why or where I go
I have got no shepherd
Since I have lost Iran
I have got the wolf instead
the wolf with jaws around my head
In Iran I had a home
In Iran I had a place
Now I'm idle and alone
A stranger in a strange place
Iran is lost and I am gone

Hunter

Entanglement

A single bird I saw, beautiful and lone
Above the highway, as singular as the moon.
Under his wings, the highway
Of 70,000 motionless wheels
Every wheel entangled
Straight-lined, struggled,
Solutionless, stuck as the sun beat strong
With no shadowing palm.
If I were a bird
I would've reached my nest
Free from the burning gas
And the pollution in my chest.

God heard this and laughed and said yes:
The bird I gave wings to
But my supreme creation, man, you
I gave a brain, to find
70,000 ways to go home
But only the small-brained bird
Is above the highway, free
Tell me, then, has man used his
large brain properly?

Entanglement

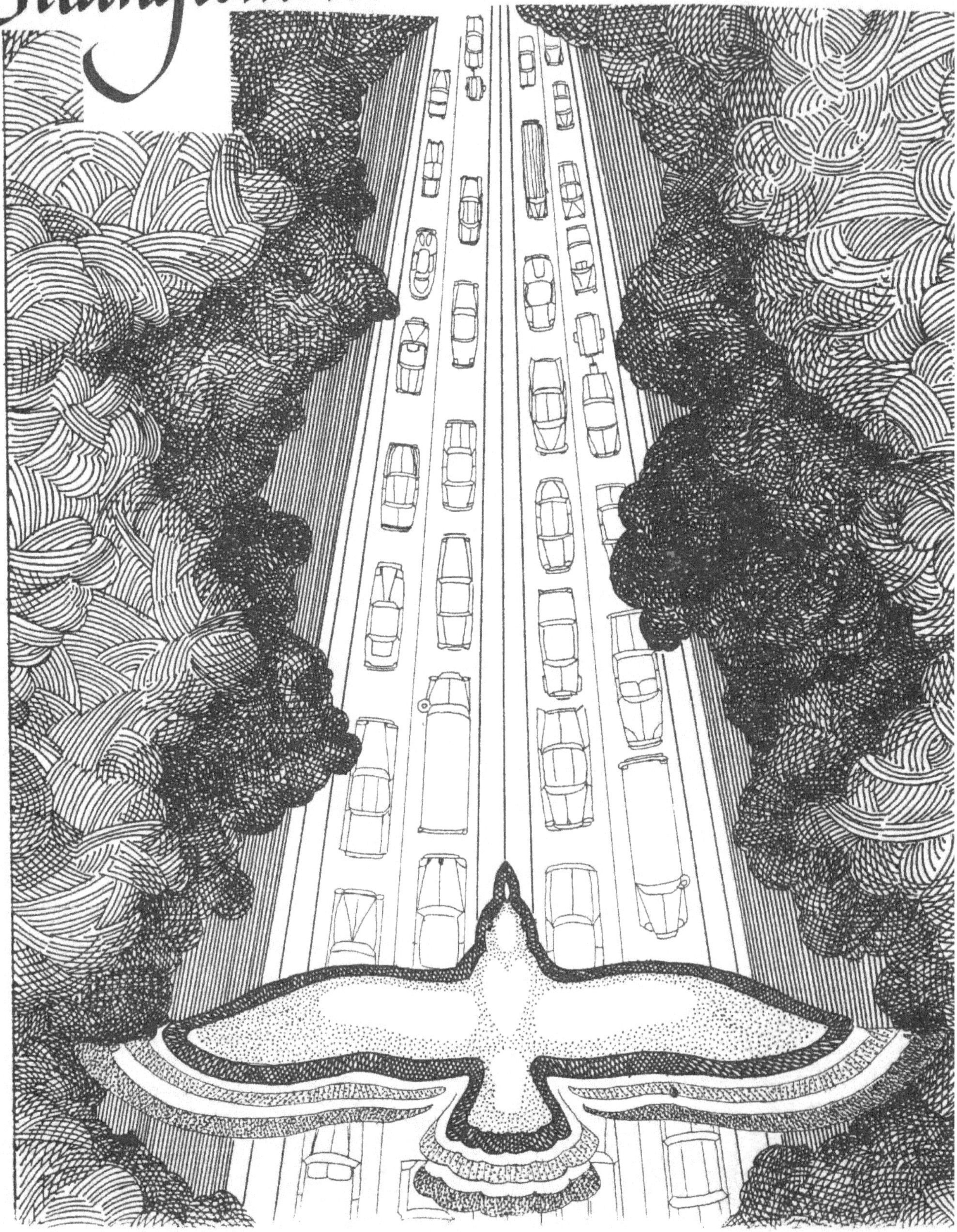

The Conversation

For three decades past your cabled voice
Was my heart's companion.
The lilt of your yellow laughter
Left sparkles in my ears
Faraway hope and promises you gave
Of travelling to me, my heart to save,
And I would take sweetness from your mouth,
To revive my unconscious heart.

But when you moved closer to me
You only turned and left me
Alone: the telephone my expression
Of this sad story that still extends.

The Conversation

Headaches

As you sit before me, complaining
 of headaches, diminishing
Muscles in hand and leg, diminishing
 strength; your diagnosis
Behind your eyes is death
 and with such pain, disease, diminishment,
It is difficult to pass time
 and no solution is mine
To rid you of your headaches, for

 a flower's life is short,
I have to tell you a secret
 the secret in my shaking heart
In secret you've cried, looked to the skies
 for help from gods; you somehow knew
What was happening, diminishment
 as the flowers of your garden see winter.
God gave me the ability to tell her
 and the work of a doctor is harder

Than to decide upon suicide, as
 your eyes read my heavy secret
And your heart knew the
 ups and downs of our damned galaxy
Our galaxy of diminishment
 our galaxy of prayer
Without a cure, and if prayer
 does anything, it will
Not diminish heaven.

Headaches

Your wings and your luck are both black;
Your death is a knife in my heart's back
And shreds the muscles in my body.
I made your nest from rain-washed petals,
Petals of gardens groomed in Spring
Open yourself, sing!
Your nest is now your tomb
And I pray for you alone
I've no hope left for your lost life
Let us prove friendship in our strife.

The Death of a Bird

A baby crow fell from the tree
Like a fallen king
He shut his eyes on whatever
Was supposed to be seen
He closed his eyes to pain
he closed his eyes to the troubled earth
And nestled his face in the dirt
He moved his home from the top of the pine
To the marbled earth
His back to to the turning universe.
His mother, her sadness carried like a bent tree,
Miseried, called the other crows
Called to her child with talk of tall gardens
Beginning gardens, meadows,
Of flowers as pure red as blood
Laughter and music and warm summer streams
Tiny clovers, the wet grass, tall evergreens
And the solemn mountains ivory-tipped in Spring
Shining like swords of soldiers
Like thoughts of you, a closed blossom
In the Spring
As the sun, a coin of gold
And the nightingale's solo
Tell of thundering Spring coming
And your friends, like brides and grooms
Wonder why you left so soon.

The Death of a Bird

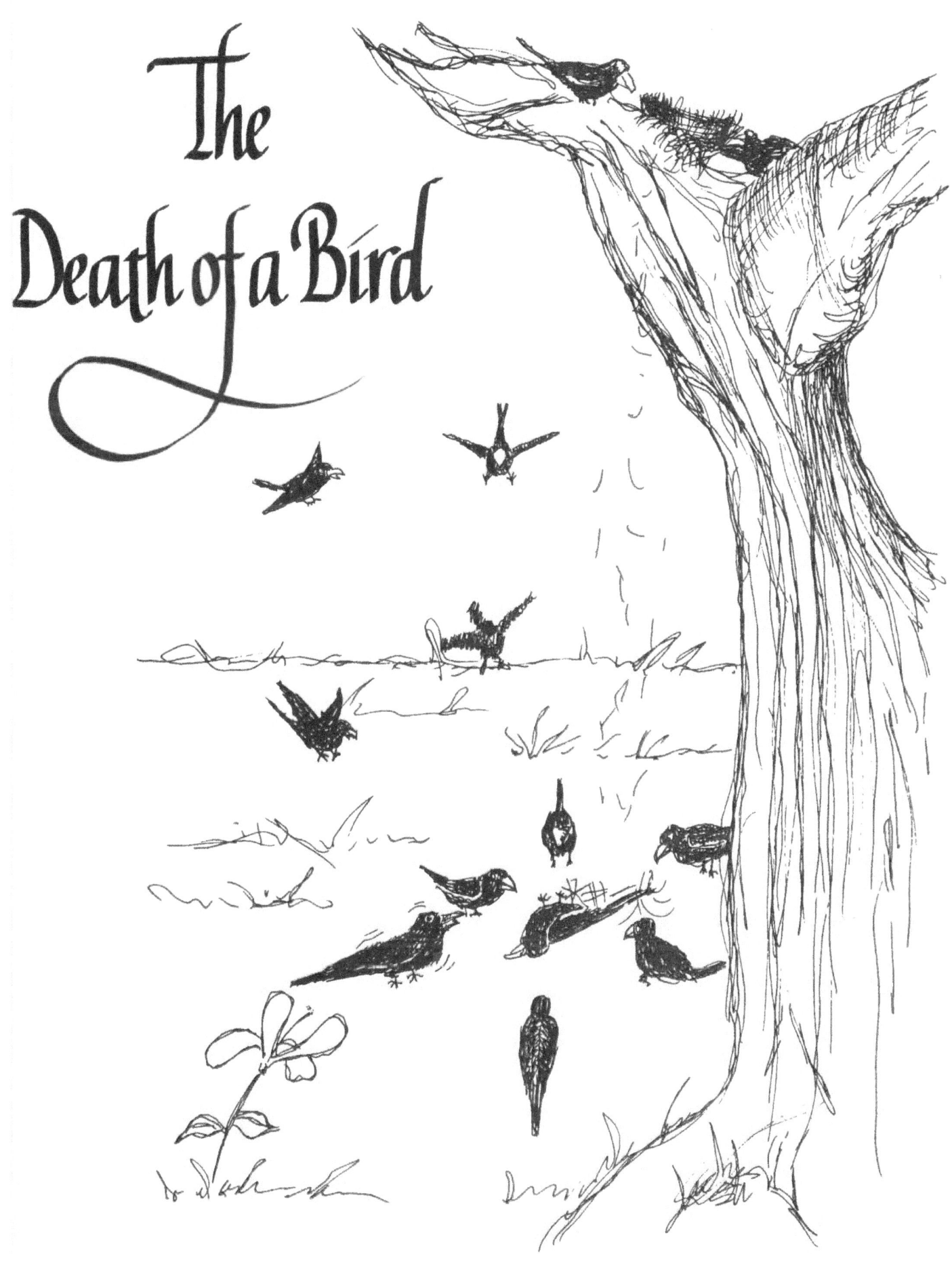

In the next morning's paper
This news was like a candle:
A Policeman found a Thief's Corpse
Proving that the land without work
Is without progress, activity,
And death stalks the land, and is much in demand.

Winter Night

A broken-shoed broken man
Huddled, hungry, thirsty, sick
Tired, weak, fevered
The sky like a shadow over him
With stones as pillows, a bed of frozen dirt
Half-clad in the blizzard of winter
Yellow-souled, full of pain, aching hurt
Useless in the corner of the city
Reduced he sits, society induced, useless,
Scandalous, thorn-dressed
Fallen-time after midnight
Immobile, barefoot, staid in the snow.

Workers in the city do not glance or care
The broken man is not seen
By passers passing there.
A policeman saw the fallen body
Curled up; every ten steps he saw another.
Protector of the poor, comforter of body, curer of heart
He should be, but he was not.
He kicked the least miserable one,
"Beggar, bare-foot, stupid, improper,
You without country, you block the worker's road."
He kicked his side and face
Whipped, batoned, and trounced the body
But heard no cries, no complaints
He then bent and carefully looked
At the man's face — cold, quiet, no effect,
No soul, as if he'd gone to sleep for many years.

Winter Night

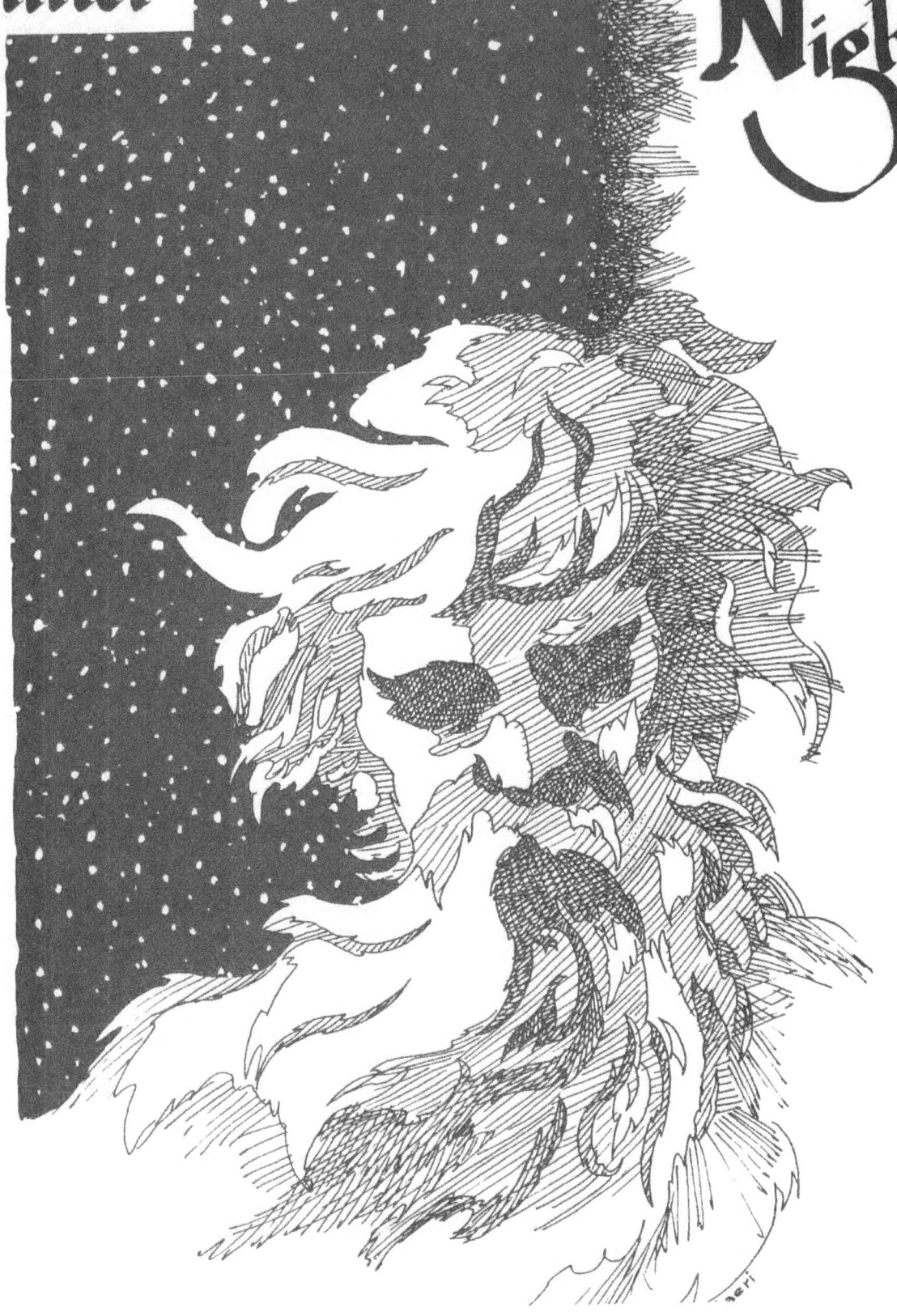

The worker said: from the heat, three times my nose
   has bled.

The owner cried: builder, I don't care if you die
   up there.

The builder explained: boss, we have families too,
We aren't slaves, we're desperate, we're poor,
But we have dignity, and we work honestly,
And we aren't your enemies.

Bastard, you're fired,
The owner yelled, furied,
I don't want conversation from you,
I want sweat.

And so the builder left,
Left the song of the clay,
Of his work.

The builder didn't understand
What the owner knew:
Equality is money, and religion,
And freedom, too.

The Builder

On top of the building at the foot of the sky
Stood a builder with his bucket of clay
The sun hit his head, hit his hands, hit his eyes
On his right side, his level, as he built up the building
Not thinking of himself or the sun
On the ground, his coworker
Hands full of clay, stood calling
In a musical, high-scaling voice
To throw a brick up to soften the clay
And to do this and to do that
Also saying: In the heat of the day
Morn to night, I work
Hot in summer, cold in winter,
I work: hurry and pass me the clay.
Where is the hammer?
Next to the level!
I'll shape the clay —
Hurry up!
Pass me the clay!
The owner heard the singing
and called: Builder, you've only gone
Six feet on this wall, the owner screamed:
My money is not the skin of an onion thrown to a pig!
And what is my towel doing on your head?
Your work is worthless, builder, and the heat is good.

The Builder

My pain is the pain of the orphan
My home is the lap of the stone in the street
My bed is a handful of dirt
In the cold-weathered night
No one can cure my hurt
The pain won't leave me.

Morning was happy time indeed,
When my parents were alive
But now pain is my cure and my need
Dying is all that is left to me.
It is cold outside, my shaking body,
My chest over charcoal,
Bare-backed over the coals
Why do I shake, despite the fire?
Is it internal fire, the orphan suggested
To himself, his breathing stretched and twisted
Tongue heavy, teeth clenched
Yellow-lipped, dying, body wrenched
And homeless
Only God knows the horrors of the homeless.

The Sick Orphan

Underneath your head in the streets of the city
I saw you on the stones
And it was worse
Because you had no mother to cry for you.
And as you were squeezed
By the fingers of the universe
No father cries blood for you.
This universe should be shattered by its joints —
It places so much pain in the heart
As orphans at midnight in the street remain
With only God for guidance,
Orphans twisting themselves in pain.

Do not scream in pain, wandering one
Do not funnel fire into my worn heart
Orphan, I cannot say enough about you!
The cries of your innocence
Place fire in my soul
And in my heart singes a hole
What were you murmuring under your tongue, orphan?
Where is your mother with medicine?
Where is your friend to hold your hand?
You are lost, father, mother, friend
Of the Sick Orphan,
You are all lost.

The Sick Orphan

Black clouds choked the sun as
Sudden mountain thunder drummed
And lightning through the valley hung
And frightened me and mine.
Under our ledge, we watched
The storm; pasting down ways
Staring darkenss sat with flood water,
Torrents tempest-valley
With a lady in its route, mule, old man, and child
Heads to the sky, we saw them climb
Till the flood separated them into bodies.

Later, in the closest village, around the
Fire, all around the small broken houses,
Destroyed, no life-colour because of the flood's tricks;
There should be testimony against such,
Somewhere, in the spring.

The Flood

It was delicious spring;
Picnic weather, walking whether
Fast or slow, friends with me,
The slow ones in the back, grouped together,
And the swift-foots at the front, led by laughter
Through the wooded sun streamed mountain
Sidling the two-split valley
We strode the narrow road
Up the goat-path where we passed
An old man, his loaded mule, his wife and child;
"God save you sir, where are you going?" I cried,
Like someone out of the Bible.
They went down, but I and mine climbed
The carved path of the mountain
   and the goat-path fell like a twined hair
    fallen into deep eyes.

The Flood

And the room was darker than a grave,
Darker than a tomb sealed

And Parvin's mother could not tell
If what was happening, if it was real

She thought she saw the angel of death
Bending over her Parvin

Parvin calling, "Mother save me,
The angel pulls me . . ."

Parvin's mother saw her child's redness
Pale, like the look of death

Parvin died with no outdoor face
And Parvin's mother threw herself on her child

And disconnected herself from her child:
"I am coming with you Parvin;
There is no mother there, and you need one in that place."

Parvin, I will save money for you
I will get you to the edge of the sky . . .

Parvin, your doctor is here
He is like your brother;

Strength, Parvin!
Doctor, after God, care for my Parvin!"

The doctor called her close;
"Your daughter is burning.

Your daughter, your daughter
Is burning. Screaming is nothing; pray to God."

The mother, again alone, drowned in sorrow,
Began to moan:

"God, take me away from
Sadness, misery;

Nine months I carried her
Nine months I gave her my extract

And now I must relinquish hope!
And now I must relinquish Parvin."

Parvin's mother reached for the lamp
Her hand shook, the lamp fell, and broke,

The Death of a Child Named Parvin

In the sick-bed
Was a girl-child

Above her head
Her mother, half-wild

Staring with sorrow
At her ill child

"Speak to me, child!
Your love is here,

Sitting near,
Your nurse, your mother,

Your face is all red
You are fevered

Wake! No, sleep Parvin, rest,
Parvin, my dream

You will live, you'll grow high
And I will sew dresses for you

The Death of a Child Named Parvin

Misery trouble blind half-dead
Fear pain, is this a dream?
Where are my eyes?
I hear the roar of thunder, animals
I hear, a lion, perhaps, lies near . . .
Where are my eyes?
An uninhibited tiger here?
Open eyes, stars, skies, are you watching?
Are you blinking?
Where are my eyes!"

The tiger took his heart, liver,
And, as the moon began to whitely rise
Took and ate the blind man's eyes.

Blind Desire

Next to a scrub bush in the savannah
A blind man sat, murmuring
"Where are you my eyes?
That thorn has gone, too;
My eyes, where are you?
My feet, my tolerance
Saturated more than once
By bee stings;
Where are my eyes?
Blindness, what are you?
The sun has burst upon my head
In a shadow, and the pain is ceaseless
And I desire not the hot sun's white fire
But pure Spring water . . .
Is there no kind man here?
Pure Spring water and cold of another place
My mother's voice, my mother's face
Her kindness, so gentle she covered me
From the beaming moonlight, she
Didn't know of me blind, in the savannah at noon
Completely alone; if she were here
She'd bring me home;
Mother, the night is on my head
I am blind I don't know

Blind Desire

When poor people suffer
It is like a fistful of firefalls
The column of this cruelty falls
All from the last supper
All from the last supper.

These portions are as clean as bites
Fallen from the lord's lips."
The lady saw the mold, rancid, cold food;
And the servant could not resist
But chastise her: "You don't deserve more than this."
And the woman said "You exist
As I exist, imprisoned by the neighboring lord."
Hungered with a hundred desires,
The woman called her children, her two boys;
"Supper tonight! Pilaf, casserole."
Beautiful the children's voices echoed,
Beautiful, beautiful.

Next day the same lady's heart, her children
Had stomach pain, screaming and writhing, crying
As their mother waited for the superstitious sneeze
To take them to a doctor, not understanding
As the pain was crippling and chaining her children
And she dreamed of a doctor for their salvation,
"A free-of-charge doctor, with free medicine,
Not one with his eye on my hand, his heart in my wallet
Who leans the rich to his office, but thinks me a ghoul . . ."

Her children, after myriad crying fits
Fell into the permanent sleep of death
Finshed with spells and ordeals
The woman's wisdom fell in the ocean of poverty
Her children, with their final breaths
Said, "Mother, I died from the last supper,"
Then, "Mother I died from the last supper."

Last Night's Supper

I am crying, from this galaxy
It has taken away my rest, this cry
What is the cause of my worry?
What is the root of my cry?

Knock Knock Knock!
And a shout:
"Open the door!"
"Who are you?"
"Open the door!"
"What's your name?"
"I am the servant of the neighboring lord
And I bring you food."
"Food!"
The door opened
As a robe and skirt appeared
And the servant said, "Take it! From my lord."
The woman answered, "Put it inside my robe, here."
And so the servant did, and said,
"Take this, it is last night's bread."
But the woman saw the growing mold, it looked rancid,
She complained, but the servant said
"It is good. And this casserole,
From lunch, the day before yesterday yesterday . . .
The pilaf leftover, as well, and last night's rice;

Last Night's Supper

Night is ended, sea is mended
Seams taut pulled by light and day
And I wait: her ship I look for,
I long to tell her my old fears
But the hours drag to hours:
Ship nor light nor she appears.

But now: a mast in sun-blanched ocean,
Gradual in day-faced ocean
With dead wood snapped and mast cracked-broken.

Her last letter's all I see:
You shall kiss me, she had written,
And I your sacrifice shall be.

Dear drowned lost one:
I will trace our names
On the fair-dear sand for all to see
Calm and quiet smoothe and light
The clean clear sand our stone shall be
Till the waves descend like eagles
And the wise moon melts at mid-night
And the ocean adapts, comingles,
Measures might your you with me:
And we stand, under moon and mountain,
Stolid in the deep-pitching sea.

Leaped and pasted white on darkness
Brighness, ship-shaked heart-raked shapes
Mast and ship-shift in the pitchness
As when a star in heaven wakes.

As I watched the sea fight leaping
With the fore-light candle sheen
I stood thinking of her thinking
What I thought is what I mean:
As I watched the battle fought.

Waves chased light and light strode waves
Battle-noise of water-rushing
As the ocean pulled her seams
Fevered waves, downed up forever
Fore-light loomed light left and right
As wind by water ocean sweeping
Conspired in the dark dank night
Sirened, whistled, lightninged thunder
Sounded swishing wild sea
Sanded under sadness, madness, of the pagan sea.
And my shirt and I were thrown, torn by shore,
Strewn by stream-screamed sea.

Till I wake now: hour's silence
Sliding light onshore, on sea
I recall last night's vast violence
And I call her back to me

Waves, Drowning

More than the night before
The ocean's waves rolled up, down, over
More this night than any other
And I stood, strapped to shore.

Past the shore, mountains, deserts,
Darkness set somnambulent
And the moon sat, knowing, wiser, in a hidden
   white cloud tent.

I stood under moon and mountain
I stood on the pale beamed shore
I stood sand-bound, waited heart-full
For her night-proud ship, and her.

I, the watcher, sea-intent, watched for
Fore-light, aft-light, shore-light
Any ship-light bright apparent
In the dark still night.

Till I saw it: rhythmic, gentle
Went the candle at the fore
Cased in glass-lamp, flaming,
Fired, the candle and my own heart's core.

Waves,

Drowning,

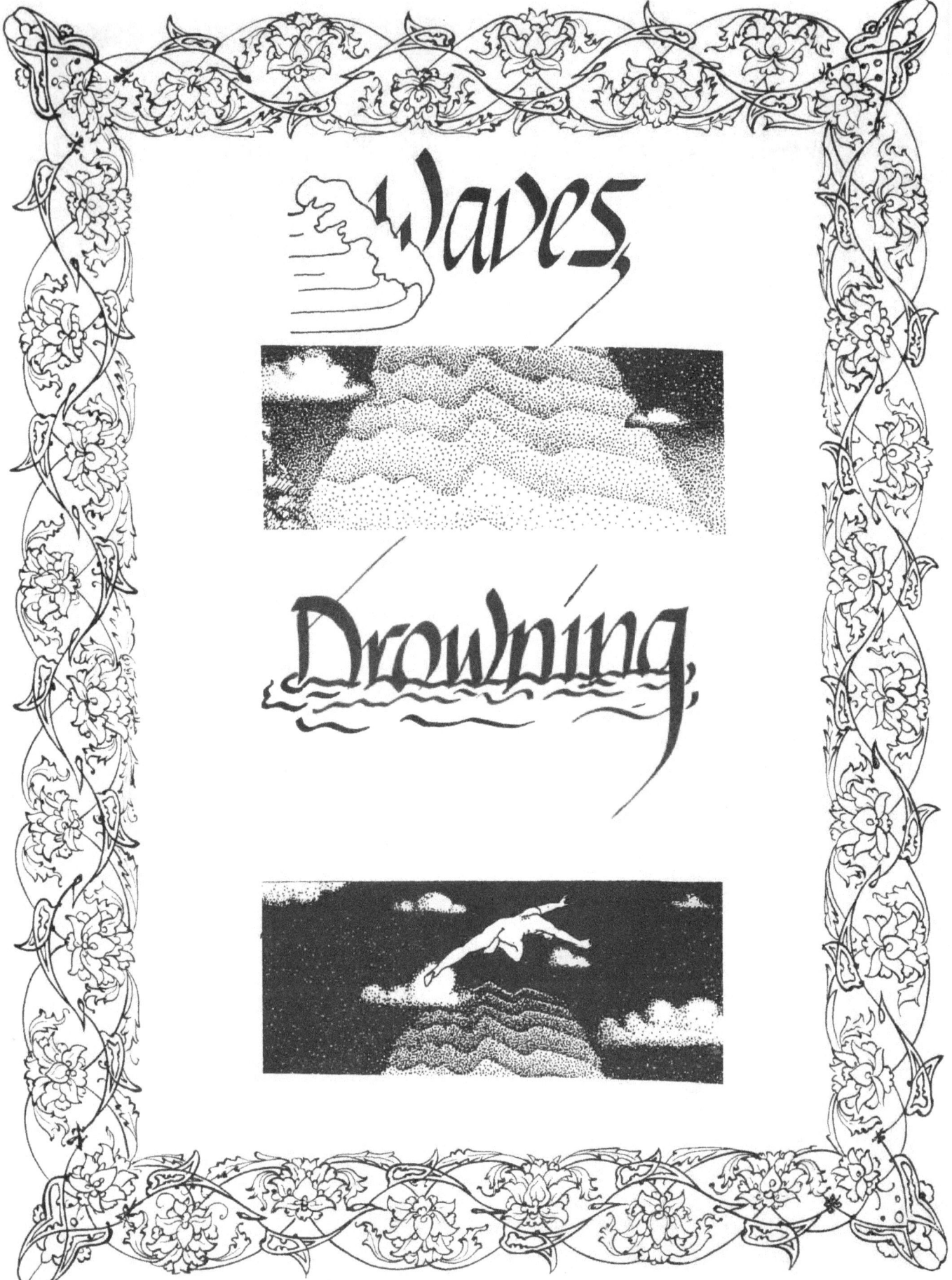

The drunk fought no more, and gave up his stone bed,
And walked with the policeman and said as he passed:
"Bring a conscious man here, to me on this warped road,
If you can find one, bring him to me."

They passed into darkness, and left me on the stone-road,
In the shadows of buildings on the path of the unfree,
In the darkness, sharp-conscious, on the road they left me.

"Dear friend, there is wisdom in a poor drunk's
    head, too;
It isn't shame to lose your hat to the unsteady road.
My dear policeman, don't bother my soul with your
Questions, your fires, your truths, your untruths.
Pass me by, do not see me, more to the road I belong
Than to you or your judge, who's not thinking of me
At midnight or morning or ever. Pass me! Let me lie
In the road."
The policeman said only: Wait in the Church there
    for me.
"The Church is not the bedroom of the drunk,
Nor the bed for the bad. Dear policeman, throw no
Further sparks at me, on my fire; pass me by, let me be."

The policeman stood back, hand on chin: Since all sleep
And there's no one to hear you or me,
I'll take what you've got, then pass by and let you lie,
But first clean your pockets, and give it to me.
"The law of my country is not the law of the
Four five and ten. The dollars absolve no one.
How can I be cleansed?"

The judge, he will clean you, I'll take you there now;
And the policeman caught the drunk by his pale
    neck again,
And said Drunks should be beaten by the sober,
    the conscious,
Beaten and left there to lie on the stone-road.

The Drunk's Story

Last night I walked, wondering and watching
A policeman and a drunk on the road:
I caught you, and hand on pale-neck, pin-thin,
Grasped firm, collared him.
The drunk said only, gentle-tongued:
"My friend, I wear a shirt, not a harness,
Not reins. It is torn too much,
Leave my torn shirt to me.
Why do you walk like a cripple, unstraight, friend?
As you grasp my shirt and grasp at me,
You wander, and waver, and walk untrue."
You stumble, drunk one, not I, said he.

With a glance at the road with his wine-weakened eye
"It's the paved road. It's lumpy,
Unsteady, uneven. The road of
The people, the tamed, the unfree.
There is nothing for me in this country
But the pebbles under my feet,
And the stones in the road."
Stop talking to me of the road, of the stones,
You do not even know that your hat's on the road,
It has fallen unnoticed, you are too drunk to know.

The Drunk's Story

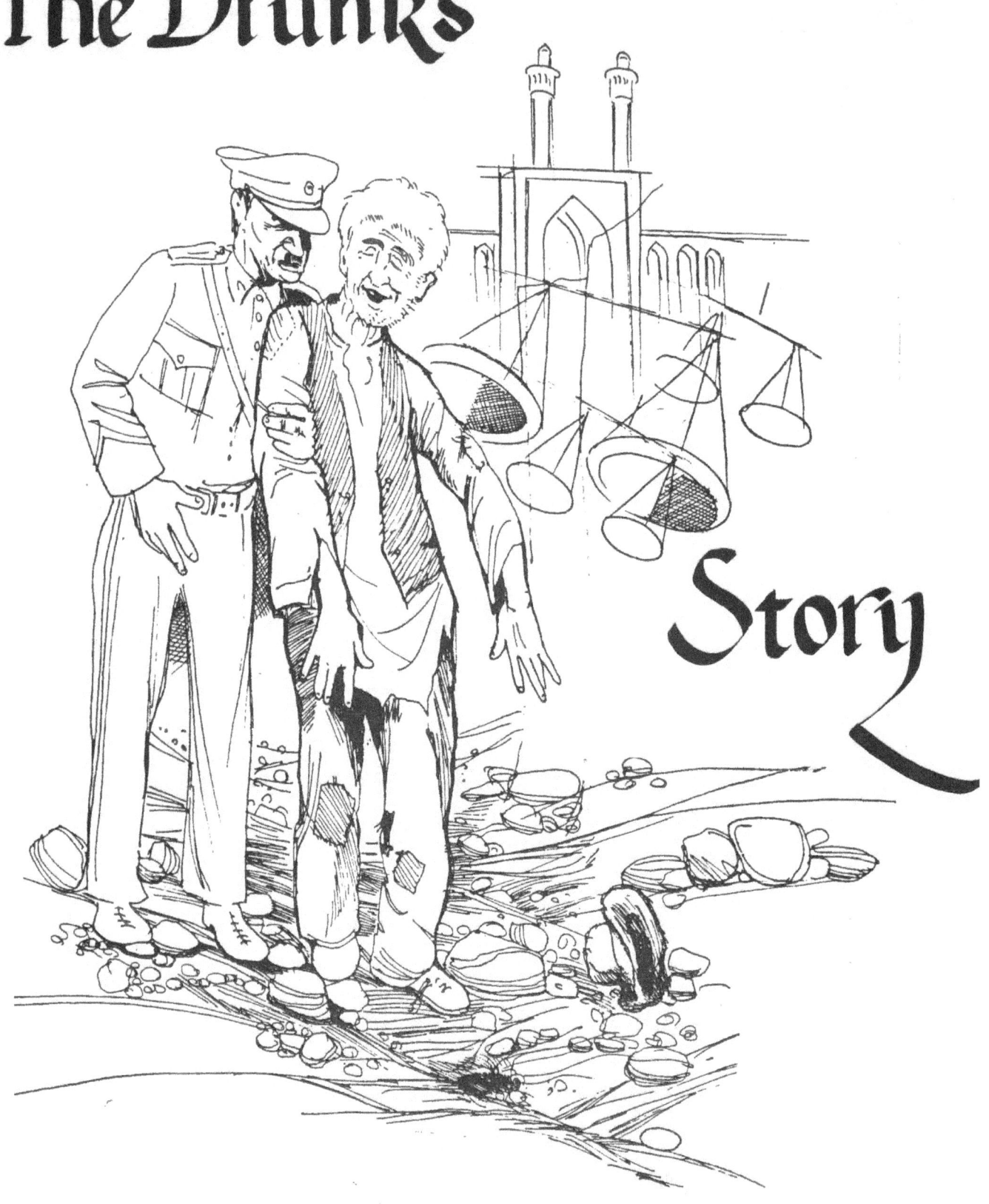

At this moment a young man
Like a roaring lion
Came and took her and dragged her, crying,
To destroy her, the Innocent One.
The one whose love cannot regress
The one whose love is limitless.
Her son lifted the stone well's lid
His fingers like steel in flesh hid
He lifted the shredded one from the ground,
And called her many names;
He told her of his own young life,
Like a green plant in a well-lit place
He tormented her face to face
While she thought of his childhood
Of her mending, washing;
Finally, he threw his mother down the well
He held the stone lid to assure her death
And he heard, with her last breath:
"My son, don't come closer;
the afterlife's uncertain."

Mother's Love

An old woman, yellow, weak and wrinkled disgrace
With unmanaged hair and hidden face
Clad only in a frayed torn sack
Her body crooked, like an arrow snapped
I could sense her misery and despair
In the narrow streets and chilled morning air
When I asked her, "Old lady, have you a daughter,
    a son, or anyone?"
She sighed a long cold sigh: "What is, who is, a son?
Is son the one that slaughtered my soul?
The one that drained all my power in my milk?
Stole the sight from my eyes? Yes, then, son;
My son made me as nothing before everyone,
Passer-by, let me tell you:
I was like a joyful prisoner at his crib
I lullabied him, calmed, cleaned his tears,
Nursed him and nulled his fears;
Passer-by, this is the end of it, cold, shaking, dying.
I am his mother, a good, consoling mother
Poor and old. My only hope was my son, he
Who has thrown me out of the house today;
But if that makes him happy, let it be."

Mother's Love
A. Haeri

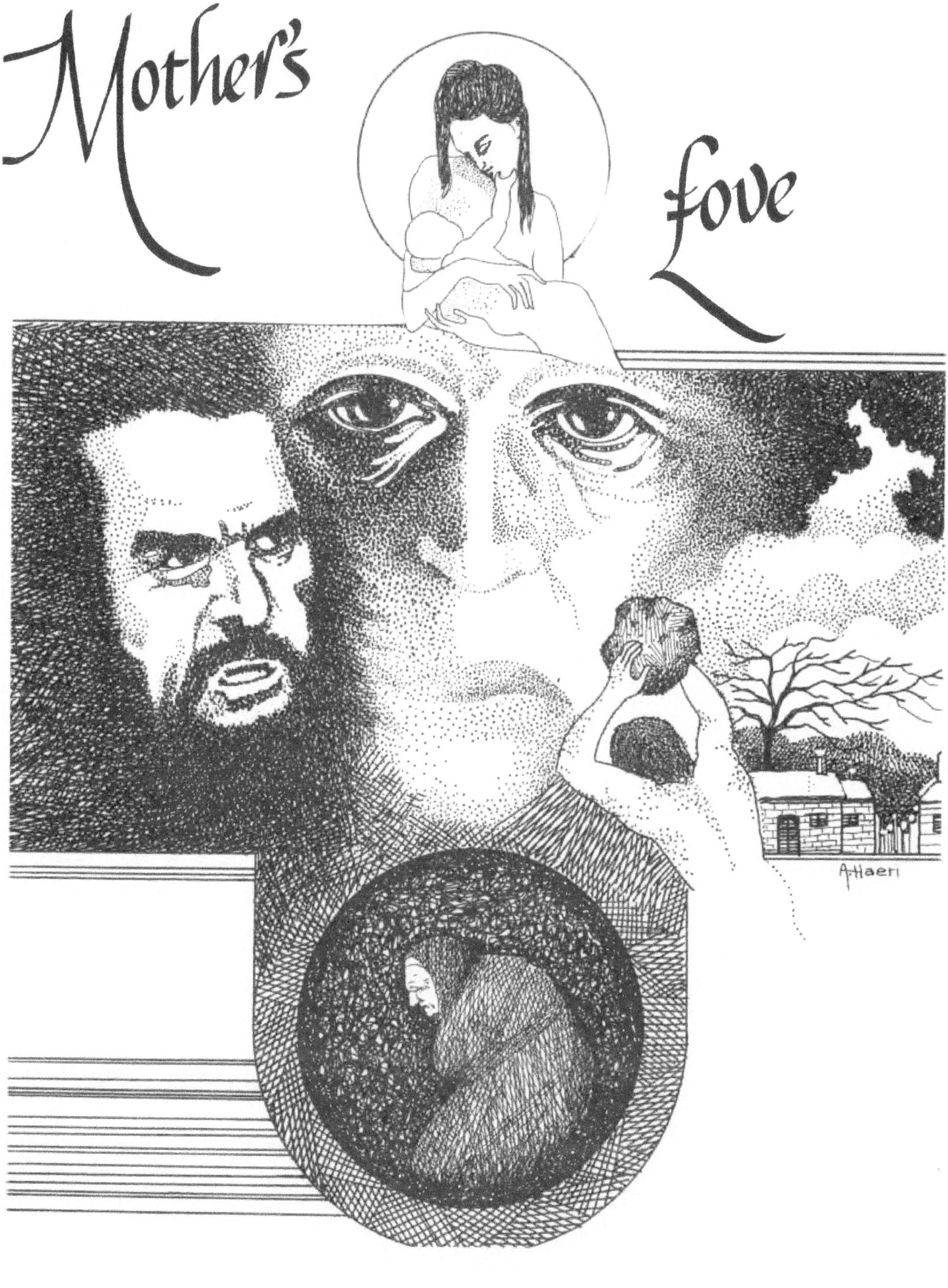

Hospital

A hundred-year-old lady, in bed
Sick, helpless, nearly dead
No sight, no ears, unconscious dread
Speechless, her secrets are left unsaid
Her stories are kept folded, unspread.
Her husband, one hunded and ten years old
Wrinkled, bent, sorrow untold
Thinking, alone, no child to hold
Him, no nurse, no family, no flowers.

"The doctor will see your wife, he may be here
   by four a.m."
They tell the man of one hundred and ten.

His heart has contracted and burst
He anticipates death
And thinks of no head next to his
As her condition worsens,
He sits at his house's doorstep and waits, asleep.

I heard this story and was touched:
The old man told the doctor
Of his ruin, psycho-sadness
Semi-madness at her illness
I have heard of Juliet and her Romeo
Work of youth; but old love, too
Is real and deep and true.

The old woman died like a dried flower pressed,
And her husband's heart died in the vase of his chest.

Hospital

Omar Khayyam, drinking, said:
"Resurrect me with wine and music.
You may have heaven's waters, milk, honey;
Fill my glass with wine, now.
I looked for secrets, I studied
Math and Astronomy until
It appeared to me that nothing appeared.
Instead of studying, drink wine, now."

The holy Moslem thought of chaos and confusion;
Till the answer appeared. "Give me a glass of wine, now."

Omar Khayyam, nodding, said:
"None becomes all. All will become none.
Forget tomorrow, it is the same as seven thousand
 years ago.
If the theologians and the doubters met,
The sky's voice would admit
That the route is not dead
But the route is not this.
Instead there are flowers, wine, and drunkenness.
Religion is nothing, politics is nothing,
Be untempted by shallow ideas.
Whoever should need or receive in this world
Whoever should wonder and wind:
Drink wine."

The holy Moslem called Khayyam a failure;
"Omar Khayyam, you are tearing your life away."

Omar Khayyam, nodding, said:
"Your type of thinking will never marry
My type of thinking.
You drape and separate your body from your soul.
Drink wine. You don't know where you come from.
Drink wine. You don't know where you go.
Some have said that angels-singing-hymns are heavenly,
But the grapes are my seraphim."

The holy Moslem spoke of heaven-madness;
"Omar hell-bound, cry for repentance."

Omar Khayyam, his eyes like bowls of blood, smiling, said:
"Where I was forged, in heaven or hell
I know not; either is just as well, I've
A glass of wine, meadowed music, and I will grant
   you heaven.
The sky is the galaxy's balcony, and causes doubts
   to all,
Wise people are wondering people, unsure of heaven
   and hell.
Drink wine. It is just as well."

The holy Moslem spoke of Khayyam's drunkenness:
"Your life is passing, angels won't be given to you."

Omar Khayyam Talks with the Moslem Priest

At night the earth slumbers on its own chest
Heavy, thoughtful, like a mother at rest;
And Omar Khayyam is, as ever, drinking:
Alone and sad, and ever thinking
"Since no one knows tomorrow
Whether it be ringed in joy or hanged in sorrow;
I will drink wine to the moon and stars, then,
For they may shine many years and not find me again
I remain with my music, wine, and wine-sediment,
Away from hope of relief, away from judgment
Away from punishment, I have not sinned,
Away from fire, water, and wind."

A holy Moslem passes and tells Omar Khayyam:
"God created you from earth and your wine is forbidden."

Omar Khayyam, smiling, said:
"Don't blame drinks and don't bleat your problems,
You, who eat the food of the poor;
Descend from the galaxy of the unknown,
Wondering about four, five, six, and seven.
Drink wine. You don't know when you go
From here. Drink wine.
You don't know from where you've come."

Omar Khayyam Talks With The Moslem Priest

As my mother came to wash my feet in cold sea brine
I told her, instead, to rinse my feet in wine.
Then my love entered, arms-full of jasmines,
Lilacs, roses, not a hallucination.
A smiling girl, she was my prescription.
The needle and the tablet, the capsule and the drop
I will embrace, they will mend me.
Mother, these will set my health a-right:
If my lover, my sweet girl,
Stays with me tonight.

At morning the doctor came back again
Asking if I had taken the medicine
And how many drops, and when?

I told him that I had followed his direction
I drank my lover's teardrops one by one
For tablets I had gazed into her eyes
And her hair, wrapped in a scarf of lace powdered,
Was more potent than any
Package of powdered drug.
The doctor asked about the needle, the injection,
And I remembered her lashes, like needles
Of jet discretion
And her black and white eyes, capsules,

Her lips were an elixir of exotic herbs
And from her honey mouth, a healing syrup
As I thought of her thighs, waist, legs, hips,
And the oil of her tender skin,
The oil of her splendid skin
To luxuriate and heal within
The power of her body
Will make me well again,
Is better than any medicine.

The doctor told my mother
Of my hallucination
And told her to bathe me in a salt ablution
And that from wine, pepper, and onion,
I should abstain.

The Lover's Hallucination

Last night, a fever took me
Swift and fiery
As I reclined upon a soft and scented
Pillowed sheet; my eyes were swollen, red
My veins were full, my pulse sped
Although the bed was occupied by me
I couldn't rest, because inside of me
The fever was a poppy blossom
About to burst
Fever was a sure-hot pit with no bottom
Unconsciousness took me, and I slept
As from this waking world I was swept.

Like an untold memory
As my eyes misted, my soul cleared
And the doctor appeared,
Talking of medicine
How many drops to take, and when
And I could not follow him
And so I slept, slept.

The Lover's Hallucination

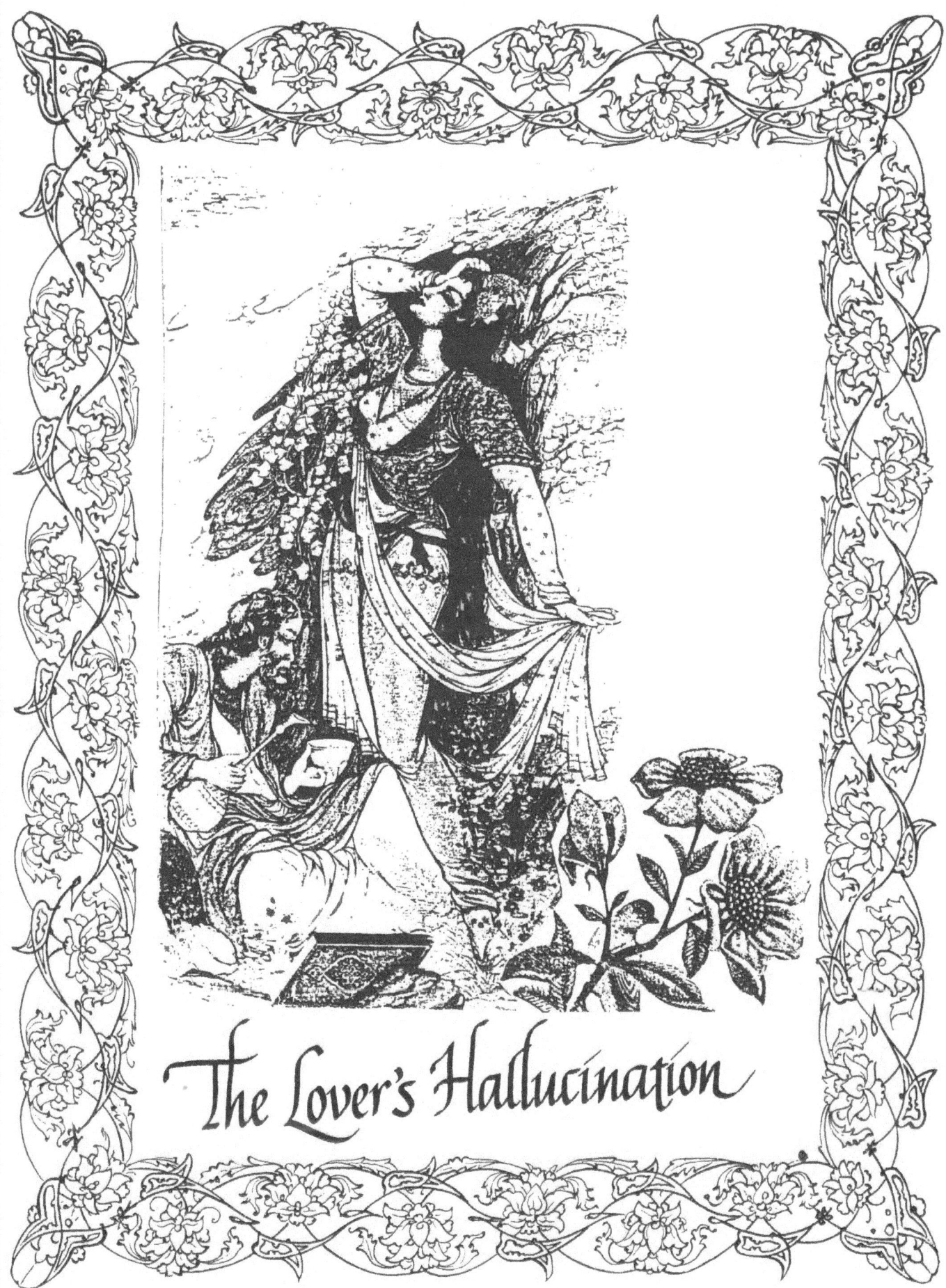

Elsewhere: a loaf of bread is cried for
And not gotten and forgotten with death.
Desperation of the father for his children, his wife;
And in my own neighborhood, such another life,
Full of disparity and wine.

My neighbor said: in big laughter
Is civilization, freedom, happiness
Love of country ever after
Break through your ropes
Of misunderstanding:
Join us, join me, neighbor.

In this country penetrated by atheists and strangers
Every branch is busted
Seeds of hatred root
Nonsense words flow
In such a country
Of prospering hates
Late and soon
The candle dominates
The candle becomes the moon.

I stood in the night, in the darkening hours
Midnight's policeman
Paying court to insects and flowers
Stealing secrets, a watchman,
A spy; there was no one to watch me
Or to teach me equality
In this land of the early-sleeping
I do not comply.

The butterfly is just an insect
His lovers are flowers
There is more for men; position and money
Still, I remembered the midnight star
And the star made me worry
The star's contrivance
Made me sorry.

As I sat lost in wonder in the night
A window was thrust open wide
And music and laughter poured out from inside
With a noise loud as sirens
Or the whistling of buzzards
Or a child's whining and calling
Or a dog with a wolf
Or a girl hurt and fallen.

Inside the house were wineglasses and bowls
A nude woman, named Parvin, and gambling
  and gaping men. And Parvin's husband Barzin.

The Bitter with the Sweet

It was night and the face of the sun slept
It was night and the moon crept
It was night and the flowers were drenched with dew
It was a Spring night, larger than daylight, broader
Night was a figure of black dipped in water.

It was night and the streetlights glowed
And countenances were bright
Stars stirred like carried candles
Around the moon, they flickered and spangled
Every creature in the city was aware, was awake
   to a degree:
Except for humanity.

By the midnight star from East to West
The flower's dew was penetrated
Reflected in the moon's beams
The star was rejuvenated
The flowers of red were like civilized nations
And their stems were jade green thrones
The flowers were rubies strewn in a meadow
Or were soldiers in red-green uniforms, cold as stones.

The butterflies sleep on the flowers
Their wings covered by their colorful wings like
   blankets, for above
They have given themselves to the flowers
Like lovers; it intrigues, this insect-love.

The Bitter With the Sweet

In my country, in my land,
There are many beautiful people
There pass the careless people
Of beauty and control
The empty, spinning people
Who haven't any soul.

I had heard of your goodness
From these pretty petty people
Everyone spoke well of you
Everyone in love with you
Filled up with the smile of you
I fell too

I fell too
By circumstance and chance
And contrivance of yours, perhaps
I fell feet-first
Into your waiting trap.

My guitar is still
Near the spillway
With the moon
And the girl
And the guitar
When the strings broke
She left me

The moon the stars the sky
   she left me
And I know why
   she left me
The moon the stars the sky
   know where she is now

If she is near or far
   listening to another guitar
She was plenty beautiful
   symmetry of brow and face
But in her soul
   was a barren twisted place
A hollow echoing chamber
   where her heart should've been.

Where my heart should've joined in
Now my heart contends
That love is nothing but chance, hap
Uncontrolled and uncontrollable
A waiting, soul-wrenching trap.

Made Ladan care for me
I played for her
I shared with her
My melody
In charging notes
In ecstasy
I played for her, my heart unwrapped
Until my guitar's strings snapped
And the notes faded, ceased

She stood with unmanaged face and hair
In her crumpled dress of red
And said: "I came for your guitar. I am gone."
And left, and left, left me alone
That beauty more than any song
The river, spillways, moon and sky
Will stay by me.
She was here for the guitar
Not for me.

The desert is my place now
Your burning absence calls to me
I sleep as in a fantasy
Alone, alone, remembering
The water, moon, the night, and Spring

My flower gone
I am alone
My jasmine gone
I am alone

I sing because my nights were lonely
I sing because my nights were bare
I sing because my heart was aching
I sing because of past despair
I sing because I found you waiting
I sing because I need you near.

But now your eyes are as red
As your flowing dress
As dark as wine and irritated
And you say you must confess:
"I came to you for your music
And your sweet guitar
Not for you, never for you,
I never cared who you are."

So many years I dreamed of Ladan
I hoped and prayed and played of Ladan
My symmetrical angel
My golden maiden

You made me eager, drunk with you
You made me fall in love with you
As I play, I'll touch your fingers
The guitar wires sound and shake me
Head to head toe to heel
Music, the voice of my soul and heart
All my magic melodies
Rejuvenate my tired heart
The increasing music

The moon scooted behind a cloud
A silver sailing disc
And I said this:
You, moon, away!
You fill me with shame
I will hide my head on Ladan's lap
Away from your mute blame.

Then my guitar spoke, imploring
The moon to stop his nosey soaring
Over night-time beds and lovers
Disrupting some, disturbing others:
"Your shine's a nuisance
You make no sense
With your measured eloquence
And your phoney innocence."

The story of the night's secrets
Sounds of my magical guitar
Laughter, cries, and singing voices
In the night spectacular
My Ladan, you are silver jasmine
Like a hammock cloth you sway
Your eyes and brows and curving lashes
Are full symmetrical, so right
You are my darling, my delight.

Sounds of birds and smells of roses
Sing with music of my guitar
Drench the darling air with music
Filled with strums from my guitar.

The moon again!
I was jealous
I demanded explanation
For the moon's persistent gaze
For the moon's omniscient ways
Like a huge pale confidant
Like an undercover spy
With one luminescent eye
Undercover of the night
Nothing sacred from his sight
Up on high and watching over
Or hiding behind cloud cover.

The moon, a silver-dimpled basin
Like a heavy gem
Answered in syncopation
From his lofty elevation:

"I emerge crescent-thin
A fingernail, a hair so pale
An eyebrow in the night
Within twenty nights I'm aware
Of all that lovers share
And I do not wish to steal
Anything from anyone
Like my brother, the sun,
I simply watch and watch, and care
Your two human eyes judge me
But I judge nothing that I see
I merely beam and beam and dream."

I drown in her lap
I don't know what goes on
I don't remember, but wonder
With my guitar in my lap.

The moon, the bridge, the river-water
This child-girl, this hope, this angel
is seen by none but the moon and me
The full Spring moon, the saucer moon
Watches, watches, all he sees
The moon fills me with jealousy

The moon can see my Ladan's eyes
My Ladan's lips and skin he spies
The moon can sneak and watch on high
My Ladan in the moonrise

The heavy dripping water curls
My heavy-dreaming girl
In the opal moonlight
Her face bathed in her hair
Her hair spread everywhere
Over her lips and dreaming eyes
The moon and I were mesmerized.

She murmured and she half-awoke
She turned and in her sleep she spoke
And laughed up at the moon in skies
And flicked her hair out of her eyes
And then she threw back her long hair
And up at the moon she stared.

Bathed in the moonlight's slick reflection
Anyone would feel suspended
Upside down, upended
Enervated; a breeze breathed like a sigh
Bringing slanted rays from heaven
Through the azure sky
Arching rays, celestial arrows
Down the flower-laden sky.

Man seems to be
Proud unnecessarily
Conceited of his small professions
And his humble-made possessions
He cannot own the heavens
He cannot own the skies
His most fantastic music
Is his anger-filled cry.

Chargha symphony, in my mind
Symphonic sweetness out of time
With a gazelle in my arms
Eyes closed, star-charmed
My head in her lap
Myself euphoric

Springtime night time
Sees my Ladan all around
In a flaming dress of red
As the songs of nightbirds spread
In a panhandle of sound

Guitar

Last night with my friend I sat
Near the spilling waterfall
With a heartfull of desire
With a brimming, heady heart
I was in a love-euphoria
Full of life with a full heart.

Flower tendrils next to me
I sat in branches of Spring roses, tantalized
With my guitar next to me
Somehow nervous, somehow shaky
Wary and whole with hope
I watched her drowsy, half-shut eyes

With the turning of her full gaze
With her tender, gentle glance
She watched in a sleepy haze
Of slumbering radiance

My fingers played the guitar's threads
Caressed the guitar's frets
As water rushed under the bridge overhead
Over the Zaazayande River
Is a shaking, unsure column
Wobbling in its fractured parts
Broken and unstable as my devastated heart.

Guitar

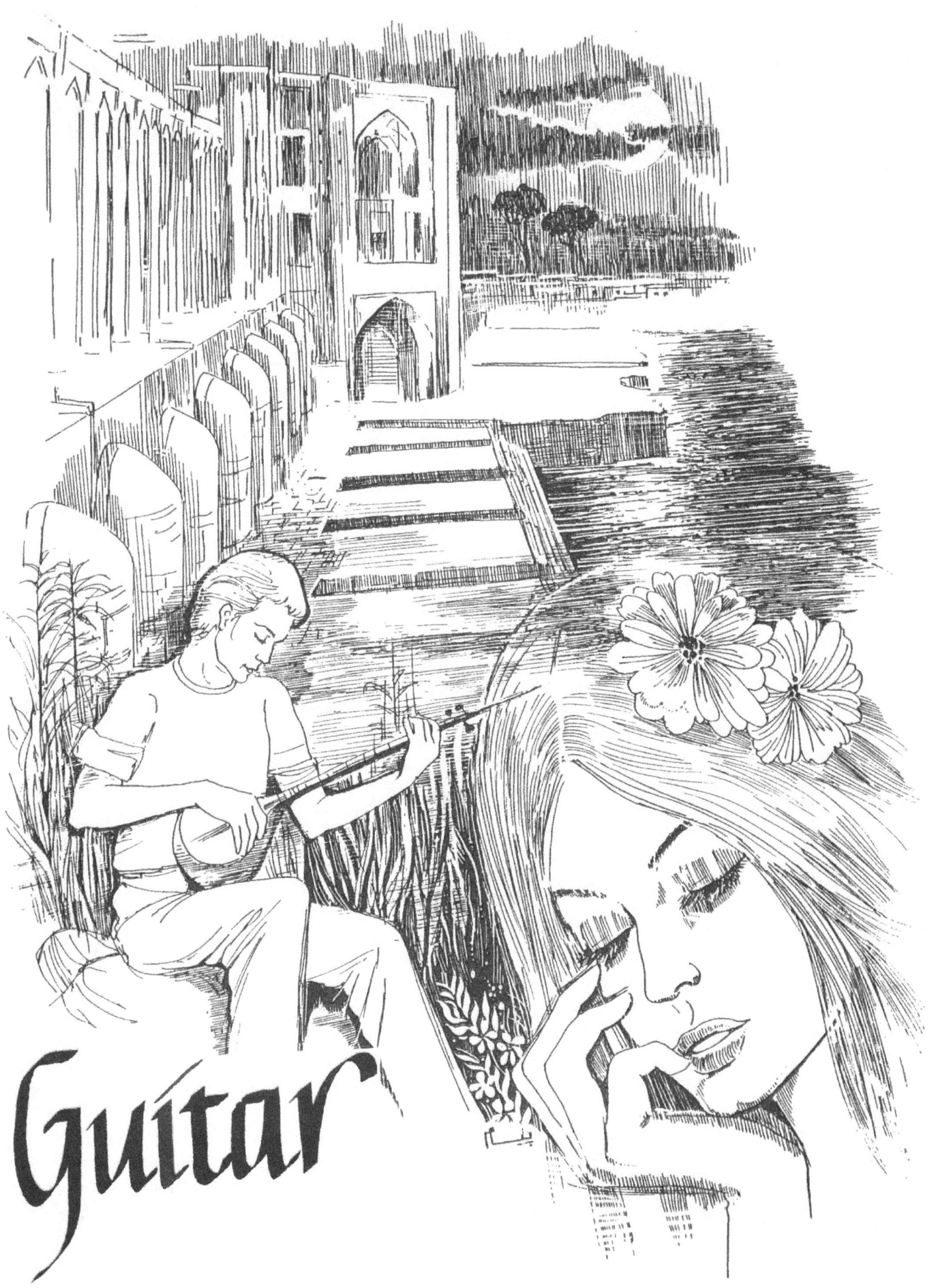

Like a child free from parent
She sat, looked, listened

Relieved of her sadness
Sorosh, calculating, hedging, speaks:

"The myth of hardness,
Joy of meeting

Fears of self . . ."
Eventually, in a fever,

The sun dissevered
Exchanging places with the moon

That beauty still sings in Sorosh
In the trees, the night-star breeze

Sorosh, night-star sadness turned to joy
Jungle Sorosh, we leave you with your boy.

In the superficial world, spoiled
Sorosh wasn't hard, soft, bashful, but royal

Again she woke and called him:
"Breeze of heaven! key to softness!

Nurse to patient! Joseph to Jacob!
She picked up the flute

And like a tender air
Threw herself into the body of the flute

The classical mountain music echoing
Like a nightingale singing of flowers

Speechless, burning into the flute:
"Emptiness, moonlight

Singing owls appear, everywhere
Like the stars tonight

Like a breeze tonight
In my soul, hand to shoulder

Bolder lover, appear tonight!"
As her song ended a boy appeared

She glanced and ran to him and sang no more
Kisses to her lips, cheek, hair

She would put his feet on her eyes
And, so thinking, she sang the Song of Shur:

"My violet, your face like wine,
Blush like a violet.

I close my lips and call my gladiola
My dabble-faced lilac, my love

Don't make me cold
My lily-faced, my desired."

Sorosh sings; Sorosh, like a royal palm,
A maple tree, a symphony:

"You are my doctor, you make me well
My life is yours, you've chained my soul

I'm sorry my violin couldn't make us whole."
Sorosh washed her face with her tears.

Six o'clock and the sun going down
But not Sorosh's grief

Momentarily she awoke, hallucinating
Her father, hollering, her mother like a rabid dog

Her brother's voice calling
One heart with hope, temptation, choice

You are the lute and my dark night is from you
You are the lute darker than the innocent black night

You are the lute darker than the darkest eyes known
From bad luck I play my lute alone

Pollutes my religion, speaks of my end
You, lute, heavier than the cry of a friend

Sharp-wired, spider-nested
High frequency, wake him!

Tell him of my closed heart
Open his ears, target

Sigh and cry, my morning, noon and night soon
Make a heart-penetrating sound

Around the flowers, perfume,
You make me jealous, deaf, and dumb

I wish you were dark or fire instead of desire,"
Sorosh, on her lute, sang to her someone.

She saw the water passing like the wind
Without a pause; she cried

She threw her lute aside
And wondered how long she could abide

She is like a peacock, and her hair a crown.
Under her firm chin

Her chest of crystalline
And her full heart within

Her clear clean voice like the nightingale's
Her clothes like tiger-lily petals

Her aspect like beginning sundown's silence
Before moonlight cures the darkness

At night she does not sit in the house
At five o'clock when the sun sets again

And her hair drapes
Onto her face like a violin

Next to a river behind two maples
The weather of Maygon Village is full of hope, desire

As Sorosh sits with her lute and violin
Real comfort would have been wine

Instead she played her lute under the maple
And sang the song of the triple occasion:

She sang to her instrument:
"You are the lute and my bad luck is from you

Sorosh and the Symphony

The sounds of the symphony from far
Flowing from a zitar

And Sorosh, fourteen years old,
Like the fourteenth night of the moon

With a halo around her eyes
Her hair of gold

Ringlets on her shoulders fall and rise
Covering the fiery plate of her face

Her hair falls to the middle of her back and
From her shadowed blue eyes

She is in love with someone;
Sorosh, tall, proportioned like a zinnia

But straighter, her marble legs shiny
And her cheeks flush and hale

That a poppy next to her cheek turns pale
Her lips, her mouth, an orchid

Next to her teeth, mother of pearl is sordid
Her neck is tall, her waist is small

Sorosh
and the
Symphony
A.Haeri

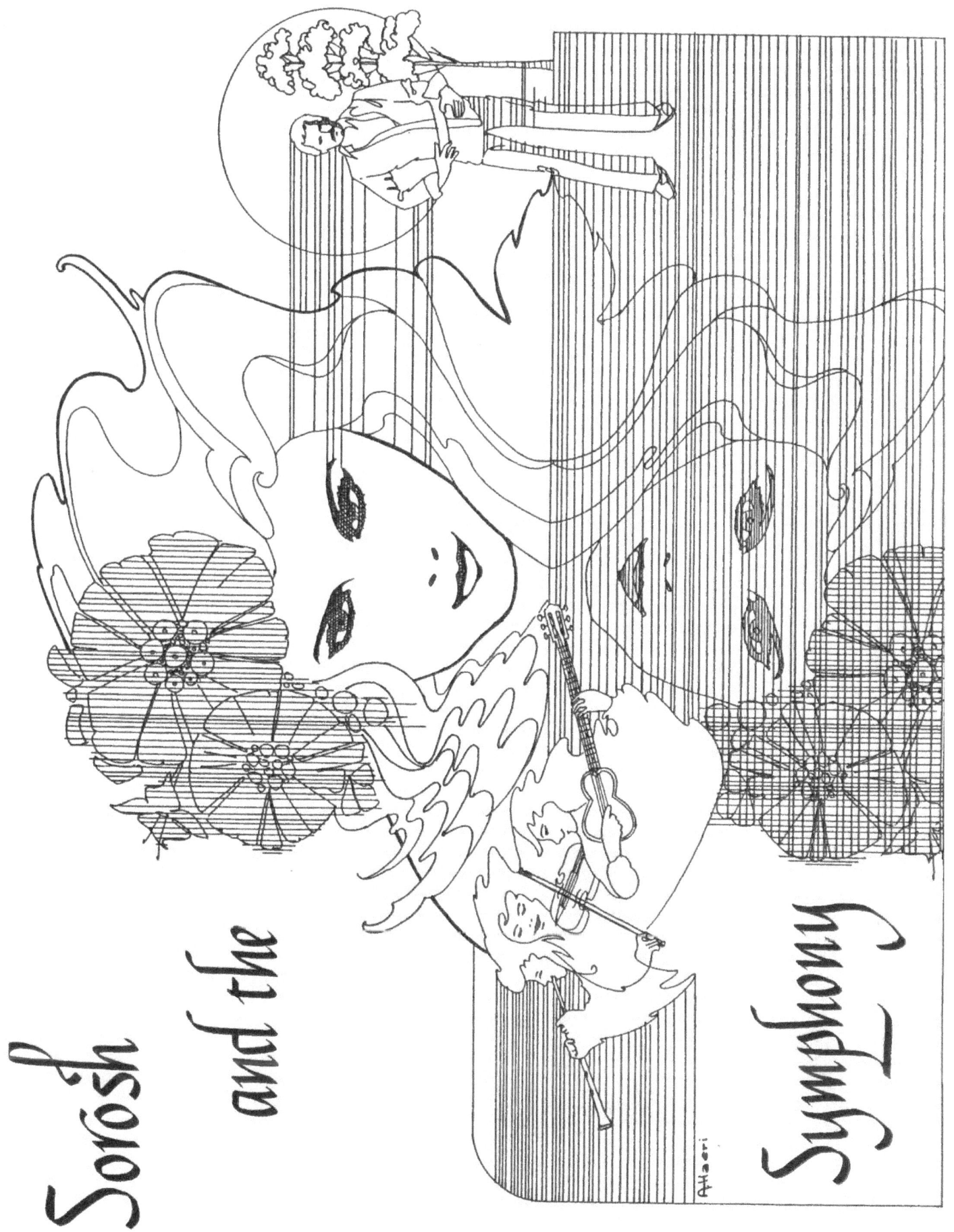

broadcasts. But upon moving to the United States, he was forced to write largely in isolation, faced with the prospect of adapting to a new culture with unfamiliar aesthetic territory. It was at this juncture that poetry became, more than ever, a safe refuge for him, a vestige from his youthful days—a place where he could think with absolute autonomy.

Although constantly consumed by the daily responsibilities of maintaining his medical practice, Dr. Fathie continued to write, accumulating a vast body of Persian poetry that remained unpublished prior to the current edition. He actively followed the course of Persian literature and art, both those works originating in Iran and those works produced by Iranians living abroad. Modern and contemporary artists instilled in him a sense of cultural continuity, among them Eshghi, Farokhzad, Hamidi, Irajmirza, Lahoti, Moshiri, Naderpour, Rahi, Sahba, Shahriar, Shamlou, Tavaloli, Yasemi, and many others. Insistent on writing in his native tongue, he pursued a mastery of Farsi, a language with a poetic tradition equal to any in the world. Such insistence was derived from the almost unconscious need to express himself as clearly and deeply as possible. For Dr. Fathie, nothing but the language of his mother country could achieve this aim. Despite having been away from his homeland, he has maintained the spirit of his cultural heritage in tradition and in practice over the years. He has proudly shared the beauty of these traditions and beliefs with his family and friends and has lived by the values illustrated in the many profound writings of renown poets and philosophers of the Persian past and present.

The English translations included here represent but a fraction of a body of work that spans some forty-five years. While English readers are clearly at a disadvantage in terms of their ability to perceive the true poetic nature of Dr. Fathie's works as they would be read in Farsi, the ideas and imageries set forth in the poems reach out to even the most unimaginative reader and the translation remains true to the original intent of each piece. The works included reflect an ongoing evolution of poetic form and content and trace the course of the author's ever changing environment. Dr. Fathie's sensitivity and moral integrity is obvious throughout the book and it is only through the eyes of this eloquent writer that readers may be moved to tears or laughter over the issues of homelessness, poverty, deceit, regret, loneliness, aging, family, nature, romance, and, of course, love. Like many individuals of the 20th Century, Dr. Fathie was required to play many roles—a son, a physician, a husband, a father, an immigrant, and a scholar. The poems in Farsi speak to Persians of all ages—perhaps their greatest impact will be on Iranian exiles around the world who long for the cultural identity that existed only on Persian soil. But, above all, these words, in any language, are the creation of a latter-day renaissance man who speaks to the poet that resides in every human soul.

About the Author

Dr. Kazem Fathie was born November 11, 1929 in Persia. He was married in 1958 to Birgitta Rose-Marie Holmstrand of Goteborg, Sweden. Three children born to them are Arman, Arezo, and Ramin.

Dr. Fathie is a licensed Neurosurgeon. He completed his medical education at the Tehran University School of Medicine in 1955. In 1956, the desire to continue his training in neurosurgery brought him to the United States where he received his training at the Mount Sinai Hospital in Chicago, the Harper Hospital in Detroit, the Medical College of Virginia in Richmond, and the Emory University in Atlanta, Georgia. In addition, he trained for a year at the Sahlgrenska Hospital in Goteborg, Sweden. Dr. Fathie ultimately made the United States his home and has lived and practiced as a neurosurgeon here for the past thirty-four years.

In June of 1963, the family settled down in Cedar Rapids, Iowa where Dr. Fathie had his private practice in neurological surgery until 1979. Currently, he resides and practices in Las Vegas, Nevada.

Dr. Fathie is a member of the American College of Surgeons and Chairman of the U.S. Section of the International College of Surgeons for 1990-1991. He is a member of the Congress of Neurological Surgeons and was secretary of the American Academy of Neurological and Orthopedic Surgeons (AANOS) for 1984. He is currently Editor of the AANOS "Journal of Neurological and Orthopedic Surgery." In 1992 he will serve as President of the American Academy of Neurological and Orthopedic Surgery. In addition, he is an active member of the International Paget's Foundation. Dr. Fathie plays an active part in the delivery of health care to Nevadans. He is a long-time member of the Nevada Neurosurgical Society, Nevada State Medical Association, and the Clark County Medical Society of which he is currently serving on the Board of Trustees for a two-year term. He is Clinical Associate Professor of Surgery at the University of Nevada, Las Vegas. Finally, he is a long-time member of the Rotary Club International.

Desire-Book of Poetry is the culmination of a lifetime of interest in poetry and literature. During the early years of his youth, Dr. Fathie was drawn to poetry almost instinctively. Although unaware at the time of the rich legacy of Persian poetry, he found an inner joy writing and reciting works. Only later did he consult the works of the Persian masters, among them Sadi, Hafiz, Khayyam, Ferdosi, and Mohlavi. Their lasting words left an indelible impression on his youthful spirit and informed his style and content. Despite the rigor of pursuing a medical education, both at home, and later in the United States, he struggled to craft his own style of poetry. To this end, early works were often read among fellow writers and over Tehran radio

Dedication and Acknowledgements

This book is dedicated to my mother, Eshrat, my father, Hossein, my brothers, Akbar and Mehdi, and to my sister, Fatemeh. To my wife, Birgitta, and to my children, Arman, Arezo, and Ramin, this book is in your honor. I dedicate this book to all writers and artists worldwide. Finally, with this book I honor both my homeland of Persia and the United States, lands where I have found beauty, inspiration, and love.

The following people deserve thanks and recognition for their contribution to this book.

Brighde Mullins	English Poetic Adaptation
Letitia Hess	English Calligrapher
Abbas Sahebi	Iranian Society of Calligraphy
Ali Heidari	Calligrapher
Zia Erfanian	Calligrapher
Maghboleh Ganjei Irani	Calligrapher
Mohammad Taghi Moslehi	Calligrapher
Nasser Mani	Calligrapher
A. Ghassemlou	Calligrapher
Abbas Haeri	Art and Illustrations
Tom Holloway	Art and Illustrations
Zaman Zamani	Illustrations
Jo Ellen Chiatovich	Illustrations
Maryam Seddigh	Illustrations
Sosan Abadi	Border Art

Additional special thanks to: Shawn McCool, Jo Alexis Wiegand, Sarah Kirshner, and Margo Fathie.

Memory	112
Strangers	116
Through Religion	118
Courage	123
Nest for a Heartless Ruler	126
A Letter	129
Content from Discontent	131
Ivory	134
Conceited	137
Comparisons	139
Belief	141
Mistake	143
Envy	144
Midnight Confession	146
The Desperate	148
Yesterday and Today	150
The Sons of Adam	153
Comparisons II	155
The Ship of Hope	157
A Mother's Forgiveness	161
The Beggar and the Jinni	163
The Thief in Hell	166
Spring	168
In Flight	170
The Decanter of One Hundred Flowers	173
Soul-Less	175
The Kiss of Death	176
How Sweet	178
Repayment	181
Quiet Lantern	184
Regret	185
It Wouldn't Be Bad	187
Meadow	188B
Man Eater	190

Table of Contents

Dedication and Acknowledgements	4
About the Author	5
Sorosh and the Symphony	7
Guitar	14
The Bitter with the Sweet	24
The Lover's Hallucination	29
Omar Khayyam Talks with the Moslem Priest	33
Hospital	37
Mother's Love	39
The Drunk's Story	42
Waves Drowning	46
Last Night's Supper	51
Blind Desire	55
The Death of a Child Named Parvin	58
The Flood	62
The Sick Orphan	66
The Builder	69
Winter Night	72
The Death of a Bird	75
Headaches	78
The Conversation	80
Entanglement	82
Hunter	84
Stares	87
Autumn	89
Stranger's Blame	92
Flag	95
Ashes	98
Dispersed the Outcast	102
Senility	105
This Will Pass	108

Publications

"A Second Look at a Skeletal Muscle Relaxant: A Double-Blind Study of Metaxalone," **Current Therapeutic Research,** November 1964.

"Musculoskeletal Disorders and Their Management with a New Relaxant," **Clinical Medicine,** April 1965.

"Large Aneurysm of Internal Carotid Artery Simulating an Eosinophilic Adenoma," **Journal of the Iowa Medical Society,** May 1965.

"Hemangiopericytoma of the Thoracic Spine," **Journal of Neurosurgery,** 1970.

"Osteogenic Sarcoma of the Neck (Atlas)," **Journal of the Iowa Medical Society,** December 1971.

"Fathie Shunt — Application in Carotid Artery Occlusion and the Procedure of Endarterectomy," **Journal of the Iowa Medical Society,** March 1972.

"Transient Ischemic Attack and Surgical Management by Endarterectomy — A Study of 110 Cases," **Journal of Neurological and Orthopaedic Surgery,** July 1982.

"Paget's Disease" **Journal of Neurological and Orthopaedic Surgery,** July 1984.

"Paget's Disease: History and Management: Recognition and Treatment," **Journal of Neurological and Orthopaedic Surgery,** July 1985.

"Spinal Cord Tumor," **Journal of Neurological and Orthopaedic Surgery,** 1986.

"Primary Cerebral Lymphoma in Two Consortial Partners Afflicted with Acquired Immune Deficiency Syndrome," **Journal of Neurosurgery,** Vol. 21, No. 6, December 1987.

Desire Book of Poetry

COPYRIGHT © 1987
by
Kazem Fathie, M.D., Ph.D., F.A.C.S.

All rights reserved.

Printed in the Republic of Singapore.

United States Library of Congress
Copyright Number 281 339 1987

ISBN 0-9627148-0-1

www.ingramcontent.com/pod-product-compliance
Lightning Source LLC
Chambersburg PA
CBHW081211170426
43198CB00017B/2590
9780578540467